云南工业发展研究系列丛书

云南开放型工业发展研究

和段琪　蒋兴明　梁双陆　等著

北　京
冶　金　工　业　出　版　社
2016

内 容 提 要

本书分四篇讨论了云南开放型工业发展情况。第一篇介绍了工业开放理论；第二篇从对外贸易和对内贸易两个方面分析了云南工业四环节的开放性；第三篇从利用外资、对外投资、人才引进和技术引进等方面分析了云南工业开放的四要素；第四篇探讨了云南开放型工业发展的思路与重点，并提出了对策建议。

本书可供经济地理学、工业地理学、产业经济学、区域经济与地区发展等领域的研究人员、管理和决策人员使用，也可供高等院校相关专业师生参考。

图书在版编目(CIP)数据

云南开放型工业发展研究/和段琪等著．—北京：冶金工业出版社，2016.5
（云南工业发展研究系列丛书）
ISBN 978-7-5024-7239-9

Ⅰ.①云… Ⅱ.①和… Ⅲ.①地方工业经济—工业发展—研究—云南省 Ⅳ.①F427.74

中国版本图书馆 CIP 数据核字（2016）第 093589 号

出 版 人　谭学余
地　　址　北京市东城区嵩祝院北巷 39 号　邮编　100009　电话　(010)64027926
网　　址　www.cnmip.com.cn　电子信箱　yjcbs@cnmip.com.cn
责任编辑　杨秋奎　美术编辑　杨　帆　版式设计　孙跃红
责任校对　郑　娟　责任印制　牛晓波
ISBN 978-7-5024-7239-9
冶金工业出版社出版发行；各地新华书店经销；固安华明印业有限公司印刷
2016 年 5 月第 1 版，2016 年 5 月第 1 次印刷
169mm×239mm；12.5 印张；240 千字；184 页
50.00 元

冶金工业出版社　投稿电话　(010)64027932　投稿信箱　tougao@cnmip.com.cn
冶金工业出版社营销中心　电话　(010)64044283　传真　(010)64027893
冶金书店　地址　北京市东四西大街 46 号(100010)　电话　(010)65289081(兼传真)
冶金工业出版社天猫旗舰店　yjgycbs.tmall.com
（本书如有印装质量问题，本社营销中心负责退换）

前　言

当前，世界经济正处于新科技革命和新一轮全球产业变革的关键时期，我国以改革开放的强劲动力推动新型工业化进程赶超世界工业化。就目前我国的工业发展情况来看，产业发展的阶段特征已逼近世界工业化的前沿。在我国工业实力和国际地位迅速提高的同时，一系列新问题和新挑战也开始突现出来。因此，我们必须从开放的视角来观察和思考我国工业所面临的形势和未来的前进方向。党的十八大报告提出了“全面提高开放型经济水平。适应经济全球化新形势，必须实行更加积极主动的开放战略，完善互利共赢、多元平衡、安全高效的开放型经济体系。要加快转变对外经济发展方式，推动开放朝着优化结构、拓展深度、提高效益方向转变”。首先，这是总结国内外工业发展经验教训做出的抉择，过去以资源的过度消耗和生态环境的破坏为代价的道路无以为继，因此必须发展开放型工业，实现资源与环境和工业协调发展；其次，从世界科技经济发展大趋势来看，以科技竞争为核心的综合国力竞争日趋激烈，要求我们的工业经济增长方式必须实现集约型转变，只有以开放的视角来配置资源发展工业，才能实现我国经济的快速增长。

云南经过改革开放30多年的发展，工业经济实力大幅提升，发展步伐持续加快，改变云南经济社会长期滞后的基础不断夯实、条件不断改善。因此，中共云南省第九次党代会提出了“科学发展、和谐发展、跨越发展”的指导思想，明确了“工业是云南经济增长的主要支撑”的思想，提出了“必须坚定不移推进工业强省，推动信息化与工业化深度融合”的发展思路。2012年3月17日，云南省政府专门召开工业发展大会，发布了《中共云南省委、省人民政府关于推动工业跨越发展的决定》。

虽然云南工业经济发展已取得较大的成就，但发展过程中仍然存在着许多突出问题：云南工业经济开放程度低，对国内其他省份或区域的开放主要集中于制造业产品的输入和原材料的输出，而产业协作与合作少；对国外特别是东南亚、南亚国家的开放也只是少数初级产品和原材料的输入，技术和产业合作更少。针对云南工业开放层次低、水平差的现状，云南省人民政府关于推动工业跨越发展的决定明确指出要“大力发展开放型工业”，以“建设面向西南开放的进出口加工基地和产业转移承接基地。制定资源配置和税费扶持等方面的政策，大力支持出口加工企业加快发展，大力引进先进技术和设备，提高企业工艺技术装备水平，引导加工贸易向产业链高端延伸，增强产品市场竞争力”等措施来实现“工业三年倍增”和“三个万亿工程”的发展目标。

从当前理论研究层面来看，对开放经济的研究仅仅限于从总体经济的层面来进行分析，而研究国民经济具体部门的开放问题则相对较少。就工业开放来说，体现为“走出去”和“引进来”两方面的内容，其中，“走出去”既包括本国企业在国外设厂并利用国外要素进行生产，又包括本国生产要素参与国外生产并获得相应收益等；反之则是“引进来”，即利用外国企业在本国设厂并利用本国的生产要素进行生产。因此，从工业经济活动环节看，工业开放应该是生产、分配、交换、消费的开放；从工业经济要素看，应该是资源、人才、资本、技术的开放，并且应具备平衡性、协调性、可持续性、金融性。本书正是以此为出发点，从工业经济的生产、分配、交换、消费等环节着手，分析云南工业对外贸易、对内贸易、利用外资、对外投资、人才引进、技术引进等方面对云南工业结构和工业增长的影响，进而根据目前存在的问题和困难，提出云南开放型工业发展的思路与重点，并就加快云南开放型工业发展提出对策建议，以期为云南扩大工业开放，加快建设中国面向南亚东南亚辐射中心，优化经济结构和转变经济发展方式，最终实现科学发展和跨越式发展献计献策。

由于著者水平所限，书中疏漏之处，请广大读者批评指正。

著　者

2016 年 1 月

目　录

图目录

表 目 录

内 容 摘 要

加快发展开放型工业是我国着力培育开放型经济发展新优势，全面提升开放型经济水平，构建开放型经济发展新体制的重要内容，更是把云南省打造成对外开放新高地，建成面向南亚东南亚辐射中心的重要战略举措。工业开放的核心是生产、分配、交换、消费的开放，是资源、人才、资本、技术的开放，是具备平衡性、协调性、可持续性、金融性等“四性”的开放。是工业在“引进来”和“走出去”中实现“产业扩展聚合”的过程。

一、云南工业开放存在的主要问题

改革和开放是我国经济发展的重要动力。经过 30 多年的发展，云南工业形成了快速发展的态势，但开放程度低、开放能力弱、开放动力小的问题还十分突出，主要体现在以下几个方面。

（一）云南工业的对外贸易面临着突出的结构型问题

工业品对外贸易是云南对外贸易的主体，云南工业品进口占全省进口的份额超过 90%，云南工业品出口占全省出口的份额接近 90%。云南工业的对外开放程度、水平、层次和结构直接决定了云南经济的对外开放程度、水平、层次和结构。

从工业内部结构看，云南工业品进口以有色金属矿为主，出口以化工产品为主；以农产品为原料的轻工业产品以烟草制品业出口为主，以非农产品为原料的轻工业产品以药品为主；采掘工业以进口为主，出口很少；原材料工业以化学原料及化学制品制造业出口为主，进口很少；加工工业对外贸易虽然增长快，但贸易规模很小。重工业中出口份额比较大的是原材料工业，占比达到 60% 左右；进口份额较大的是采掘业，占 50% 以上；出口以重工业为主，占全省出口的 70% 以上，进口占 80% 左右。2008 年以前资源型工业的出口份额大于装备工业，2008 年以后装备工业的出口份额大于资源型工业。资源型工业的进口明显高于装备工业，占全省进口的 50% 以上，反映出以资源型工业为主的云南工业面临着更强的外部约束。高新技术产业的外贸份额仅 3% 左右，但增长较快。

从贸易流向看，云南省磷化工原材料工业流向印度、越南等周边国家为主，有色金属冶金工业产品主要流向亚太地区但下滑明显，以机电产品为代表的云南装备制造业主要流向缅甸，而云南的高新技术产品主要流向日本、美国等发达国家。

可以看出，云南省产业比重大的资源型工业面临着贸易萎缩，而贸易增长快速的装备工业和高新技术产业在云南工业中的比重较小，贸易份额小，显示出特殊的结构性问题。

（二）云南工业的对内贸易面临着严峻的逆差问题

从支柱产业群看，云南省的烟草、生物资源开发创新、冶金、电力工业在省际贸易中整体上为净调出，有较强的竞争力；但整体上看，无论是轻工业还是重工业的对内贸易都是净调入，使整个工业对内贸易为净调入，国内市场竞争力弱。

分东中西部看，云南省与我国东部地区工业品贸易为逆差，自 2009 年后对东部地区的货物总输入量开始超过总输出量，且差距不断扩大；云南省与中部地区工业品贸易为逆差，自 2008 年后对中部地区的总输入量开始超过总输出量；云南省与西部地区工业品贸易为顺差，自 2005 年后对西部地区的总输出量开始超过总输入量。云南工业对内贸易主要集中于广东、广西、四川、贵州、重庆等周边省（直辖市、自治区）。

（三）云南工业的利用外资面临着规模小、技术效应弱的问题

总体上云南利用外资规模增长缓慢，以直接投资、合资经营和独资为主，合作经营和外商投资股份制企业比重小，这种外资利用结构的弊端是很难形成完整的产业结构，难以解决技术短板，只能依靠外资提供资金与技术，无法形成具有自主创新能力的工业体系。

从外资来源结构看，云南工业利用外资以亚太地区为主；从行业结构看，重工业利用外资的比重较高，2013 年约为 41 亿元，轻工业在 15 亿元的水平；从省内区域结构看，昆明作为云南经济的中心，利用外资占全省的 50% 以上，处于主体地位，其次是自然资源较为丰富或工业发展较为成熟的曲靖、玉溪、保山、楚雄、红河、文山等地。

（四）云南工业的对外投资增长较快，但比重在下降

云南工业对外投资总额从 2001 年的 3929 万美元扩大到 2013 年的 87600 万美元，13 年间年均增长 27%，但在云南对外投资的比重却从 2001 年的 60.85% 下降至 2013 年的 34.83%。说明云南工业的对外投资增长慢于其他产业。

云南工业对亚洲国家的对外直接投资占绝大部分，主要分布在中国、韩国、马来西亚、新加坡、泰国等国家和地区。对欧洲和北美地区的直接投资比例很小。从流量看，云南工业在拉丁美洲的投资比例迅速扩大，主要集中在巴西、开曼群岛、英属维尔京群岛等地。从行业看，云南工业对外直接投资主要分布在电力，交通运输设备制造业，电器机械及器材制造业，纺织业，专用设备制造业，通信设备、计算机及其他电子设备制造业等，但目前来看采矿业的比重越来越高。

（五）云南工业人才引进少，利用程度低

云南工业人才存在着人才总量较小，结构不尽合理，后备力量不足，高学历、高职称工业人才少，引进外来人才少，人才流动性差等诸多问题。虽然云南省出台了引进人才的许多优惠政策，但云南工业在人才引进过程中仍存在许多问题：人才引进数量不能满足工业发展需要，高素质的人才占引进工业人才的比重较低，人才引进的政策保障还不健全，人才引进的观念有待改进，人才引进的质量难以得到保证，从国际引进的人才更少。

（六）近年来云南工业的技术引进缓慢

云南工业的技术引进具有典型的阶段性特征，在20世纪80年代和90年代，通过先进技术的引进、消化、吸收再创新，使卷烟工业快速成长为云南省的支柱，使冶金技术处于国际先进水平，卷烟和有色金属成为重要的对外贸易商品。但随着产业结构的调整，云南的装备制造业由于没有完成通过引进技术改造提升这个过程，装备工业发展缓慢，部分优势装备工业不断萎缩甚至消失。近年来面对战略性新兴产业的培育，云南工业的技术引进步伐开始加快，但仍然滞后于国内很多省份，还没有形成显著的产业优势。

二、加快云南开放型工业发展的思路与重点

加快云南开放型工业发展的基本思路是通过“资源”与“创新”两个支撑推进“产业扩展聚合”、“产业信息化”和“市场拓展”三条道路。产业扩展聚合的第一阶段：培育主导产业，强化优势产业，甄选新兴产业；第二阶段：扩大主导产业，稳定优势产业，扶持新兴产业；第三阶段：巩固主导产业，调整优势产业，聚合新兴产业。产业信息化的第一阶段：基础设施建设，领军企业实践，政府政策推动；第二阶段：基础设施提升，重点企业普及，行业内互联互通；第三阶段：基础设施完善，全产业普及，各行业互联互通。市场拓展的第一阶段：找准优势产品，明确市场定位，建立交易平台；第二阶段：提升产品知名度，稳定客户关系，扩展交易渠道；第三阶段：树立产品品牌，拓展衍生市场，完善交易网络。

建议重点发展新材料工业、机械装备工业、电子信息产业、生物制药工业、特色食品加工业。

三、加快云南开放型工业发展的对策建议

要加快云南开放型工业的发展，最关键的是体制改革、机制创新和环境改造，因此提出以下建议。

（1）转变政府职能。继续坚持深化改革，更加注重体制机制创新，促进政府职能向法治化、有限化等方向转化，提高法规和政策透明度，营造公平竞争、进出自由的市场环境，为开放型工业提供更多更好的公共服务。推进市场化进程，逐步取消妨碍商品和要素自由流动、妨碍区域市场一体化的制度与政策规定，促进市场的发育与完善。重点是强化政府的公共服务职能，积极推进与国际惯例接轨，营造健康的市场环境，推进区内外合作。

（2）推进科技创新。开放型工业发展的过程中要高度重视科技创新，通过完善相应的政策措施，实现开放型经济更好更快的发展。通过加快区域创新体系的构建，提升科技创新对开放型工业发展的支撑作用，形成经济发展的重要推动力。通过激励、知识产权保护等政策，强化企业在科技创新中的主体地位，注重发挥政府、企业、高校和中介组织等相关主体在区域创新中的作用。

（3）强化金融支持。要充分发挥金融的支撑保障作用，促进云南省工业深化开放，助推云南工业经济跨越发展。首先要充分认识金融业在推进工业开放、实施工业强省战略中的重要作用。其次要明确金融支持工业强省战略的具体措施，要强化信贷支持，明确金融支持重点，促进工业企业提质增效，要落实重点工业企业量身定做融资服务，推动非信贷融资快速发展，拓宽企业融资渠道，完善外汇服务，支持工业企业“走出去”。再次要提升金融支持工业强省的服务质量，提高支持重点工业项目的资金审批效率，要创新金融产品和服务，满足工业企业的资金需求，要健全金融服务体系，要加强同业合作集聚金融资源，不断提升科技金融服务水平。最后要优化金融支持工业的外部环境，深化信用环境建设，完善企业信用增强机制，提高专项资金服务工业经济综合效益，切实防范风险，强化激励引导。

（4）主动服务和融入国家“廊带”建设。云南开放型工业的发展要主动服务和融入我国构建开放型经济体制的“一带一路”战略，主动服务和融入面向南亚东南亚的辐射中心建设、“孟中印缅经济走廊”建设、中南半岛经济走廊建设，以及云南建设瑞丽重点开发开放试验区、勐腊（磨憨）重点开发开放试验区、沿边金融综合改革试验区，在批准云南建设滇中新区、昆（明）保（山）瑞（丽）经济带、临沧边境经济合作区、瑞丽边境经济合作区、畹町边境经济合作区、河口边境经济合作区中重点发展工业，积极推进河口-老街跨境经济合作区、磨憨-磨丁跨境经济合作区、姐告-木姐跨境经济合作区建设中重点推进工作发展。

（5）建设空间合作网络。以中心城市、产业园区等增长极培育为基础，以交通沿线重要的经济带为轴线，推进开放型工业向纵深发展、向更广泛的区域和领域发展，统筹推进区域经济一体化、城乡一体化，以区域经济一体化的推进逐步打破不同行政区之间的制度壁垒，推进云南省向市场经济的深化转型，并积极推进边境地区的区域经济一体化向境外延伸，融入全球化进程。形成由城市群、区域经济互动多个维度共同组成的开放型经济空间网络体系。

第一篇 工业开放理论

对外开放理论往往以国家或地区为研究对象，虽然包含了产业的开放，但具体针对工业的开放理论尚不成熟。不同的产业具有不同的发展规律，自然也具有相对不同的开放特征。本书首先对工业开放理论进行尝试性探索。

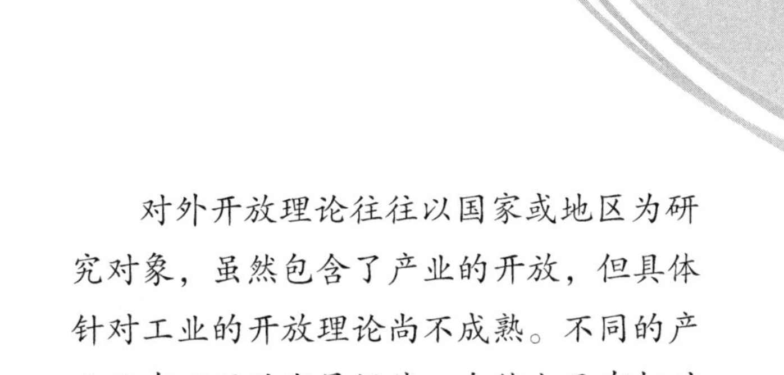

1 工业开放理论探索

自亚当·斯密开创现代经济学以来，其提倡开放、反对封锁的经济学思想日益被各国政策制定者采纳。虽然在“大萧条”年代及历次经济危机中，贸易保护主义曾一度盛行，甚至在经济高度开放的今天，各国为恢复经济竞相实施“以邻为壑”的货币宽松政策；但是，200多年以来，世界各国工业的国际化程度日益提升，开放程度越来越高，国际贸易和跨国投资日益活跃。改革开放以来，伴随着“引进来”和“走出去”的发展，我国国内工业日益融入全球产业链中，开放程度逐渐提高。中国政策制定者也日益认识到融入全球经济一体化的重要性，在多项政策报告中明确提出发展开放型经济，比如，党的十八大报告曾提出“着力培育开放型经济发展新优势”，“全面提高开放型经济水平”；十八届三中全会报告又进一步明确“构建开放型经济发展新体制”。

1.1 工业开放理论概述

产业革命以来，工业强大一直是国家强盛的重要标志，随着世界经济以产业链或产业集群等方式日益融合，工业开放度也日益提升。工业开放的核心是指：

（1）从政治经济学角度看，生产、分配、交换、消费是开放的❶。

（2）从宏观经济学的角度看，资源、人才、资本、技术是开放的。

（3）开放型工业具备平衡性、协调性、可持续性、金融性等“四性”。

工业开放是双向的，包括“引进来”和“走出去”两方面含义：“引进来”是指通过进口、吸收外商直接投资等方式将外部生产要素和工业产品等引入本国，促进本国生产或用于本国消费；“走出去”则是相反的途径，即通过出口、对外投资等方式将本国生产要素和工业产品等输出国外。“引进来”和“走出去”相辅相成，互相促进。通过“引进来”获得先进生产要素并引入外部竞争，能够提升本国工业生产的质量，提升本国工业品在国际市场的品质竞争力❷，从而有效促进“走出去”；通过“走出去”开拓国际市场，参与外部竞争，获取商业信息，反过来又能够提升“引进来”的质量。

---

❶ 马克思．政治经济学批判导言［M］．北京：人民出版社，1964：7～28.

❷ 崔用植．打赢汇率战争［M］．北京：中国出版集团现代出版社，2012：33～38.

现代工业开放的依托是产业扩展聚合，产业扩展聚合是波特产业集群理论和虚拟产业集群理论的结合。波特的产业集群理论是地理位置上的集群，集群内的企业位于同一地理区域中；虚拟产业集群是由位于不同地域的企业所组成[1][2][3]。产业扩展聚合不受地理位置的限制，由位于世界相同或不同地区相互关联的公司和机构组成，这些公司和机构作为产业扩展聚合的各个环节，位于同一产业链上，因供需、合作关系紧密联系在一起，根据比较优势、竞争优势等进行生产分工和协作，最终实现某个或某类工业品的生产；同时各种服务机构为产业扩展聚合提供信息沟通等各项服务。产业扩展聚合的出现与现代交通和通信的发达程度息息相关，与跨国贸易和投资密不可分。可以说，交通和通信是产业扩展聚合物理上联系的枢纽，跨国贸易和投资是其人际上结合的纽带。交通和通信尚不发达之时，多数资源密集型产业聚集于原材料产地，劳动密集型产业聚集于劳动力充裕之地，资本密集型产业聚集于资金融通便利之处，因此，要素禀赋在很大程度上决定一国的竞争优势。现代交通和通信的出现大大降低了距离和时间成本，要素流动性大大增加，劳动力、自然资源、金融资本等要素对一国竞争力而言作用日趋减弱[4]。图 1-1 形象地给出了产业扩展聚合的大致轮廓，从图中可看出，产业扩展聚合由“点”、“线”组成。“点”即产业扩展聚合中各个环节，如原材料供应商、资本供应商；“线”即交通、通信等联系纽带。图 1-1 的产业扩展聚合有一个“核心”——一般是创意和研发类公司，借助于现代化通信手段，该公司在世界范围内寻找原材料供应商、在全球范围内融资、在全球技术竞争和技术外溢中不断壮大自身的技术实力，在全球范围内招募人才为自己服务。在这一过程中，全球范围内的要素不断参与到“核心”所组建的产业扩展聚合中，生产要素环节实现了开放，各要素也参与到全球分配中（箭头 1 所示过程）。“核心”类似于人的大脑，有的“核心”拥有生产工厂，有的“核心”则将生产环节完全外包（图 1-1 显示的即是该模式），通过高效的运输，各要素进入生产环节参与全球生产，在这一过程中，生产实现了开放（箭头 2 所示环节）。生产完成之后，通过“核心”的决策和指令，产品被运送至全球市场销售并被消费者消费，这一过程实现了交换和消费的开放（箭头 3、4 所示环节）。

---

[1] Flores M，Molina A. Virtual Industry Clusters：Foundation to Create Virtual Enterprise ［C］//Camarinhmatos L M，Afsarmanesh H A，Erbe H H，Eds. Advanced in Networked Enterprises-Virtual Organizations. Balanced Automation and Systems Integration. Kluwer Academic Publishers，2000：111～120.

[2] 吴秋明，李运强．虚拟产业集群的管理创新［J］．经济管理，2008（3）：11～15.

[3] 李运强，吴秋明．虚拟产业集群——一种新型的产业集群发展模式［J］．华东经济管理，2006（12）：42～45.

[4] 迈克尔·波特．国家竞争优势（上）［M］．北京：中信出版社，2012：XVI.

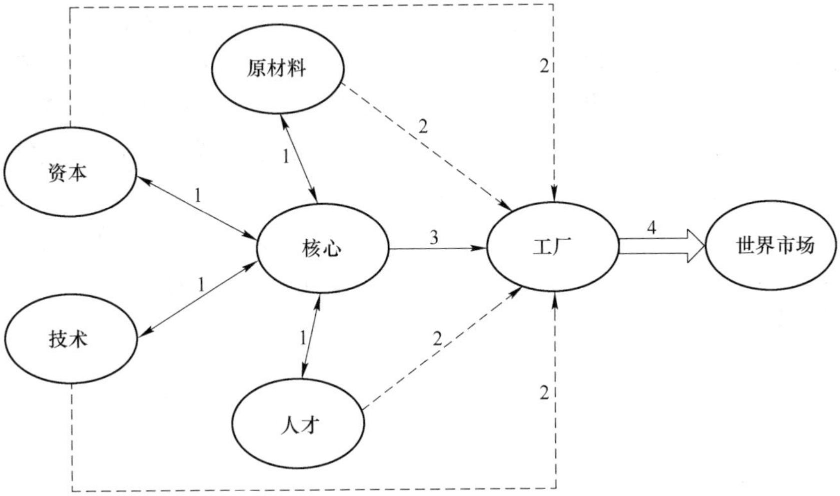

图 1-1 产业扩展聚合

产业扩展聚合较典型的案例是苹果手机的生产，苹果手机零部件供应商遍及日本、韩国、中国台湾等多个国家和地区，借助现代交通，苹果将零部件汇集到加工地，最终完成手机的组装。

据悉，苹果公司在全球共有 758 家供应商，分别位于全球 30 个国家或地区。各供应商提供不同的零部件，分工较为明确，产品设计由其总部完成，核心零部件主要由美国、日本和韩国的厂商生产（外包生产），中国台湾、新加坡、欧洲的厂商也参与部分零部件生产，组装成整机之后，最终销往全球各地。表 1-1 显示了部分苹果公司的供应商和所生产的部件。

表 1-1 苹果公司部分供应商信息

零 部 件	供 应 商	所在国家或地区
显示器	LG、日立、JDI（日本显示公司）、夏普	日本、韩国
液晶显示器芯片	瑞萨电子	日本
处理器	三星、台积电	韩国、中国台湾
摄像头传感器	Omnivision	美国
电池芯片	三星 SDI、三洋	日本、韩国
陀螺仪、加速器	意法半导体	瑞士
触控控制器	德州仪器	美国
触摸屏玻璃	朝日玻璃、康宁	日本、美国

图 1-2 显示了苹果公司产业扩展聚合的大致轮廓，苹果公司依托高效的运输和通信，在全球各地选择供应商，不同国家或地区的供应商依照苹果公司的严格

（近乎苛刻）的要求，生产出相应零部件，苹果公司将不同地区的零部件通过高效率的运输（苹果大规模使用空运）送往组装工厂（主要是中国的富士康），最终组装成成品。对照产业扩展聚合的概念可发现，苹果公司的供应链是产业扩展聚合的最真实写照：其供应链系统已经摆脱了地理范围的限制，不同国家或地区的供应商位于同一产业链上，基于和苹果公司的合作关系而紧密联系在一起，根据各自的优势（比较优势或竞争优势）进行生产的分工和协作。苹果公司总部负责沟通、协调和各种关系的维护，通过国际贸易和现代交通，将全球各地的零部件运送至统一的加工厂，最终完成苹果产品的生产。

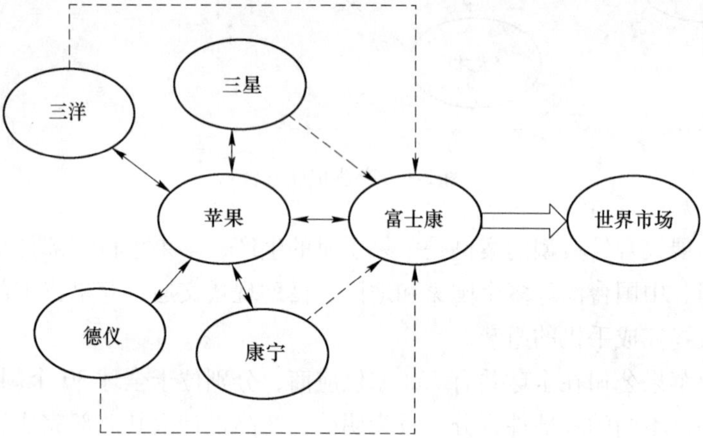

图 1-2 苹果公司产业扩展聚合大致轮廓

1.2 工业的生产、分配、交换、消费是开放的

依托于产业扩展聚合，现代工业不再是自给自足的工业，生产、分配、交换、消费不在地理上局限于一国或一地区。单个国家（地区）生产的产品不止满足本国（本地区）的需求，一国（地区）的消费者也不止消费本国（本地区）生产的产品。现代工业通过跨国投资和国际贸易，在全球安排生产，并将产品在全世界范围内交换和消费。

1.2.1 生产的开放

生产开放的理论渊源在于分工可以提高生产效率以及社会福利，通过分工，将不同或相同产品的不同生产环节放置于不同国家或地区进行生产，就是生产的开放。分工理论源于亚当·斯密，在其之前相当长一段时间内，西方执政者按照重商主义的教条，奉行封闭式的政策，崇尚以贸易顺差积累金银财富。18 世纪 70 年代，斯密在其著作中抨击了重商主义教条，提出了以“绝对优势理论”为核心的开放理论，主张分工和自由贸易[1]，但直到19世纪中叶，英国执政者才摒弃重商主义，工业生产自由的思想才逐渐得以付诸实践。亚当·斯密之后，大卫·李嘉图和赫克歇尔、俄林等经济学家分别从“比较优势理论”和“要素禀赋理论”角度为分工和自由贸易辩护。近代跨国公司理论也认为，通过分工和开放式的生产，将产业链不同环节放置于不同国家（地区），能够提高生产效率[2]。迈克尔·波特的产业集群理论也包含着分工的精髓，波特认为，集群是指“在某一特定区域下的一个特别领域，存在着一群相互关联的公司、供应商、关联产业和专门化的制度和协会”[3]。产业集群中相互关联的公司各司其职，工厂专司生产、贸易商专司贸易、银行专司资金融通、物流商专司运输，充分演绎了经济学中分工的精髓。

产业扩展聚合是波特产业集群的延伸，波特产业集群属于地域上的集群，而产业扩展聚合却不受地理位置的限制，但二者都包含了亚当·斯密分工理论的精髓。随着交通和通信的发展，现代工业生产已是开放式、不受地理位置限制的产业扩展聚合，集群中的企业可位于不同国家或地区且在地理上不相互临近，通过现代化的交通和通信方式，实现生产的协作和信息的沟通，最终完成某一项或一类工业产品的生产。工业生产的开放包含“引进来”和“走出去”两层含义，本国厂商通过参与产业扩展聚合，将外部生产引入本国，并将本国产品推向全世界。

1.2.2 分配的开放

生产的开放必然导致分配的开放，随着劳动者、资本、技术等生产要素流动性的增加，分配的开放性进一步提升。现代工业的分配是开放的价值分配，厂商将销售所得按一定规则分配给各国（各地区）参与生产的要素。按照生产理论，厂商在既定的成本约束下，依托于产业扩展聚合，通过对外直接投资和国际贸易等各种方式，从世界各地雇佣劳动者，获得资本，购买技术等生产要素，以最大化自身利润。以资本获取为例，开放经济给厂商提供了更多的融资渠道，通过借贷、发行股票、债券等间接、直接渠道，厂商选择成本最低的方式从世界各地融资以供生产和运营之需。产品销售之后，厂商按照一定规则（比如劳动合同约定）将销售收入分配给世界各地参与生产的科技人员、工人、销售员等，资本获得利息、企业家获得利润、工人获得工资，开放式分配完成。以海外代付为例说明：在海外利率较低时，厂商进口原料时可通过银行叙做海外代付，利用低成本海外资金预先支付货款，以保证自身资金链通畅，海外代付到期后，厂商需按照一定利率支付利息给海外借款方，支付利息的过程便是分配的过程。开放式分配也包含“引进来”和“走出去”两层含义，在要素分配层面，“引进来”是指本

---

[1] 亚当·斯密．国富论（上）［M］．上海：上海三联书店，2009：3～17.

[2] 薛荣久．国际贸易［M］．北京：对外经济贸易大学出版社，2003：219～257.

[3] 迈克尔·波特．国家竞争优势（上）［M］．北京：中信出版社，2012：XVI～XVII.

国生产要素从世界各地获得报酬；而“走出去”是指本国厂商向世界各地参与生产的要素发放报酬。

1.2.3　交换的开放

各国（各地区）的消费者用收入（一般为货币工资）从世界各地换取生产生活所需，便是交换的开放。在商品经济尚不发达的时期，尚未形成世界市场甚至全国统一市场，交换仅限于局部市场，而世界市场的形成极大扩展了交换的地域范围。以新航路开辟为例：新航路开辟之前，地中海沿岸是欧洲商业的中心，中国的丝绸、瓷器等产品通过“丝绸之路”经中亚到达欧洲，交换的范围集中于地中海沿岸。15～17世纪，新航路的开辟引发了“商业革命”，扩大了世界各地区之间的经济交流，各大洲之间的贸易量逐渐增加，参与交换的商品种类逐渐丰富，欧洲商业中心不再局限于地中海沿岸，大西洋沿岸各国更多地参与到国际贸易中，中国的产品也逐渐通过海上航线运送至更多的国家和地区，世界市场逐渐形成。世界市场的形成使得商品选择范围极大增加，网络信息技术的发达使消费者可以更加便捷地参与世界市场交换，手机银行、网络银行等新兴金融业态的出现使得支付手段更加多样化，从而消费者更精细化、差异化的需求得以满足。在可选择商品范围加大的情况下，消费者按照自身偏好，在预算约束的限制下，购买（用货币进行交换）所需消费品，以最大化自身效用。在现代社会，交换环节的开放与国际贸易和跨国投资密切相关，换言之，跨国贸易和投资是交换得以开放的载体。通过进口和外商直接投资（FDI），本国消费者使用货币收入（工资、利息、利润等）交换国外产品用于自身消费，这就是交换环节的“引进来”；通过出口和对外直接投资（ODI），国外消费者可以交换得到本国产品，这便是交换环节的“走出去”。1948年至今，全球进出口贸易额逐年攀升（图1-3和图1-4）的事实说明，交换的开放度正日益扩大。

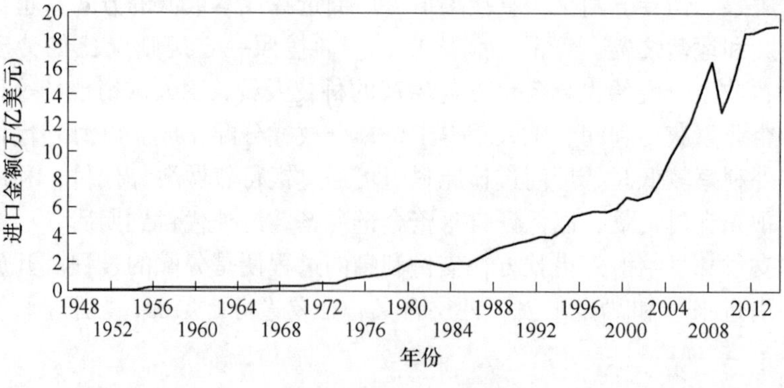

图1-3　1948年以来全球商品进口金额

数据来源：万得咨询。

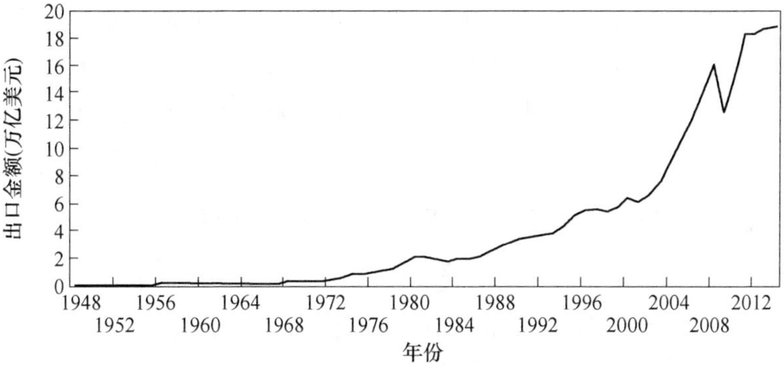

图 1-4 1948 年以来全球商品出口金额

数据来源：万得咨询。

1.2.4 消费的开放

消费者用货币收入交换工业产品后便进入消费环节。消费是社会生产四个环节的末端，是消费者“占有”和“享受”工业品满足自身需求的过程，“生产直接是消费，消费直接是生产”，生产的开放决定着消费的开放[1]。消费的开放是指消费者在更广阔的地域内选择产品用于满足需求。同时，消费的开放与分配、交换环节的开放密不可分，特别是交换的开放，给予了消费者更广阔的选择空间，是消费环节开放的前提。世界市场的形成和商品经济的发达催生了消费的开放，消费的开放为工业的开放提供了广阔的市场，同时加强了厂商之间的竞争，促使工业在开放中竞争和发展。商品经济不发达的年代，消费几乎仅限于局部市场，我国古代“一骑红尘妃子笑，无人知是荔枝来”的典故从侧面印证了这一点：市场不发达的情况下，达官贵人都要用极特殊的方式才能消费远方的商品；古罗马凯撒大帝身穿中国丝绸被看作破天荒的奢华也间接说明了这一点。随着商品经济的发达和世界市场的形成，尤其是近年来电子商务的飞速发展，极大满足了消费者对产品差异化的需求，消费者只需通过网络便可购买和消费世界各地的商品。对工业品的开放式消费包含两类：一类用于生产，指下游厂商从全球采购生产资料用于自己生产（这进一步印证了“生产直接是消费，消费直接是生产”）；一类用于生活，指终端消费者购买各种生活资料用于最终消费。国际贸易和投资的发达给予了消费“引进来”和“走出去”双重开放属性：“引进来”指通过进口贸易或 FDI，获取国外产品用于国内消费；“走出去”是指通过出口贸易或者 ODI，使国外消费者得以消费本国产品。全球经济中，与贸易和投资相伴随的开放的消费已成为常态，从生产资料到生活资料，从大型设备到日用品，各个国家的消费者都在消费世界各地产品，从充斥欧美市场的“中国制造”到中国市场上琳琅满目的国外商品都充分演绎着开放消费的精髓。

生产、分配、交换和消费这四个环节的开放是工业开放的第一层内涵。这四个环节相互衔接，专业化分工的高效催生了生产的开放，生产开放和要素流动性的增加催生了开放式分配，世界市场的形成和商品经济的发达催生了开放式交换和消费。生产、分配、交换和消费的开放依托于产业扩展聚合进行。

1.3 工业的资源、人才、资本、技术是开放的

资源、人才、资本、技术的开放是工业开放的第二层内涵。现代工业不是闭关锁国的工业，而是借助现代化的交通和通信手段，通过国际贸易和投资实现资源的互通、人才的培引、资本的流动、技术的获取。现代工业具有开放式、竞争式的要素获取渠道，从全球各地购买生产所需资源，争夺工业发展所需人才，用最廉价的方式获取工业发展所需资本，在竞争中不断提高技术水平。此外，由于要素的替代性，开放式的要素获取渠道使企业能够权衡各要素成本，合理搭配各种生产要素，以实现利润最大化或成本最小化。明清以来，“片板不许入海”的锁国政策和“原不借外夷货物互通有无”的夜郎自大的思维切断了与外界的经济联系，严重削弱了要素市场和产品市场的竞争机制，只能导致工业的衰退和国力的衰弱，成为工业强国侵略的对象。目前，工业发展促使各个国家和地区在资源、人才、资本、技术的争夺日益激烈，只有参与到全球竞争中，以开放的思维发展工业，才能不断提升工业水平和国力。资源、人才、资本、技术的开放也依托产业扩展聚合进行，现代交通和通信、贸易和投资依然是其重要载体。同样，资源、人才、资本、技术等生产要素的开放也包含“引进来”和“走出去”两层含义。“引进来”是指借助贸易投资等渠道从国外获得生产要素；“走出去”是指本国的生产要素参与别国的生产并获得收益。

1.3.1 资源获取渠道的开放

资源是工业的重要生产要素，一切用于工业生产的化石能源、新能源、金属和非金属矿产都属于资源范畴，一个国家的资源是自然给予的禀赋。根据要素禀赋理论，交通和通信尚不发达时，一国（地区）只能根据本国（地区）要素禀赋生产相应的产品，通过国际贸易购买要素禀赋稀缺的产品[1]。随着交通运输的发达，通过对外直接投资或国际贸易，工业企业可在资源禀赋丰裕的地区设立工厂或是购买别国（地区）的资源用于生产。以日本为例，日本资源匮乏，但通过国际贸易从世界各国购买资源和原材料，已造就一大批资源消耗量大的跨国企业。随着世界各国工业的发展，资源贸易量和消耗量日益增加。以铁矿石为例，2013 年世界铁矿石出口量和进口量分别是 1990 年的 3.35 倍和 3.18 倍（图

[1] 薛荣久．国际贸易［M］．北京：对外经济贸易大学出版社，2003：73～79.

1-5）。目前，化石能源、金属矿产等资源储量逐渐下降，石油、天然气、铁矿石、有色金属矿石等要素市场被少数大企业垄断，开放式的资源获取渠道对工业企业尤其是资源贫乏国家的工业发展尤为重要。开放式资源获取渠道主要包括两层含义：

（1）以对外直接投资或国际贸易取得国外资源。其中，对外直接投资（如并购国外资源开采企业）可获得稳定的资源来源渠道，或在资源产地设立工厂以绕开东道国资源出口限制等贸易壁垒，但是成本高、风险大；国际贸易常受到远距离运输成本、贸易壁垒等限制，但相对于对外直接投资而言更易于操作、成本更低。企业通常会权衡资金成本、投资环境、东道国法律等种种因素再做决定。

（2）用新能源替代化石能源等传统能源，用新材料替代传统材料。随着传统能源日益枯竭，世界各国都在加快研发新能源，寻找新能源、新材料是资源获取方式开放的重要内涵。资源获取渠道的开放意味着在全球各地寻求稳定的资源供给渠道，内含了产业扩展聚合的精髓。从“引进来”和“走出去”的角度看，资源的“引进来”主要是进口别国资源供本国企业生产使用，随着传统能源的日益枯竭，进口并储备能源已成为许多国家能源战略的重要组成部分，此外，还包括在新能源研发中引进国外的技术；“走出去”主要是指资源禀赋充裕的国家出口部分资源用于本国生产和生活所需。

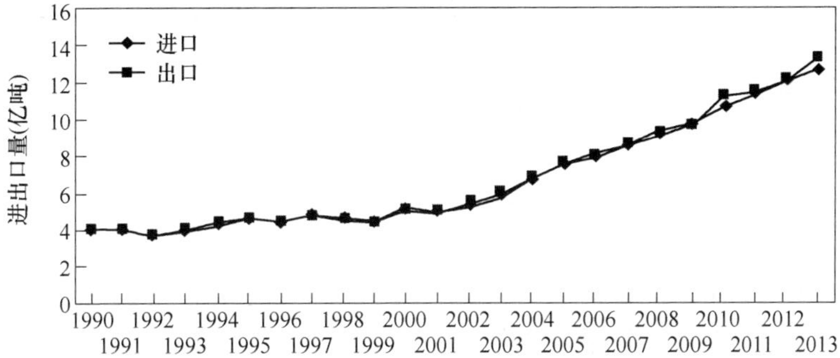

图 1-5　1990 年以来世界铁矿石进出口量

数据来源：万得咨询。

1.3.2　人才培养和竞争机制的开放

人才属于人力资本范畴，是具备较高人力资本的劳动者。舒尔茨于 20 世纪 60 年代开创的人力资本理论认为，人力资本是体现在劳动者身上的资本类型，用劳动者知识程度、技术水平、工作能力以及健康状况来表示，并认为“人口质量和知识投资在很大程度上决定了人类未来的前景”❶。强大的人才队伍是工业发展的保障，国与国之间人才争夺早已成为常态，“二战”期间苏联和美国争夺德国科学家就是最好的例证，而“二战”后日本和德国超越常规的发展和赶超也充分说明了人才的重要作用。工业发展中人才的开放主要是指人才培养和竞争机制的开放，跨国（跨地区）的人才培养机制包含两层含义：一方面，借助国外先进的教育培养本国工业发展所需人才；另一方面，利用更优厚的待遇从国外挖掘人才。近年来，人力资本跨国、跨地区流动性越来越高，更好的科研环境、更能实现人生价值的工作平台、更高的待遇、更舒适的生活环境是绝大多数人才跨国流动追逐的目标，也是争夺人才所需具备的条件。人才战略已然成为各国政府关注的重点之一。以美国和中国为例说明：

（1）在美国发展史上，海外人才为其做出不可估量的贡献（表1-2），英特尔公司的前首席执行官格鲁夫是匈牙利移民；谷歌公司创建人之一布林是苏联移民；雅虎创建人之一杨致远来自中国台湾。资料显示，吸引海外人才一直是美国保持国际竞争力的一个秘诀，美国政府极其重视人才的“引进来”。比如，奥巴马政府积极推动移民改革，大力引进高科技人才，其于2012年将改革“绿卡”制度纳入了政府行政措施改革方案；2013年6月，美国参议院移民改革法案规定为想移民美国的外国企业家设立“创业签证”；2014年美国政府发布了高科技人才申请美国“绿卡”的新规❷。

表1-2 过去几十年中移民为美国所做贡献摘选

诺贝尔奖获得者	26%为移民
专利创造	1/3归功为移民
新公司创立	28%由移民创立
世界500强企业	40%由移民创建

资料来源：《光明日报》（2014年6月9日）。

（2）中国政府也非常重视人才引进，出台了“长江学者奖励计划”、“百人计划”、“国家杰出青年科学基金”等一系列人才项目，2010年发布的《国家中长期人才发展规划纲要（2010—2020）》强调要开发利用国内国际两种人才资源❸。

1.3.3 资本获取途径的开放

本书所指的资本包含资金和实物资本两类：资金是货币形式的资本，实物资

❶ 舒尔茨．论人力资本投资［M］．北京：北京经济学院出版社，1990：1～39.
❷ 王传军．给“绿卡”：美国吸引人才的撒手锏［N］．光明日报，2014-06-09.
❸ 叶晓楠．中国加快引进海外人才［N］．人民日报海外版，2010-09-30（4）.

本是指厂房、设备等用于生产的物质资本。相应地，开放式资本获取包括开放式资金获取和开放式实物资本获取两方面含义。

（1）开放式资金获取。资金是工业发展的血液，开放式资金获取包含了融资渠道开放、融资工具开放和融资范围开放三层含义，具体是指通过各种直接、间接融资渠道，充分利用各种金融（包括金融衍生品）工具，从国内和国际金融市场融资的行为。开放式资金获取和金融体系密切相关，从银行信贷到小微金融、信托，再到股市，再到私募、公募基金，再到各种远期、掉期、期权交易，从最基础的融资方式到金融衍生交易，现代金融工具的高度发达为开放式资金获取提供了多样、便捷的途径。

（2）开放式实物资本获取。这主要指获取范围的开放，并主要针对机器、设备等可运输的固定资产而言。实物资本积累是工业发展最重要的动力之一，由于不同实物资本存在一定替代性，开放式资本获取使厂商更能够找到符合要求的产品，使企业能在尽可能大的范围内最优化自身选择。资本获取渠道的开放与产业扩展聚合有着密不可分的关系，前者依托后者进行，同时也是后者各环节之间的重要联系纽带。借助产业扩展聚合，本国资本参与全球范围生产并获得投资收益，本国的厂商也可到全球融资用于自己生产。在资本自由流动的国家，全球融资早已司空见惯；在资本管制的国家（如中国），可通过 FDI（外商直接投资）、ODI（本国对外直接投资）、QFII（合格境外机构投资者）和 QDII（合格境内机构投资者）等方式引进外部资本或促使本国资本走出国门参与全球生产。2014年中国政府推出的“沪港通”以及正在筹备中的“深港通”都是资本开放的典型例证。

1.3.4 技术研发和获得方式的开放

技术进步是工业发展的动力。早在 20 世纪 50 年代，新古典经济增长理论就提出“从长期看，技术是经济增长的唯一动力”，尽管该论断略显偏激，尽管新古典经济增长理论将技术作为外生变量存在先天的缺陷，但由于其意识到技术的重要性而长期在发展经济学领域占据统治地位；80 年代中后期崛起的内生增长理论建立了以人力资本为核心的技术进步方程，将技术内生化，该理论对技术的重视与新古典经济增长理论内在一致。开放型工业的技术是开放的，这主要是指开放型工业技术研发和获得方式是开放的，而不是指技术毫无保密、毫无安全性地任人窃取，具体来说，包含以下几方面：

（1）开放式技术研发。开放式技术研发主要指在国内外设立研发机构，利用国内外先进的研发设备，吸收国内外研发人才，通过原始创新、集成创新、引进消化吸收再创新等多种研发方式，开展研发活动并最终创造出新技术的过程。

（2）开放式技术获取。开放式技术获取包含开放式技术购买和技术溢出两方面含义。开放式技术购买是指企业在全世界搜寻可购买（技术持有者愿意出售）的技术并通过金钱交易的方式获得；技术溢出是正外部效应的一种，指企业在参与全球经济活动的过程中，通过其他企业的技术外溢而学习、模仿并获得其他企业所拥有的技术。各国公司对自身技术的保护力度日益加大，即便参与到全球产业扩展聚合中，成为发达国家高技术公司的合作伙伴，通过技术外溢获取先进科技的可能性也微乎其微。在发达国家设立研发机构和高价购买海外技术是引进技术更可行的方式。部分公司的成功也对此作出了印证，联想公司 2004 年收购 IBM，经过长达 9 年的整合，实现了自身技术和品牌的提升；华为公司在海外设立了大量研发机构（表 1-3），截至 2014 年 9 月，其在欧洲就有 17 个研发中心，海外研发机构吸收了大量国外研发人才，对其品质提升和竞争力提升起到了至关重要的作用。从经济发展的角度看，技术“引进来”比“走出去”更为重要。无论对国家还是企业而言，技术尤其是核心技术都作为机密加以保护，对于技术落后的发展中国家来说，技术“引进来”就显得更加重要。

表 1-3 部分华为海外研发机构

成立时间	研发机构	地点
1993 年	硅谷研究所	美国硅谷
1999 年	达拉斯研究所	美国达拉斯
1999 年	瑞典研究所	瑞典斯德哥尔摩
1999 年	俄罗斯研究所	俄罗斯莫斯科
2000 年	印度研究所	印度班加罗尔
2012 年	芬兰研发中心	芬兰
2014 年	法国芯片研发中心	法国

数据来源：华为官网（www. huawei. com/cn）。

1.4 工业开放的平衡性、协调性、可持续性、金融性

工业开放具有平衡性、协调性、可持续性、金融性这“四性”。平衡性是指工业产业内部、产业之间的平衡，经济类型之间的平衡；协调性是指工业产业内部的协调和产业之间的协调，以及城乡的协调；可持续性是指工业发展不断升级，安全性不断提高，并与自然环境和谐相处；金融性是指工业发展与金融发展相辅相成，金融发展支持工业发展，工业发展向金融发展提出更高的要求。

1.4.1 工业开放的平衡性

工业的平衡性包含三方面的含义：

（1）工业产业内部的平衡。工业产业内部的平衡主要是从边际报酬、边际

技术替代和规模经济的角度讲，一方面，由于要素投入的边际报酬递减，各要素之间的边际技术替代率也是递减的，对工业企业而言，人力资本、实物资本的投入要达到一定的平衡，才能获得内部规模经济；另一方面，虽然外部规模经济理论认为，行业内大量企业集中能够使单一企业的规模收益递增，但是，由于同一产业的市场份额短期内是固定的，同一产业内企业的数量只有在一定范围内（数量多少要视市场规模而定）达到一定平衡，才能获得外部规模经济，否则只能形成恶性竞争。

（2）工业产业之间的平衡。主要体现在产业链、产业聚合两个层面。一方面，工业产品从研发到消费要经过产业链上诸多产业的协同才能完成，随着国际经济一体化的深入发展，不同环节往往位于不同地区甚至不同国家（比如，苹果公司任何一款产品的生产和销售都需要诸多国家的公司协同进行），各产业之间在企业数量、生产（运营）技术等方面必须达到一定的平衡（对工业生产而言，往往需要跨国界的平衡），工业生产才能顺利进行。另一方面，从产业扩展聚合的角度看，工业开放往往涉及诸多企业（这些企业可能属于不同产业）的协同，一家或几家核心企业的顺利运行，往往需要成百上千家外围企业给予支持。核心企业和为数众多的外围企业组成了产业聚合，某些外围企业往往会作为集群的“次核心”，为数众多的企业又围绕“次核心”运作。对工业开放而言，产业聚合中各企业很可能位于不同国家，企业之间依靠长久合作形成的商业信任联系在一起，各企业之间在生产、运营上必须具备一定的平衡才能够保证整个产业聚合的健康运行。只有整个产业聚合顺利运行，作为产业聚合“核心”或“次核心”的企业才能够正常运行。

（3）经济类型之间的平衡。这主要是指不同所有制之间的平衡，也主要针对中国工业发展而言。中国为数众多的工业企业是由公有制、私有制、混合所有制企业共同组成，不同类型的所有制各有所长，公有制能够保证决策的集中和统一并能保证国有资产的安全性，私有制在应对风云变幻的国内外市场上则更加灵活和高效，混合所有制则兼具二者的特点。对中国而言，工业开放需要共同发挥公有制、私有制和混合所有制的特点，各种所有制企业之间需要达到一定的平衡，扬长避短，才能保证中国工业健康发展。

1.4.2　工业开放的协调性

协调发展是工业开放的又一重要内涵，主要体现在发展质量和发展速度两个层面，质量和速度的协调是工业产业转型升级的关键，是工业发展、巩固并进一步发展的关键。具体来说：

（1）工业产业内部的协调发展。其主要含义是指工业产业内部发展质量和发展速度的协调。发展质量主要是指生产技术、效率的提升，发展速度则是指数量（如工业增加值）的增加和规模的扩大。保持一定的发展速度是工业不断发展壮大的基础，发展质量的提升是工业提升国际竞争力的最关键因素。只有速度没有质量是粗放式发展，无法应对激烈的国际竞争；只有质量没有速度只能是小型企业，无法形成一定的规模，市场份额无法扩大，营业收入提升有限，最终还会影响质量的提升；只有发展速度和发展质量协调，才能保证工业在开放的过程中，不断扩大市场份额并保持强劲的国际竞争力。

（2）工业产业之间协调发展。工业产业之间的协调发展，主要包括两层含义：一方面，对大国而言，国内产业体系健全，各产业都取得一定发展，没有“短板”；第二方面，不同产业在取得一定发展速度的前提下，发展质量相协调，对于互补产业而言，质量协调才能保证双方共同健康发展，任何一方发现质量出现问题，都会导致互补产业整体发展受累。

（3）区域协调发展。区域协调发展是指国家内部不同地区之间工业在产业类型和发展阶段上的协调，这是开放型工业协调发展的又一内涵，对于面积辽阔的国家而言，区域协调发展具有尤为重要的意义。区域协调发展的第一层含义是指国家的不同区域按照资源禀赋或其他因素，发展不同类型的工业，不同类型的工业在速度和质量上协调发展，从而使整个国家形成合理的按地理区域划分的工业区；第二层含义是指地区之间形成一定的工业发展梯度，交通便利、通信发达、人才聚集的地区（如中国沿海地区）发展高科技工业，而内陆地区则发展劳动密集型产业并承接沿海地区的产业转移。

1.4.3 工业开放的可持续性

根据产品生命周期理论，若不进行产业转型升级，工业产业在衰退期之后便会逐步退出世界市场，被其他产业所取代，工业在开放中实现可持续发展的第一层含义便是指以开放的视野进行工业转型升级，突破产品生命周期的限制；第二层含义是从安全性角度而言，工业开放并实现可持续发展要求对企业的核心技术等生产运营机密进行安全有效的管理；第三层含义是指与自然环境和谐相处，发展环境友好的工业。

1.4.3.1 工业开放的升级发展

产品生命周期理论认为，工业产品会经历引入期、成长期、成熟期、衰退期四个时期，衰退期之后相关产品或产业便退出市场，被其他产品或产业替代。工业只有依靠转型升级才能突破生命周期的限制。现代工业升级发展是开放的产业转型升级，是指在产业扩展聚合中，以国际化视野，实现产业链转型升级、价值链转型升级、创新链转型升级、生产要素转型升级❶。世界市场竞争日趋激烈、

❶ 蒋兴明．产业转型升级内涵路径研究［J］．经济问题探索，2014（12）：43～49．

同类但异质性产品种类极为丰富，任何一种工业品都可能被替代品取代，这需要工业企业以全球化的视野、较高的敏感度进行产品更新换代，最终达到技术提升、价值增加、创新能力增强、生产要素优化。科技创新是工业在全球竞争中实现升级发展的重要推动力，科技创新引导工业升级发展❶。培育强大的科技实力也是中国工业发展亟待解决的问题。美国工业能够称霸世界的重要原因就在于其强大的科技力量。美国已于 2011 年开启再工业化进程，发达国家的工厂大量退出中国，中国工业多年追求数量的发展模式的弊端或将集中显现，而渡过这时期的唯一的办法就在于以开放的视野推动工业升级发展。世界范围内工业发展正处于变革之中，科技不断创新，新能源替代旧能源、新产业替代旧产业的产业转型升级正在世界范围内上演。以电动汽车的发展为例，以特斯拉为代表的电动车日益成熟正逐渐拉开电动车替代传统能源汽车的帷幕，苹果公司电动车的研发和未来的投产定会进一步掀起新能源对传统化石能源的替代潮。能否抓住世界工业大变革的关键时期，以全球化视野把握未来全球工业发展的方向，对国内工业发展进行深度变革，是中国工业未来几十年甚至上百年健康发展的关键。

1.4.3.2 工业开放的安全发展

工业开放的安全发展可从宏观和微观两个层面来看。从宏观层面看，工业开放的安全发展是指工业开放呈现出持续、健康、稳定、协调的过程状态。本书作者对持续、健康、稳定、协调的经济学含义已有论述❷。持续表征为供给与需求、速度与效益的均衡统一；健康表征为资源与环境、结构优化与创新发展的相互支撑；稳定表征为数量与质量、政府与市场的良性互动；协调表征为内需与外需、投资与消费的同步发展。从微观层面看，工业开放的安全发展是指工业企业在生产运营中对核心技术的保护。工业企业参与全球竞争必须具备自身的核心技术。核心技术是指在科学理论基础上支撑产品实现的技术选择中的关键部分，以及实现该产品的工艺和流程。核心技术能够衍生出大量生产运营技术，是形成竞争优势的基础，是工业在激烈的国际竞争中安身立命之本。由于网络通信技术的发达，部分网络黑客以窃取商业机密为生计，“棱镜门”事件说明，对商业机密的窃取甚至上升为国家战略。保护好自身核心技术是工业企业开放式发展、可持续发展的关键，这对中国这样的发展中国家而言具有尤其重要的意义。

1.4.3.3 工业开放的绿色发展

工业开放的绿色发展是指工业在开放中采用科技含量高、资源消耗低、环境污染少的产业结构和生产方式❸。从外部效应的角度看，工业开放的绿色发展是

---

❶ 蒋兴明．工业科技论［J］．经济问题探索，2013（2）：16～19，104.

❷ 蒋兴明．稀贵金属产业发展［M］．北京：冶金工业出版社，2014：144.

❸ 中央政治局会议首提绿色化［N］．东南快报，2015-03-26（A18）.

指，工业发展对外界提供更多的正外部效应，降低负外部效应。简言之，工业开放的绿色发展是指工业发展与世界范围内的资源环境和谐相处，以可持续的方式发展。工业发展不仅受资金成本约束，更受资源环境成本约束。工业的开放发展受到母国、东道国、产品进口国等诸多国家的资源环境成本约束（绿色贸易壁垒就是环境成本约束的典型例证），资源环境成本消耗太多甚至较早耗尽，工业发展必将无以为继，工业开放更无从谈起。工业开放发展需要与自然环境和自然资源相容，不仅要与母国资源环境和谐相处，更要与其他国家（比如投资东道国）资源环境友好相处，降低能源消耗，减少污染排放，走绿色化的发展道路。世界各国都对工业发展制定了诸多环境标准和能耗标准，工业开放的绿色发展要求以国际化、接受度高的环境标准和能耗标准来规范发展工业，这样才能够不断开拓和扩展国际市场，工业开放的质量才能得以提升。

1.4.4 工业开放的金融性

工业开放的金融性一方面是指工业发展采用资本市场、货币市场等各种金融工具，从国内外金融市场筹集资金；另一方面是指工业的融资需求对金融市场发展提出更高的要求，从而促进金融市场的发展。

1.4.4.1 金融市场促进工业开放

工业的开放和发展要使用大量资金，需通过各种直接或间接融资渠道，从资本市场或货币市场获得资金。金融是工业的“血液”，工业的创立、发展、开放、升级都离不开金融的支持。工业发展史就是金融发展史[1]，工业开放史也是金融开放史，历史上数次工业革命背后都有金融系统的支持，工业强国的变迁也是金融强国更替的过程，任何一家跨国公司崛起和全球扩展的背后都有金融系统强大的支持。当代金融业的飞速发展世人共睹，传统的资本市场和货币市场以及金融衍生品市场都得到长足的发展。以美国为例，华尔街的金融巨头已创造出纷繁复杂的金融产品，这些金融产品又进一步为美国工业发展和全球扩张提供了源源不竭的动力。但是，金融体系存在固有的风险，且金融的渗透力极强，若金融脱离实体太远，泡沫积累过多，一旦金融危机发生，则可能波及实体经济并对工业发展造成较大危害。2008 年美国次贷危机以及随后的欧债危机都是金融体系长期积累的风险爆发所导致的[2]，美国已渐渐从危机中恢复并开始再工业化过程，但是欧洲仍未从危机中恢复，PMI、就业率等各项指标均显示，金融体系的危机已对欧洲工业发展造成实质性伤害。对中国而言，资金融通的低效也是工业发展和开放的一大瓶颈，如何打通金融系统和实体工业之间的障碍，是中国工业

---

[1] 蒋兴明．工业金融论初探［J］．经济问题探索，2013（11）：145～152.

[2] 辛乔利，孙兆东．次贷危机［M］．中国经济出版社，2008：15～67.

发展亟待解决的问题。

1.4.4.2 工业开放推动金融市场发展

工业开放和拓展全球市场需要大量资金，这一过程中的融资需求、避险需求等会促进金融体系的发展。工业发展的健康与否是检验金融体系发展状况的重要标准之一。这类似于信息反馈过程，需求端的信息反馈给供给端并引导供给端发展。早期金融发展过程中，威尼斯的金银管理者正是因为市场上诸多的货币借贷需求才开创了货币借贷这一业务，成为金融发展史上的里程碑；16 世纪、17 世纪，英国工业发展过程中的种种资金需求促进了英国信贷工具的发展和货币制度的稳定。

1.5 本章小结

本章对工业开放的内涵进行了探讨，认为工业开放的涵义是：

（1）生产、分配、交换、消费是开放的；

（2）资源、人才、资本、技术是开放的；

（3）具备平衡性、协调性、可持续性、金融性等“四性”。

本书还认为，工业开放包括“走出去”和“引进来”两方面的含义。“走出去”包括本国企业在国外设厂并利用国外要素进行生产，还包括本国生产要素参与国外生产并获得相应收益等；反之则是“引进来”，即外国企业在本国设厂并利用本国的生产要素进行生产。本章在迈克·波特以及其他有关学者的研究基础上创造性地提出了“产业扩展聚合”的新概念，借助这一概念，本书对工业开放的内涵进行了深入的分析和阐述。本书认为，产业扩展聚合是工业开放的载体，现代高效的交通和通信手段是联结产业扩展聚合各环节的纽带。借助产业扩展聚合，工业实现了生产、分配、交换、消费四环节的开放，同时实现了资源、人才、资本、技术等生产要素的开放。在开放的世界经济中，工业强弱是国力强弱的重要衡量标准。对中国而言，如何参与并合理利用全球产业扩展聚合，实现工业转型升级，并最终主导某些产业，成为产业扩展聚合的“核心”，关乎未来几十年乃至上百年中国国力的强弱。

第二篇

云南工业四环节的开放性

理论探索部分已指出：工业经济总过程中的生产、分配、交换和消费这四个环节的开放是工业开放的第一层内涵。这四个环节相互衔接，专业化分工的高效催生了生产的开放，生产开放和要素流动性的增加催生了开放式分配，世界市场的形成和商品经济的发达催生了开放式交换和消费。生产、分配、交换和消费的开放依托于产业扩展聚合进行。第 2 章、第 3 章从贸易层面分析云南工业通过对外贸易和对内（国内省外）贸易实现生产、分配、交换及消费四个环节开放的现状、问题与特点。

2 云南工业对外贸易

对外贸易作为国民经济的重要组成部分，对经济的发展具有乘数效应。随着全球经济一体化发展，中国加入世界贸易组织（WTO）以及大湄公河次区域合作的深入，云南的进出口总额从1980年的1.1亿美元增长到2012年的210.05亿美元，特别是2010年云南省的进出口贸易总额突破百亿美元大关，2010~2012年三年时间翻了一番，进口额和出口额分别突破百亿美元，增长率达到30.84%。云南省的对外贸易份额中绝大部分为工业进出口，云南工业对整体贸易做出了较大贡献。

2.1 云南工业对外贸易主要特点

云南工业对外贸易占全省对外贸易额的比重达到90%以上，2006~2010年云南工业进出口占全省进出口总额的比重平均为91.2%，云南工业品进口额占全省进口额的93.2%，云南工业品出口额占全省出口额的89%（表2-1）。说明云南省的对外贸易主要依赖于工业品贸易，云南工业的发展对云南省的对外贸易以及云南省的经济发展起着至关重要的作用。

表2-1 云南省进出口贸易总额

年　份	2006	2007	2008	2009	2010
云南省对外贸易进出口总额（亿美元）	62.32	87.74	95.99	80.27	133.68
工业总和（亿美元）	57.09	81.64	88.42	71.72	120.00
工业占比（%）	92	93	92	89	90
云南省对外贸易出口总额（亿美元）	33.91	47.36	50.01	45.16	76.06
工业总和（亿美元）	29.91	42.86	45.44	39.44	67.79
工业占比（%）	88	90	91	87	89
云南省对外贸易进口总额（亿美元）	28.40	40.38	45.97	35.10	57.62
工业总和（亿美元）	27.17	38.88	42.99	32.28	52.20
工业占比（%）	96	96	93	92	91

数据来源：云南进出口贸易海关统计。

2.1.1 云南工业品对外贸易的行业特征

下面我们按照采矿业、制造业和电力、燃气及水的生产和供应业将工业划分三大行业，分析云南工业对外贸易的行业特征。

2.1.1.1 云南工业品进口以有色金属矿进口为主

2006年云南工业品对外工业贸易中，采矿业进口占整个工业行业进口的比例为51.47%，位居第一，制造业位居第二（48.52%）。其中采矿业中的有色金属矿采选业以38.32%位于采矿业进口比例的第一位；采矿业中的第二位为黑色金属矿采选业，所占比例为8.33%。制造业中的第一位为化学原料及化学制品制造业，所占比例为18.52%；制造业的第二位为通用设备制造业，其所占比例为5.82%。在工业进口中所占比例达到1%以上的行业还有非金属矿采选业，木材加工及木、竹、藤、棕业，交通运输设备制造业，专用设备制造业，有色金属冶炼业及压延加工业，橡胶制品业。

2007年，采矿业占工业进口的比例为63.21%。其中有色金属矿采选业占工业进口的比例上升至42.96%，超过了整个制造业的比例；制造业比重则降到第三位，为36.78%；黑色金属矿采选业也上升至12.81%，超过化学原料及化学制品制造业（8.96%），非金属矿采选业、有色金属冶炼业及压延加工业及交通运输设备制造业，均比上一年显著提升；而通用设备制造业，木材加工及木、竹、藤、棕业，专用设备制造业则比上年减少。农副食品加工业，石油、炼焦及核燃料加工业，仪器仪表及文化、办公用机械制造业成为新的突破进口额占总进口额1%的行业。

2008年，采矿业仍然占据工业进口份额的第一位，并从2007年的63.21%上升至2008年的68.82%，增加了5个百分点，其中有色金属矿采选业仍然位居第二，占31.76%，与2007年相比有所下降；而制造业则降至31.17%，位于第三，比2007年下降5个百分点；非金属矿采选业则从2007年的7.43%增长到2008年的24.03%，居工业行业进口总额的第四位，上升了13个百分点。黑色金属矿采选业份额虽增加至13%，但跌至第五位。其中交通运输设备制造业，木材加工及木、竹、藤、棕业，通用设备制造业，专用设备制造业，农副食品加工业，仪器仪表及文化、办公用机械制造业均比上年有所增加，电器机械及器材制造业上升至1.8%。下降明显的有化学原料及化学制品制造业，有色金属冶炼业及压延加工业降至2%，橡胶制品业的进口降到1%以下。

制造业经过前两年的下降，在2009年有所回升，以50.07%的份额成为2009年工业对外贸易中行业的第一位，相比2008年增加约20个百分点，而一直占据第一的采矿业则降至48.72%的份额，相比2009年下降约20个百分点。其中有色金属矿采选业与2008年相差不大，黑色金属矿采选业有所下降；通用设备制造业上升至8.4%，农副食品加工业为7.17%，专用设备制造业为5.87%，化学原料及化学制品制造业，木材加工及木、竹、藤、棕业，有色金属冶炼业及压延加工业，仪器仪表及文化、办公用机械制造业，电器机械及器材制造业，橡胶制品业，电力、燃气及水的供应业的进口比例均有所增长；下降最快的行业为采矿业中的非金属矿采选业，其大约下降了 20 个百分点，该年采矿业的进口比例的下降基本源于非金属矿采选业的下降。

2010 年采矿业的进口额以 52.56% 的比例位居 2010 年工业进口行业的第一位，制造业以 46.58% 的份额排在第二，农副食品加工业则增至 11.95%，有色金属冶炼业及压延加工业回升至 6.41%。

2006～2010 年云南主要各工业行业进口额占工业进口额的比重见表 2-2。

表 2-2 2006～2010 年云南主要各工业行业进口额占工业进口额的比重

序号	2006 年		2007 年		2008 年		2009 年		2010 年	
	行业	占比（%）	行业	占比（%）	行业	占比（%）	行业	占比（%）	行业	占比（%）
1	采矿业	51	采矿业	63	采矿业	69	制造业	50	采矿业	53
2	制造业	49	有色金属矿采选业	43	有色金属矿采选业	32	采矿业	49	制造业	47
3	有色金属矿采选业	38	制造业	37	制造业	31	有色金属矿采选业	31	有色金属矿采选业	37
4	化学原料及化学制品制造业	19	黑色金属矿采选业	13	非金属矿采选业	24	黑色金属矿采选业	13	农副食品加工业	12
5	黑色金属矿采选业	8	化学原料及化学制品制造业	9	黑色金属矿采选业	13	通用设备制造业	8	黑色金属矿采选业	11
6	通用设备制造业	6	非金属矿采选业	7	交通运输设备制造业	5	农副食品加工业	7	有色金属冶炼业及压延加工业	6
7	非金属矿采选业	5	有色金属冶炼业及压延加工业	6	化学原料及化学制品制造业	4	专用设备制造业	6	专用设备制造业	6
8	木材加工及木、竹、藤、棕业	5	交通运输设备制造业	4	木材加工及木、竹、藤、棕业	4	化学原料及化学制品制造业	6	通用设备制造业	6
9	交通运输设备制造业	4	通用设备制造业	4	通用设备制造业	4	木材加工及木、竹、藤、棕业	5	非金属矿采选业	4
10	专用设备制造业	3	木材加工及木、竹、藤、棕业	3	专用设备制造业	4	有色金属冶炼业及压延加工业	5	木材加工及木、竹、藤、棕业	4
11	有色金属冶炼业及压延加工业	3	专用设备制造业	2	农副食品加工业	2	非金属矿采选业	4	橡胶制品业	4

续表 2-2

序号	2006 年		2007 年		2008 年		2009 年		2010 年	
	行业	占比（%）	行业	占比（%）	行业	占比（%）	行业	占比（%）	行业	占比（%）
12	橡胶制品业	2	橡胶制品业	2	有色金属冶炼业及压延加工业	2	仪器仪表及文化、办公用机械制造业	3	化学原料及化学制品制造业	3
13	仪器仪表及文化、办公用机械制造业	1	农副食品加工业	1	电气机械及器材制造业	2	电气机械及器材制造业	3	仪器仪表及文化、办公用机械制造业	2
14	电气机械及器材制造业	1	石油、炼焦及核燃料加工业	1	仪器仪表及文化、办公用机械制造业	1	交通运输设备制造业	3	交通运输设备制造业	1
15	通信设备、计算机及其他电子设备制造业	1	仪器仪表及文化、办公用机械制造业	1	橡胶制品业	1	橡胶制品业	1	电力、燃气及水的生产和供应业	1
16	石油、炼焦及核燃料加工业	1	电气机械及器材制造业	1	医药制造业	1	电力、燃气及水的生产和供应业	1	电力、热力的生产和供应业	1
17	农副食品加工业	1	医药制造业	0	非金属矿物制品业	0	电力、热力的生产和供应业	1	非金属矿物制品业	1

数据来源：云南进出口贸易海关统计。

通过比较 2006 ~ 2010 年云南省各个工业行业占整个工业行业进口比例的份额可以看出，云南省的工业进口基本上稳定，工业品进口集中在采矿业，其次是制造业。采矿业中的有色金属矿采选业、黑色金属矿采选业、非金属矿采选业是进口的主要行业；在制造业中，通用设备制造业，专用设备制造业，化学原料及化学制品制造业，木材加工及木、竹、藤、棕业，有色金属冶炼业及压延加工业，以及农副食品加工业是云南省制造业进口中份额较大的行业。

2.1.1.2 云南工业品出口以化工产品为主

从出口方面看，云南工业的出口基本依赖于制造业，其所占比重基本每年达到 95% 以上且变化不大，基本维持在两个百分点的波动范围内。

在制造业中，这五年出口份额最大的是化学原料及化学制品制造业，从 2006 年的 24. 24% 上升到 2008 年达到最大值 45. 11%，在 2009 ~ 2010 年逐步下降，在

2010 年降为 25.66%，但其一直保持出口工业行业中第一位的地位。

工业品出口中排在第二位的是有色金属冶炼业及压延加工业，其在 2007 ~ 2009 年的出口份额仅次于化学原料及化学制品制造业。且每年的出口值都在下降，从 2006 年的 28.51% 一直下降到 2010 年的 4%。

烟草制品业出口在 2006 ~ 2007 年间呈下降趋势，在 2008 年有所回升，在 2009 年达到最高值 6.89%，后在 2010 年又呈跌落趋势，降至 4.62%，其五年间的总体波动均在两个百分点内，虽有升有降，但都一直保持着工业出口行业中的重要地位。

在这五年间出口工业中增速较快的应属纺织业，从 2006 年的 4.28% 上升至 2010 年的 7.47%，在云南省的工业出口中，发挥着越来越重要的作用。

其余在出口行业中占据比较重要位置的还有金属制品业，其在五年间的出口呈现出波动性的增长，但总体趋势是上升的。黑色金属冶炼业及压延加工业则从 2007 年的 9.04% 开始呈下降趋势，在 2008 年降至 1.7%，其后均保持在 1%~2% 的水平。

2006 ~2010 年云南主要各个工业行业占工业出口比重见表 2-3。

表 2-3 2006 ~ 2010 年云南主要各个工业行业占工业出口比重

序号	2006 年		2007 年		2008 年		2009 年		2010 年	
	行业	占比（%）	行业	占比（%）	行业	占比（%）	行业	占比（%）	行业	占比（%）
1	制造业	99	制造业	97	制造业	96	制造业	94	制造业	96
2	有色金属冶炼业及压延加工业	29	化学原料及化学制品制造业	35	化学原料及化学制品制造业	45	化学原料及化学制品制造业	30	化学原料及化学制品制造业	26
3	化学原料及化学制品制造业	24	有色金属冶炼业及压延加工业	20	有色金属冶炼业及压延加工业	9	有色金属冶炼业及压延加工业	8	金属制品业	9
4	烟草制品业	6	黑色金属冶炼业及压延加工业	9	金属制品业	6	烟草制品业	7	纺织业	7
5	黑色金属冶炼业及压延加工业	6	烟草制品业	5	烟草制品业	5	电力、燃气及水的生产和供应业	5	烟草制品业	5
6	纺织业	4	金属制品业	4	电气机械及器材制造业	4	电力、热力的生产和供应业	5	非金属矿物制品业	4
7	通用设备制造业	3	纺织业	4	通用设备制造业	3	纺织业	5	电力、燃气及水的生产和供应业	4

续表 2-3

序号	2006 年		2007 年		2008 年		2009 年		2010 年	
	行业	占比（%）	行业	占比（%）	行业	占比（%）	行业	占比（%）	行业	占比（%）
8	金属制品业	3	通用设备制造业	3	纺织业	3	金属制品业	5	电力、热力的生产和供应业	4
9	电气机械及器材制造业	2	电力、燃气及水的生产和供应业	3	电力、燃气及水的生产和供应业	3	通用设备制造业	4	皮革、毛皮、羽毛（绒）及其制品业	4
10	石油、炼焦及核燃料加工业	2	电力、热力的生产和供应业	3	电力、热力的生产和供应业	3	电气机械及器材制造业	4	塑料制品业	4
11	专用设备制造业	2	交通运输设备制造业	2	交通运输设备制造业	3	交通运输设备制造业	3	电气机械及器材制造业	4
12	交通运输设备制造业	2	电气机械及器材制造业	2	专用设备制造业	2	皮革、毛皮、羽毛（绒）及其制品业	3	有色金属冶炼业及压延加工业	4
13	仪器仪表及文化、办公用机械制造业	2	专用设备制造业	2	石油、炼焦及核燃料加工业	2	纺织服装、鞋、帽制造业	3	通用设备制造业	3
14	木材加工及木、竹、藤、棕业	2	仪器仪表及文化、办公用机械制造业	1	黑色金属冶炼业及压延加工业	2	通信设备、计算机及其他电子设备制造业	2	工艺品及其他产品制造业	3
15	纺织服装、鞋、帽制造业	1	石油、炼焦及核燃料加工业	1	仪器仪表及文化、办公用机械制造业	2	非金属矿物制品业	2	纺织服装、鞋、帽制造业	3
16	通信设备、计算机及其他电子设备制造业	1	医药制造业	1	通信设备、计算机及其他电子设备制造业	1	专用设备制造业	2	文教体育用品制造业	3
17	食品制造业	1	通信设备、计算机及其他电子设备制造业	1	医药制造业	1	仪器仪表及文化、办公用机械制造业	2	交通运输设备制造业	3
18	电力、燃气及水的生产和供应业	1	纺织服装、鞋、帽制造业	1	非金属矿物制品业	1	黑色金属冶炼业及压延加工业	2	仪器仪表及文化、办公用机械制造业	2

续表 2-3

序号	2006 年		2007 年		2008 年		2009 年		2010 年	
	行业	占比（%）	行业	占比（%）	行业	占比（%）	行业	占比（%）	行业	占比（%）
19	电力、热力的生产和供应业	1	饮料制造业	1	农副食品加工业	1	家具制造业	2	专用设备制造业	2
20	医药制造业	1	农副食品加工业	1	工艺品及其他产品制造业	1	塑料制品业	2	通信设备、计算机及其他电子设备制造业	2
21	饮料制造业	1	木材加工及木、竹、藤、棕业	1	纺织服装、鞋、帽制造业	1	农副食品加工业	1	家具制造业	1
22	农副食品加工业	1	工艺品及其他产品制造业	1	饮料制造业	1	医药制造业	1	黑色金属冶炼业及压延加工业	1
23	工艺品及其他产品制造业	1	食品制造业	1	采矿业	1	文教体育用品制造业	1	医药制造业	1
24	非金属矿物制品业	1	非金属矿物制品业	1	木材加工及木、竹、藤、棕业	0	工艺品及其他产品制造业	1	农副食品加工业	1
25	塑料制品业	1	塑料制品业	0	食品制造业	0	石油、炼焦及核燃料加工业	1	石油、炼焦及核燃料加工业	1
26	橡胶制品业	0	橡胶制品业	0	塑料制品业	0	饮料制造业	1	造纸及纸制品业	1
27	采矿业	0	家具制造业	0	家具制造业	0	木材加工及木、竹、藤、棕业	1	饮料制造业	1

数据来源：云南进出口贸易海关统计。

通用设备制造业，交通运输设备制造业，专用设备制造业，通信设备、计算机及其他电子设备制造业在这五年间呈现出相同的增长趋势，均在 2009 年达到其五年间的最大值，分别为 4.13%、3.4%、2.27%、2.48%，而后在 2010 年跌落。

电气机械及器材制造业则从 2007 年的 2% 飙升至 2008 年的 4%，在 2008 年的其后两年中保持在 3.5% 以上的水平。电力、热力的生产和供应业也呈现出相同的增长趋势，从 2006 年起稳步上升，至 2009 年达到最大值 5.24%。2010 年后有轻微跌落。

仪器仪表及文化、办公用机械制造业，工业品及其他产品制造业在这五年间的出口比例稳步上升，对云南省的出口工业发挥着越来越重要的作用。

云南的对外贸易结构间接地反映了云南省的技术水平、产业结构、产品结构变化，反映了地区经济增长的潜力、速度和方式。通过以上数据可以看出，云南省的工业品出口以资源型产品为主，产业转型升级的压力非常突出。

2.1.2 云南工业品对外贸易的流动特征

工业出口交货值是指工业企业交给外贸部门或（委托）出口、自营出口，以及用外汇价格结算的，在国内批量销售或在边境批量出口的产品价值之和。包括外商来样、来料加工和来件装配及补偿贸易等方式生产的产品价值。出口交货值是衡量工业企业生产的产品进入国际市场的一个重要指标，是现阶段衡量我国大型工业企业融入世界经济的一个主要参数。本小节以中国工业经济统计年鉴的出口交货值为原始数据测算云南省各个工业行业分类中的出口流动情况。

2.1.2.1 以农产品为原料的轻工业产品以烟草制品业出口为主

在以农产品为原料的轻工业中，烟草制品业是出口比例最大的一个行业，其在全国烟草制品业的排名中名列第一，2012 年云南省的出口交货值为 13.95 亿元，全国平均值为 2.485 亿元，当年全国为 34.79 亿元，云南约占 40% 的比例。

相比烟草制品业，农副食品加工业，食品制造业，酒、饮料和精致茶制造业，纺织业，木材加工及木、竹、藤、棕业的出口交货值均低于全国平均值，而且与全国平均值有较大的差距；而纺织服装、服饰业，造纸及纸制品业，皮革、毛皮、羽毛（绒）及其制品业和家具制造业则没有出口交货值的体现，说明这几个行业与全国的平均出口水平还有较大差距。在以农产品为原料的轻工业中只有烟草制品业是云南的支柱产业，其他产业都尚处于较落后的状态。

2012 年以农产品为原料的轻工业出口交货值见表 2-4。

表 2-4 2012 年以农产品为原料的轻工业出口交货值 （亿元）

行业分类	全国	云南	全国平均	云南排名
烟草制品业	34.79	13.95	2.485	1
农副食品加工业	2602.66	20.6	86.76	16
食品制造业	955.77	11.14	31.86	19
酒、饮料和精致茶制造业	243.2	8.68	8.69	12
纺织业	3735	3.13	128.7394	23
纺织服装、服饰业	4420.47		163.72	
木材加工及木、竹、藤、棕业	708.63	0.27	30.81	21

数据来源：中国工业经济统计年鉴。

2.1.2.2 以非农产品为原料的轻工业产品以药品出口为主

在以非农产品为原料的七个轻工业行业分类中，仅有三个产业有出口交货值的数据，其他产业的出口交货值均低于1亿元。而这仅有的三个产业中：（1）医药制造业2012年的出口交货值为5.5亿元，全国平均为40.17亿元，与全国平均值有较大的差距；全国总的出口交货值为1164.92亿元，云南的医药制造业在全国的出口中所占的比例非常小，在全国的排名为24位。（2）通信设备、计算机及其他电子设备制造业的差距则更大，2012年云南仅为1.05亿元，而全国平均值却达到了1516.24亿元；全国总的出口交货值为42454.71亿元，云南在这方面处于严重的劣势。（3）仪器仪表及文化、办公用机械制造业在全国的排名也靠后，与全国平均水平有较大差距。

2012年以非农产品为原料的轻工业出口交货值见表2-5。

表2-5 2012年以非农产品为原料的轻工业出口交货值 （亿元）

工业行业分类	全国	云南	全国平均	云南排名
医药制造业	1164.92	5.5	40.17	24
通信设备、计算机及其他电子设备制造业	42454.71	1.05	1516.24	25
仪器仪表及文化、办公机械制造业	1045.52	1.69	46.27	20

数据来源：中国工业经济统计年鉴。

2.1.2.3 原材料工业出口交货中以化学原料及化学制品制造业为主

原材料工业的分类中只有五个行业的出口交货值在1亿元以上，而且这五个产业的出口交货值也均低于全国平均水平，排名靠后，占全国出口交货值的比重很小。其中：云南省原材料工业出口交货值最大的是化学原料及化学制品制造业，但也只占全国化学原料及化学制品制造业出口交货值的0.91%，产业地位很低；云南省的有色冶金工业虽然技术优势明显，但出口交货值规模也不大，占全国的比重也只有1.18%，地位很低。

2012年原材料工业出口交货值见表2-6。

表2-6 2012年原材料工业出口交货值 （亿元）

工业行业分类	全国	云南	全国平均	云南排名
化学原料及化学制品制造业	3693.54	33.48	127.36	18
有色金属冶炼业及压延加工业	1129.96	13.43	40.36	19
金属制品业	3299.91	2.69	117.85	23
非金属矿物制品业	1780.21	0.55	63.58	27
黑色金属冶炼业及压延加工业	2397.82	0.55	85.64	28
石油、炼焦及核燃料加工业	380.09	0.2	21.11	18

数据来源：中国工业经济统计年鉴。

2.1.2.4 加工制造业的出口交货规模都很小

从出口交货值看，云南省的加工制造业中的各个行业出口都远低于其他省份。云南的通用设备制造业出口交货值2012年为2.05亿元，全国平均为170.79亿元，全国总值为4782.09亿元，云南在全国的排名为23名，与各省的差距很大。电器机械及器材制造业、专用设备制造业和汽车制造业的出口交货值都在2亿元左右，与全国的平均值都有巨大的差距，排名为24、24、25位，在全国的总出口交货值中所占地位微乎其微。可以看出，虽然2006～2010年云南省的加工工业出口一直在增加，但是与全国平均水平相比还是有很大的差距。

2012年加工业出口交货值见表2-7。

表2-7 2012年加工业出口交货值 （亿元）

工业行业分类	全国	云南	全国平均	云南排名
通用设备制造业	4782.09	2.05	170.79	23
电器机械及器材制造业	9125.03	1.65	314.66	24
专用设备制造业	2826.75	2.34	100.95	24
汽车制造业	2740.55	2.01	101.5	25

数据来源：中国工业经济统计年鉴。

通过对比以非农产品为原料的轻工业和以农产品为原料的轻工业贸易发现，在出口方面，云南省以农产品为原料的出口值历年来都大于以非农产品为原料的出口值，2006年、2007年、2008年以非农产品为原料的轻工业在云南省对外贸易出口的占比都是5%，2009年上升到8%，2010年继续上升为14%；以农产品为原料的轻工业在对外贸易的占比从2006年的15%上升到2010年的21%。在进口方面，以农产品为原料的轻工业在对外贸易进口的占比仍然高于以非农产品为原料的轻工业。云南省的轻工业内部结构体现出以农产品为原料的轻工业占主导地位，以非农产品为原料的轻工业发展滞后的结构性特点。

2.2 云南省轻重工业行业对外贸易分析

为了进一步说明云南省轻工业和重工业对外贸易对工业结构和工业增长的影响，以下将分别对不同类型轻工行业和重工行业的对外贸易情况进行分析，并基于分析结果进行影响评价。

2.2.1 云南省轻工业对外贸易主要特点

按照所用原材料的不同，轻工业可划分为以农产品为原料的轻工业和以非农产品为原料的轻工业两大类。

2.2.1.1 以农产品为原料的轻工业以烟草制品业出口和农副产品进口为主

2006~2010年以农产品为原料的轻工业对外贸易情况见表2-8。

表2-8 2006~2010年以农产品为原料的轻工业对外贸易情况

工业行业分类	2006年	2007年		2008年		2009年		2010年		年均增长率（%）
	贸易额（亿美元）	贸易额（亿美元）	增长率（%）	贸易额（亿美元）	增长率（%）	贸易额（亿美元）	增长率（%）	贸易额（亿美元）	增长率（%）	
烟草制品业	1.90	2.11	11	2.31	9	2.72	18	3.14	15	13
纺织业	1.28	1.50	18	1.56	4	2.05	31	5.07	148	41
皮革、毛皮、羽毛（绒）及其制品业	0.04	0.03	-29	0.05	78	1.23	2373	2.80	127	191
纺织服装、鞋、帽制造业	0.44	0.48	10	0.38	-21	1.08	180	2.16	100	49
农副食品加工业	0.31	0.38	25	0.42	10	0.52	24	0.59	14	18
食品制造业	0.36	0.32	-10	0.20	-37	0.17	-18	0.25	53	-8
饮料制造业	0.32	0.39	22	0.32	-16	0.33	2	0.45	35	9
造纸及纸制品业	0.04	0.07	78	0.08	18	0.16	84	0.45	190	83
家具制造业	0.07	0.10	47	0.19	83	0.68	264	0.85	25	87
木材加工及木、竹、藤、棕业	0.50	0.37	-28	0.21	-41	0.20	-5	0.23	14	-18
总　和	5.26	5.76	10	5.74	0	9.12	59	15.99	75	32

数据来源：云南进出口贸易海关统计。

在以农产品为原料的轻工业中，烟草制品业在2006~2009年的对外贸易出口额都远远超过其他行业，出口规模一直保持领先地位。纺织业在2006~2010年呈现了较快的增长趋势，甚至在2010年一度反超烟草制品业，成为以农产品为原料的轻工业对外贸易出口的第一大行业，达到5.07亿美元，比2009年增长了148%。除纺织业外，皮革、毛皮、羽毛（绒）及其制品业，纺织服装、鞋、帽制造业，农副食品加工业，饮料制造业，造纸及纸制品业，家具制造业也呈现了较快的增长趋势。

从以农产品为原料的轻工业出口情况看，出口额从2006年的5.25亿美元增长到2010年的16亿美元，年平均增长率达到32%。以农产品为原料的轻工业所包含的十个行业中，增长最快的是皮革、毛皮、羽毛（绒）及其制品业，高达191%，出口额也从2006年的0.04亿美元增加到2010年的2.8亿元，在以农产品为原料的轻工业中处于第三位，可以看出皮革、毛皮、羽毛（绒）及其制品业在云南省的出口中已发挥着越来越重要的作用。接下来依次是家具制造业

87%，造纸及纸制品业83%，纺织服装、鞋、帽制造业49%，纺织业41%，农副食品加工业18%、烟草制品业13%、饮料制造业9%。而食品制造业和木材加工及木、竹、藤、棕业则下降了8%和18%。

2006~2010年以农产品为原料的轻工业进口情况见表2-9。

表2-9 2006~2010年以农产品为原料的轻工业进口情况

工业行业分类	2006年	2007年		2008年		2009年		2010年		年均增长率（%）
	贸易额（亿美元）	贸易额（亿美元）	增长率（%）	贸易额（亿美元）	增长率（%）	贸易额（亿美元）	增长率（%）	贸易额（亿美元）	增长率（%）	
农副食品加工业	0.19	0.44	132	0.98	123	2.31	136	6.24	170	138
木材加工及木、竹、藤、棕业	1.27	1.31	3	1.65	26	1.66	1	1.92	16	11
造纸及纸制品业	0.08	0.11	38	0.12	9	0.07	-42	0.12	71	19
食品制造业	0.02	0.03	50	0.09	200	0.06	-33	0.08	33	48
纺织业	0.02	0.01	-50	0.02	100	0.01	-50	0.01	0	0
饮料制造业	0	0.01	—	0.02	100	0.02	0	0.03	50	50
家具制造业	0	0.01	—	0.01	0	0.01	0	0.01	0	0
皮革、毛皮、羽毛（绒）及其制品业	0.01	0.01	—	0.01	0	0	-100	0	—	-59
纺织服装、鞋、帽制造业	0	0	—	0	—	0	—	0	—	—
烟草制品业	0	0	—	0	—	0	—	0	—	—
总　和	1.6	1.92	20	2.9	51	4.14	43	8.42	103	54

数据来源：云南进出口贸易海关统计。

从进口看，云南省以农产品为原料的轻工业进口主要集中在农副食品加工业，木材加工及木、竹、藤、棕业，造纸及制品业，其每年都保持着一定的增长趋势，其中农副食品加工业，木材及加工木、竹、藤、棕业在云南工业行业的进口中具有比较重要的作用。从以农产品为原料的轻工业对外贸易进口情况总体看，整个以农产品为原料的轻工业进口额从2006年的1.6亿美元增长到2010年的8.42亿美元，年平均增长率达到51%。以农产品为原料的轻工业所包含的十个行业中，年均增长率最快和进口额最大的行业是农副食品加工业，从2006年的0.19亿元增长到2010年的6.24亿元，年均增长率达到138%。接下来依次是饮料制造业59%，食品制造业48%，造纸及纸制品业19%，木材加工及木、竹、藤、棕业均为11%。而纺织业，纺织服装、鞋、帽制造业，烟草制品业，皮革、毛皮、羽毛（绒）及其制品业的进口额降低幅度较大。

2.2.1.2 以非农产品为原料的轻工业对外贸易规模很小

改革开放初期，云南省以非农产品为原料的轻工业曾得到较快发展，但随着市场经济的发展，日用消费品逐步在市场竞争中被淘汰，目前以非农产品为原料的轻工业发展较慢，在全省轻工业中所占比例也相对较小，因此其在进出口贸易中所占的比例也较小。

从云南省2006～2010年以非农产品为原料的轻工业的出口贸易情况可以看出（表2-10），虽然云南省以非农产品为原料的轻工业在对外贸易中所占比例相对较小，但这七个行业都表现出了持续的增长潜力，每年的出口贸易都有所增加，2010年排在第一位的工艺品及其他产品制造业出现了455%的增长率，塑料制品业，文教体育用品制造业，仪器仪表及文化、办公用机械制造业这些行业的出口贸易年增长率都在100%以上，其发展潜力较大。

表2-10 2006～2010年以非农产品为原料的轻工业出口情况

工业行业分类	2006年	2007年		2008年		2009年		2010年		年均增长率（%）
	贸易额（亿美元）	贸易额（亿美元）	增长率（%）	贸易额（亿美元）	增长率（%）	贸易额（亿美元）	增长率（%）	贸易额（亿美元）	增长率（%）	
工艺品及其他产品制造业	0.30	0.34	13	0.40	20	0.40	-2	2.19	455	64
塑料制品业	0.16	0.17	10	0.19	8	0.62	230	2.63	326	102
文教体育用品制造业	0.07	0.09	29	0.11	30	0.45	293	2.07	363	135
仪器仪表及文化、办公用机械制造业	0.52	0.58	11	0.76	31	0.71	-6	1.59	124	32
通信设备、计算机及其他电子设备制造业	0.37	0.50	35	0.56	12	0.98	76	1.14	16	33
医药制造业	0.32	0.51	57	0.51	0	0.51	1	0.62	20	18
印刷业、记录媒介的复制业	0.02	0.02	22	0.04	75	0.06	72	0.31	391	106
总　和	1.75	2.20	26	2.57	16	3.73	45	10.55	183	57

数据来源：云南进出口贸易海关统计。

从以非农产品为原料的轻工业的总体来看（表2-10和表2-11），整个行业都表现出强劲的增长，从2006年的1.75亿美元增长到2010年的10亿美元，总体年均增长率达到57%。所包括的七个行业中年均增长率最快的是文教体育用品制造业，达到135%，其在以非农产品为原料的轻工业中出口额占第三位。其中塑料制品业，印刷业、记录媒介的复制业年均增长率均超过100%，分别为102%和106%。其余依次为工艺品及其他产品制造业64%，通信设备、计算机及其他电子设备制造业33%，仪器仪表及文化、办公用机械制造业32%，医疗制造业18%。

表 2-11 以非农产品为原料的轻工业进口年度增长率

工业行业分类	2006 年	2007 年		2008 年		2009 年		2010 年		年均增长率（%）
	贸易额（亿美元）	贸易额（亿美元）	增长率（%）	贸易额（亿美元）	增长率（%）	贸易额（亿美元）	增长率（%）	贸易额（亿美元）	增长率（%）	
仪器仪表及文化、办公用机械制造业	0.36	0.42	16	0.60	44	0.99	65	0.98	-1	29
医药制造业	0.08	0.15	95	0.29	95	0.15	-48	0.21	39	29
通信设备、计算机及其他电子设备制造业	0.32	0.10	-70	0.13	34	0.14	13	0.11	-27	-24
工艺品及其他产品制造业	0.13	0.10	-23	0.08	-18	0.05	-37	0.10	102	-5
印刷业、记录媒介的复制业	0.03	0.06	98	0.07	17	0.12	65	0.10	-22	32
塑料制品业	0.04	0.04	14	0.05	6	0.03	-34	0.02	-48	-20
文教体育用品制造业	0.00	0.00	-22	0.00	-8	0.00	-79	0.00	739	6
总　和	0.95	0.87	-9	1.22	40	1.49	22	1.51	1	12

数据来源：云南进出口贸易海关统计。

从进口方面看，云南省以非农产品为原料的轻工业占云南工业行业进口比重相对不大。仪器仪表及文化、办公用机械制造业是以非农产品为原料的轻工业中进口额最大的行业，且其每年的进口额趋于稳定，波动不大，基本处于进口增长趋势；医药制造业是近年来进口份额增长较快的行业，从 2006 年的 757 万美元增加到 2010 年的 2063 万美元。而通信设备、计算机及其他电子设备制造业，工艺品及其他产品制造业，塑料制品业在 2006～2010 年的进口额却呈现出相对下降的趋势。印刷业、记录媒介的复制业也呈现出进口增加的趋势。文教体育用品制造业的进口额几乎为零。综上，以非农产品为原料的轻工业中，工艺品、塑料制品业等行业盈利能力较强，在云南省的对外贸易中发挥着越来越重大的作用。

云南省以非农产品为原料的轻工业进口总体呈现增长趋势，年增长率 12%。在这七个行业中，进口增长最快的是印刷业、记录媒介的复制业（32%），其次是仪器仪表及办公、文化用机械业和医疗制造业（均为 29%）。文教体育用品制造业为 6%。通信设备、计算机及其他电子设备制造业，塑料制品业，工艺品及其他产品制造业均呈现出不同程度的下降。

2.2.2 重工业对外贸易特征

按照重工业生产和用途的不同，重工业可划分为采掘工业、原材料工业和加工工业三个层次。经过30多年的发展，全省重工业得到了快速发展，并在重工业内部形成了以原材料工业为主，加工工业为辅、采掘业比重低的格局。

2.2.2.1 采掘工业以进口为主，出口很少

长期以来，云南省采掘业发展速度较慢，在全省重工业中所占比例较小，因此在采掘业的出口方面云南省处于弱势，出口值很低，特别是2010年有色金属、黑色金属都没有出口。经过改革开放30多年的发展，全省有色金属矿采选业的产值规模较大，其他采掘工业产值规模与企业规模都不理想。2008年云南省的采掘业受金融危机的冲击较为严重，出口在本就不高的情况下呈下降趋势。

从整个采掘业的出口情况来看（表2-12），整个行业的出口值都不高，在2006~2010年仅有3%的年均增长率，除了非金属矿采选业增长，其余的煤炭开采和洗选业、黑色金属矿采选业、有色金属矿采选业都是负增长。

表2-12 2006~2010年云南采掘业出口情况

工业行业分类	2006年	2007年		2008年		2009年		2010年		年均增长率（%）
	贸易额（亿美元）	贸易额（亿美元）	增长率（%）	贸易额（亿美元）	增长率（%）	贸易额（亿美元）	增长率（%）	贸易额（亿美元）	增长率（%）	
非金属矿采选业	3638	2764	-24	12088	337	6894	-43	4912	-29	8
煤炭开采和洗选业	4338	4724	9	10238	117	2564	-75	4246	66	-1
黑色金属矿采选业	7	33	371	7	-79		-100			-100
有色金属矿采选业	1	120	11900		-100	64			-100	-100
总　和	7984	7641	-4	22333	192	9522	-57	9158	-4	3

数据来源：云南进出口贸易海关统计。

从整个采掘业的进口情况来看，随着云南资源开发程度的提高，对矿产品的进口需求越来越大。从表2-13可以看出，云南省的采掘业进口占整个工业行业进口50%左右。2006~2010年云南采掘业进口年均增长18%，从2006年的13.99亿元上升到2010年的27.44亿元。有色金属矿采选业的工业总产值规模遥遥领先于其他行业，其进口量也在云南省各工业行业中处于主导地位：其进口额从2006年的10.41亿美元增长到2010年的19.42亿美元，年均增长率为17%。黑色金属矿采选业、非金属矿采选业、煤炭开采和洗选业在2006~2010年的进口额有大幅度的上升，其五年年均增长率分别为26%、15%、138%。同时，工业行业间的进口份额差距也在进一步拉大。黑色金属采选业、非金属矿采选业和煤炭开采与洗选业也保持了较快的增长，进口额分别由2.26亿元、1.3亿元、24

万美元上升到5.63亿元、2.3亿元、774万美元。

表2-13 2006~2010年采掘业进口情况

工业行业分类	2006年	2007年		2008年		2009年		2010年		年均增长率（%）
	贸易额（亿美元）	贸易额（亿美元）	增长率（%）	贸易额（亿美元）	增长率（%）	贸易额（亿美元）	增长率（%）	贸易额（亿美元）	增长率（%）	
有色金属矿采选业	10.41	16.66	60	13.65	-18	10.15	-26	19.42	91	17
黑色金属矿采选业	2.26	4.97	120	5.59	12	4.15	-26	5.63	36	26
非金属矿采选业	1.31	2.88	120	10.33	259	1.33	-87	2.30	74	15
煤炭开采和洗选业	0.00	0.00	38	0.01	187	0.10	994	0.08	-26	138
总　和	13.99	24.51	75	29.58	21	15.73	-47	27.44	74	18

数据来源：云南进出口贸易海关统计。

2.2.2.2 原材料工业贸易以化学原料及化学制品制造业出口为主、进口很少

云南省的原材料工业对外贸易保持着较快的增长，在全省重工业对外贸易中占据着主导地位。云南原材料工业的出口总额从2006年的20.32亿美元提高到2010年的35.99亿美元，年均增长15%（表2-14）。

表2-14 2006~2010年原材料工业出口情况

工业行业分类	2006年	2007年		2008年		2009年		2010年		年均增长率（%）
	贸易额（亿美元）	贸易额（亿美元）	增长率（%）	贸易额（亿美元）	增长率（%）	贸易额（亿美元）	增长率（%）	贸易额（亿美元）	增长率（%）	
化学原料及化学制品制造业	7.22	14.93	107	20.50	37	11.92	-42	17.40	46	25
有色金属冶炼业及压延加工业	8.53	8.41	-1	4.30	-49	3.28	-24	2.45	-25	-27
金属制品业	0.99	1.63	65	2.79	71	1.78	-36	5.94	233	57
电力、燃气及水的生产和供应业	0.35	1.15	228	1.50	30	2.07	38	2.87	39	69
电力、热力的生产和供应业	0.35	1.15	228	1.50	30	2.07	38	2.87	39	69
非金属矿物制品业	0.29	0.31	6	0.44	42	0.94	111	2.89	207	77
黑色金属冶炼业及压延加工业	1.84	3.88	111	0.79	-79	0.69	-13	0.84	21	-18
石油、炼焦及核燃料加工业	0.64	0.55	-15	0.84	54	0.38	-55	0.46	22	-8
橡胶制品业	0.11	0.11	1	0.05	-51	0.09	61	0.28	224	27
总　和	20.32	32.12	58	32.71	2	23.22	-29	35.99	55	15

数据来源：云南进出口贸易海关统计。

从具体行业来看，化学原料及化学制品制造业、金属制品业在云南省出口贸易中占据着重要的地位，在2006～2010年间大体保持着增长的趋势，这五年的年均增长率分别为25%、57%。而有色金属冶炼业及压延加工业、黑色金属冶炼业及压延加工业虽然行业产值规模较大，但行业内部存在过度竞争的格局，因此在2006～2010年出口贸易中有所下降。其五年年均增长率为－27%、－18%。电力、热力的生产和供应业，非金属矿物制品业在2006～2010年的出口均呈上扬趋势，其五年年均增长率分别为69%、77%，行业发展潜力较大。2008年的金融危机不同程度地影响了原材料工业内部各行业的发展，有色金属冶炼业及压延加工业受金融危机影响最为突出，其出口额从8.53亿美元跌落至2.45亿美元，其他效益指标也出现大幅度下滑。但金融危机的冲击并未从整体上改变原材料工业内部的行业结构特点与发展趋势。

从原材料工业进口情况来看（表2-15），云南省的原材料工业进口从2006年的6.8亿美元增长到2010年的7.55亿美元，增长幅度很小，年均增长率为3%。化学原料及化学制品制造业，石油、炼焦及核燃料加工业和黑色金属冶炼业及压延加工业进口额都呈现一定幅度的下滑，这与金融危机的影响，以及各工业行业的产值规模变动具有很大关系，其五年年均增长率分别为－27%、－41%、－40%。有色金属冶炼业及压延加工业，橡胶制品业，非金属矿物制品业，电力、热力的生产和供应业以及金属制品业在这五年中保持了持续的上升。其中电力、热力的生产和供应业虽然规模不大，但增长快，达到了258%的年均增长率。

表2-15 2006～2010年原材料工业进口情况

工业行业分类	2006年	2007年		2008年		2009年		2010年		年均增长率（%）
	贸易额（亿美元）	贸易额（亿美元）	增长率（%）	贸易额（亿美元）	增长率（%）	贸易额（亿美元）	增长率（%）	贸易额（亿美元）	增长率（%）	
化学原料及化学制品制造业	5.03	3.48	－31	1.79	－49	1.78	0	1.42	－20	－27
有色金属冶炼业及压延加工业	0.83	2.50	199	0.86	－65	1.49	73	3.35	124	42
橡胶制品业	0.42	0.78	88	0.38	－51	0.46	20	1.84	303	45
非金属矿物制品业	0.09	0.13	50	0.13	－2	0.06	－52	0.37	498	43
电力、热力的生产和供应业	0.00	0.00	－13	0.00	1	0.39	16103	0.45	14	258
金属制品业	0.05	0.04	－18	0.07	74	0.11	66	0.08	－28	14
石油、炼焦及核燃料加工业	0.26	0.43	66	0.03	－93	0.01	－62	0.03	185	－41
黑色金属冶炼业及压延加工业	0.12	0.04	－69	0.02	－35	0.06	153	0.02	－74	－40
总　　和	6.80	7.39	9	3.28	－56	4.36	33	7.55	73	3

数据来源：云南进出口贸易海关统计。

2.2.2.3 云南加工工业对外贸易保持了快速增长

加工工业是工业化过程由以原材料为中心的工业向以组装、加工为中心的工业的演进结果。云南省的加工工业并未得到有效、长足的发展。

2006～2010年，云南加工工业的四个行业在五年间的出口都呈现出快速的增长趋势，从2006年的2.78亿美元上升到2010年的8亿美元，五年年均增长率为30%（表2-16）。其中增长最快的是电气机械及器材制造业，其从2006年的0.65亿美元上升到2010年的2.6亿美元，五年年均增长率达到41%，这是因为在加工工业内部，电气机械及器材制造业的全员劳动生产率远高于其他行业，并呈大幅上升趋势，尽管其他制造业的劳动生产率也保持了较快增长，但与电气机械及器材制造业的差距仍在进一步拉大。其次交通运输设备制造业2006～2010年的出口额也出现了大幅增加，从2006年的0.56亿美元上升到2010年的1.47亿美元，五年年均增长率为35%。从行业规模和企业规模来看，在加工工业内部，交通运输设备制造业的产值规模遥遥领先于其他行业产值规模，占绝对的主导地位，虽然其现在的出口额还不是加工工业中最大的，但其呈现出了较大的盈利能力和发展潜力。通用设备制造业在2006～2010年基本保持了加工工业出口的领先地位，其总资产的贡献率也是遥遥领先于其他行业，呈现了较快的增长趋势，因此其出口额在2006～2010年间也呈现出大幅上涨的趋势。五年年均增长率为21%。专用设备制造业的增长趋势也不逊于其他行业的增长率，其五年年均增长率为27%，与增速更快的电气机械及器材制造业和交通运输设备制造业相比有微小的差距，但仍在云南省出口重工业中占有重要的地位。

表2-16 2006～2010年云南省加工工业出口情况

工业行业分类	2006年	2007年		2008年		2009年		2010年		年均增长率（%）
	贸易额（亿美元）	贸易额（亿美元）	增长率（%）	贸易额（亿美元）	增长率（%）	贸易额（亿美元）	增长率（%）	贸易额（亿美元）	增长率（%）	
通用设备制造业	1.03	1.38	35	1.59	15	1.63	3	2.20	35	21
电气机械及器材制造业	0.65	0.87	32	1.83	111	1.46	-20	2.60	78	41
交通运输设备制造业	0.53	0.91	73	1.34	47	1.34	0	1.75	30	35
专用设备制造业	0.57	0.67	18	0.91	36	0.90	-1	1.47	64	27
总　和	2.78	3.83	38	5.67	48	5.33	-6	8.01	50	30

数据来源：云南进出口贸易海关统计。

从进口看（表2-17），整个加工工业的进口贸易额从2006年的3.82亿美元上升到2010年的7.25亿美元，五年年均增长率为17%。通用设备制造业在2006～2010年间基本保持了领先地位，其在2006～2010五年间的进口额从1.58亿美元上升到2.98亿美元，呈现了较快的增长趋势，五年年均增长率为17%。专用设备制造业的进口增长率更是远远超过其他行业，它从2006年的0.85亿美元到2010年上升至3.34亿美元，进口额呈现出大幅增长，年均增长率达到41%。而交通运输设备制造业和电气机械及器材制造业在2006～2010年的进口额却呈现出下跌趋势，这和这两个行业在2006～2010年中自身不断扩大产值规模，以及全员劳动生产率的提高有关系，受2008年金融危机的影响，交通运输设备制造业的产品产销率出现了下滑。

表2-17　2006～2010年云南省加工工业进口情况

工业行业分类	2006年	2007年		2008年		2009年		2010年		年均增长率（%）
	贸易额（亿美元）	贸易额（亿美元）	增长率（%）	贸易额（亿美元）	增长率（%）	贸易额（亿美元）	增长率（%）	贸易额（亿美元）	增长率（%）	
通用设备制造业	1.58	1.37	-14	1.63	19	2.72	67	2.98	9	17
专用设备制造业	0.85	0.82	-4	1.51	84	1.89	25	3.34	76	41
交通运输设备制造业	1.05	1.64	56	2.05	25	0.92	-55	0.65	-29	-11
电气机械及器材制造业	0.33	0.24	-27	0.78	222	0.98	25	0.27	-72	-5
总　和	3.82	4.07	6	5.98	47	6.54	9	7.25	11	17

数据来源：云南进出口贸易海关统计。

对比云南省轻工业和重工业对外贸易发现，在出口方面，云南省的出口以重工业为主，重工业历年的出口都占整个云南省对外贸易出口的70%以上。轻工业在云南省对外贸易出口份额中约占20%，2010年上升到35%。在进口方面，云南省的进口额中较大部分也被重工业占据，进口额约占80%，2010年有所下降，降为73%，轻工业所占的比例在2006～2008年基本保持在9%左右的水平，2009年、2010年上升到16%。可以看出，云南省重工业出口和进口所占比重较高，这与云南省轻工业比重低、重工业比重高的工业格局是相吻合的。

对比云南省重工业内部行业的对外贸易发现，在出口方面，重工业中出口份额比较大的是原材料工业，占比达到60%左右，其次是加工工业，最后是采掘业。在进口方面，云南省重工业中采掘业的进口份额较大，占比在50%以上，2008年以前原材料工业进口份额占比较大，2008年以后加工工业进口份额占比较大，原材料工业和加工工业的进口比重在10%～20%左右。云南省重工业的出口结构是云南省重工业内部结构的明显体现，云南省重工业的内部格局是以原材料工业为主、加工工业为辅、采掘业比重较低，因此在出口贸易中也呈现出如此趋势。

2.3　资源性工业与装备工业的外贸特征

云南工业以资源型工业为主，装备工业发展相对缓慢，但在对外贸易中却反映出资源型工业下滑，装备工业不断上升的态势。

2.3.1 资源型工业出口不断下滑，进口份额仍在提高

资源型工业是以资源开发利用为基础和依托的工业部门。随着经济全球化进程的逐渐深入，贸易的自由化程度越来越高，生产要素的流动限制越来越小，产业分工越来越细，产业竞争越来越激烈，对资源型工业生存和发展的影响也越来越大。

云南省作为我国能源、黑色金属、有色金属和非金属矿等储藏较为丰裕的地区，其产业的形成和发展主要依赖于这些不可再生的资源的采掘、加工以及相应的衍生产业形成的产业链。发展外向型经济、扩大对外贸易，与云南省资源型工业的发展息息相关。

从表2-18可以看出，云南省资源型工业的出口在2006~2010年间都呈现出较大幅度的下降，有色金属冶炼业及压延加工业作为云南工业出口的大户，从2006年的8.53亿美元下降到2010年的2.45亿美元，五年年均增长率下降27%。黑色金属冶炼业及压延加工业从2006年的1.84亿美元下降到2010年的0.8亿美元，五年年均增长率为-8%。其余六个工业行业也都呈现出一定比例的下降。有色金属矿采选业，黑色金属矿采选业在2010年的出口额基本为零。整个资源型工业从2006年出口11亿美元，下降到2010年的3.8亿美元，整个行业五年年均增长率下降23%。仅有略微增长的是石油和天然气开采业，幅度也非常小。云南省的资源型产业中，大多为高耗能的产业，对云南的低碳经济发展很不利，随着现在产业结构的转变和升级，以及低碳经济的盛行，云南省的资源型产业将面临萎缩、经济效益下降和环境污染等严重问题。因此随着限制高耗能矿产资源型产业，鼓励新型产业发展的政策实施，云南省的资源型工业出口额也会下降。

表2-18 2006~2010年云南省资源型工业出口情况

工业行业分类	2006年	2007年		2008年		2009年		2010年		年均增长率（%）
	贸易额（亿美元）	贸易额（亿美元）	增长率（%）	贸易额（亿美元）	增长率（%）	贸易额（亿美元）	增长率（%）	贸易额（亿美元）	增长率（%）	
有色金属冶炼业及压延加工业	8.53	8.41	-1	4.30	-49	3.28	-24	2.45	-25	-27
黑色金属冶炼业及压延加工业	1.84	3.88	111	0.79	-79	0.69	-13	0.84	21	-18
石油、炼焦及核燃料加工业	0.64	0.55	-15	0.84	54	0.38	-55	0.46	22	-8
非金属矿采选业	0.04	0.03	-24	0.12	337	0.07	-43	0.05	-29	8

续表2-18

工业行业分类	2006年	2007年		2008年		2009年		2010年		年均增长率(%)
	贸易额(亿美元)	贸易额(亿美元)	增长率(%)	贸易额(亿美元)	增长率(%)	贸易额(亿美元)	增长率(%)	贸易额(亿美元)	增长率(%)	
煤炭开采和洗选业	0.04	0.05	9	0.10	117	0.03	-75	0.04	66	-1
石油和天然气开采业	0.00	0.01	24	0.01	65	0.01	-2	0.01	48	31
有色金属矿采选业	0.00	0.00	11900	0.00	-100	0.00		0.00	-100	-100
黑色金属矿采选业	0.00	0.00	371	0.00	-79	0.00	-100	0.00		-100
总　和	11.09	12.92	16	6.17	-0.52	4.45	-28	3.85	-14	-23

数据来源：云南进出口贸易海关统计。

从云南省资源型工业的进口情况来看（表2-19），在云南省限制过度开采资源的政策导向下，云南省资源型工业2006~2010年的进口额呈现出较快的增长趋势，有色金属矿采选业、黑色金属矿采选业、有色金属冶炼业及压延加工业、非金属矿采选业作为云南工业行业进口额较大的产业，在2006~2010年间的增长速度也很快。有色金属矿采选业从2006年的10.4亿美元增长到2010年的19.42亿美元，五年年均增长率为17%。黑色金属矿采选业从2006年的2.26亿美元上升到2010年的5.63亿美元，五年年均增长率达到26%。非金属矿采选

表2-19　2006~2010年云南省资源型工业进口情况

工业行业分类	2006年	2007年		2008年		2009年		2010年		年均增长率(%)
	贸易额(亿美元)	贸易额(亿美元)	增长率(%)	贸易额(亿美元)	增长率(%)	贸易额(亿美元)	增长率(%)	贸易额(亿美元)	增长率(%)	
有色金属矿采选业	10.41	16.66	60	13.65	-18	10.15	-26	19.42	91	17
黑色金属矿采选业	2.26	4.97	120	5.59	12	4.15	-26	5.63	36	26
非金属矿采选业	1.31	2.88	120	10.33	259	1.33	-87	2.30	74	15
有色金属冶炼业及压延加工业	0.83	2.50	199	0.86	-65	1.49	73	3.35	124	42
煤炭开采和洗选业	0.00	0.00	38	0.01	187	0.10	994	0.08	-26	138
石油、炼焦及核燃料加工业	0.26	0.43	66	0.03	-93	0.01	-62	0.03	185	-41
黑色金属冶炼业及压延加工业	0.12	0.04	-69	0.02	-35	0.06	153	0.02	-74	-40
石油和天然气开采业	0.00	0.00		0.00		0.00	-100	0.00	—	—
总　和	15.20	27.47	81	30.50	11	17.29	-43	30.83	78	19

数据来源：云南进出口贸易海关统计。

业从 1.31 亿美元上升到 2.3 亿美元，五年年均增长率达到 15%。有色金属冶炼业及压延加工业从 0.8 亿美元上升到 3.35 亿美元，五年年均增长率达到 42%。煤炭开采和洗选业从 24 万美元上升到 774 万美元，五年年均增长率达到 138%。石油、炼焦及核燃料加工业和黑色金属冶炼业及压延加工业进口额呈现一定幅度的下降，五年年均减少 41% 和 40%。石油和天然气开采业基本没有进口。从整个资源型工业整体来看从 2006 年 15.2 亿美元上升到 2010 年的 30.8 亿美元。五年年均增长率达到 19%。云南资源型工业在未来对各主要矿产资源的需求均很大，未来对矿产资源的需求还会持续增加。从有色金属来看，云南有色金属行业呈现出冶炼规模大、原料自给率低的特点，因其进口量巨大且云南省的资源型工业存在着采选业矿产资源严重不足和冶炼产能过剩的问题，尤其是有色金属矿采选业远远满足不了冶炼业的需要，需要大量进口。因此，云南省可以进一步扩大采选业，建立稳定的国外生产地和来源，适度缩减调整冶炼业规模。

2.3.2 装备制造业外贸出口规模小，但份额不断上升

装备制造业又称装备工业，是为满足国民经济各部门发展和国家安全需要而制造的各种技术装备的总称。在改革开放初期，云南的装备制造业在部分领域具有产业优势，后来不断萎缩。从 2006～2010 年看，云南省装备制造业内的七个行业的出口贸易额均有较快的增长，具有较大的发展潜力，因此云南省需要大力发展振兴装备制造业。

从表 2-20 可以看出，2006～2010 年增速最快且出口额最大的是金属制品业，其余行业也均从不足 1 亿美元的出口额，纷纷突破 1 亿美元大关，直逼 2 亿美元的出口额。金属制品业从 2006 年的不足 1 亿美元上升到 2010 年的 5.94 亿美元，年均增长率达到 57%，增速非常明显。这是因为金属制品业的产品产销率高，产品竞争力较强，由此拉动其出口增速较快。排在出口额第二位的通用设备制造业盈利能力较强，且流动资产周转速度较快，在 2006～2010 年间出口额从亿元迅速增加到 2.2 亿美元，年均增长率为 21%。电气机械及器材制造业从 2006 年的 0.65 亿美元上升到 2010 年的 2.6 亿美元，年均增长率达到 41%。通信设备、计算机及其他电子设备制造业也从 0.37 亿美元上升到 1.13 亿美元，年均增长率达到 33%。交通运输设备制造业的出口额从 2006 年的 0.53 亿美元上升到 1.75 亿美元，年增长率达到 35%。电气机械及器材制造业，通信设备、计算机及其他电子设备制造业和交通运输设备制造业的全员劳动生产率较高，其中，电气机械及器材制造业高于全省平均水平，劳动生产率高，间接拉动了出口规模的扩大。另外增速较快的是交通运输设备制造业，它的产值规模占绝对优势地位，已经形成了规模经济效益，因此其出口额持续增加。专用设备制造业在 2006～2010 年的出口额也呈持续上升的状态，从 2006 年的 0.57 亿美元上升到 10 年的 1.47

亿美元，年均增长率达到27%；但和其他行业比起来，增长率稍低。仪器仪表及文化、办公用机械制造业虽然行业弱小，但企业经营管理能力显著提升，产值和效益也小幅提高，拉动出口的持续增加，与其他装备制造业的距离进一步缩小，从2006年的0.52亿美元上升到2010年的1.59亿美元，年均增长率达到32%。从整个装备工业整体的出口额来看，都表现了强劲的增长趋势，整个装备工业行业从2006年的4.65亿美元上升到2010年的16.68亿美元。整个行业的年均增长率为38%，其增长潜力不容小觑。

表2-20 2006~2010年云南省装备工业出口情况

工业行业分类	2006年	2007年		2008年		2009年		2010年		年均增长率(%)
	贸易额(亿美元)	贸易额(亿美元)	增长率(%)	贸易额(亿美元)	增长率(%)	贸易额(亿美元)	增长率(%)	贸易额(亿美元)	增长率(%)	
金属制品业	0.99	1.63	65	2.79	71	1.78	-36	5.94	233	57
通用设备制造业	1.03	1.38	35	1.59	15	1.63	3	2.20	35	21
电气机械及器材制造业	0.65	0.87	32	1.83	111	1.46	-20	2.60	78	41
交通运输设备制造业	0.53	0.91	73	1.34	47	1.34	0	1.75	30	35
专用设备制造业	0.57	0.67	18	0.91	36	0.90	-1	1.47	64	27
仪器仪表及文化、办公用机械制造业	0.52	0.58	11	0.76	31	0.71	-6	1.59	124	32
通信设备、计算机及其他电子设备制造业	0.37	0.50	35	0.56	12	0.98	76	1.14	16	33
总和	4.65	6.53	40	9.77	50	8.80	-10	16.68	90	38

数据来源：云南进出口贸易海关统计。

从云南省装备工业进口情况来看（表2-21），整个装备工业的进口额从2006年的4.54亿美元上升到2010年的8.41亿美元，年均增长率为17%。进口规模最大的装备制造业为通用设备制造业，其在2006~2010年的进口额一直持续增加，从2006年的1.58亿美元上升到2010年的2.98亿美元，年均增长率为17%。专用设备制造业从0.85亿美元上升到2010年的3.34亿美元，年均增长率达到41%。其他有所增长的行业还有仪器仪表及文化、办公用机械制造业和金属制品业，年均增长率分别为29%、14%。而交通运输设备制造业，电气机械及器材制造业，通信设备、计算机及其他电子设备制造业的进口额则有所下降，分别从2006年的1.05亿美元下降到2010年的0.65亿美元、0.33亿美元减至2010年的0.27亿美元，0.32亿美元减至0.1亿美元，年均增长率分别为-11%、-5%、-24%。这与这三个行业在2006~2010年不断扩大自身产值规模，提高自身劳动生产率，减少进口有关。

表 2-21 2006～2010 年云南省装备工进口情况

工业行业分类	2006 年	2007 年		2008 年		2009 年		2010 年		年均增长率（%）
	贸易额（亿美元）	贸易额（亿美元）	增长率（%）	贸易额（亿美元）	增长率（%）	贸易额（亿美元）	增长率（%）	贸易额（亿美元）	增长率（%）	
通用设备制造业	1.58	1.37	-14	1.63	19	2.72	67	2.98	9	17
专用设备制造业	0.85	0.82	-4	1.51	84	1.89	25	3.34	76	41
交通运输设备制造业	1.05	1.64	56	2.05	25	0.92	-55	0.65	-29	-11
仪器仪表及文化、办公用机械制造业	0.36	0.42	16	0.60	44	0.99	65	0.98	-1	29
电气机械及器材制造业	0.33	0.24	-27	0.78	222	0.98	25	0.27	-72	-5
通信设备、计算机及其他电子设备制造业	0.32	0.10	-70	0.13	34	0.14	13	0.11	-27	-24
金属制品业	0.05	0.04	-18	0.07	74	0.11	66	0.08	-28	14
总和	4.54	4.62	2	6.78	47	7.76	15	8.41	8	17

数据来源：云南进出口贸易海关统计。

目前，云南省装备制造业规模还小，在云南工业经济中所占比重也不大，实力较弱，但企业经济效益近年来快速提高。其中，交通运输设备制造业整体实力突出，属相对大而强的行业。通用设备制造业、电气机械及器材制造业发展潜力较大，可以考虑由大做强。通信设备、计算机及其他电子设备制造业与金属制品业产值规模应考虑由小做大；而仪器仪表及文化、办公用机械制造业行业整体实力较弱，属小而弱衰退行业，可适当扶持发展。

对比云南省资源型工业与装备工业的对外贸易发现，在出口方面，在 2008 年以前资源型工业的出口份额大于装备工业，2008 年以后装备工业的出口份额大于资源型工业。资源型工业从 2006 年的 33% 下降到 2010 年的 5%，装备工业从 2006 年的 14% 上升到 2010 年的 22%。在进口方面，资源型工业的进口明显高于装备工业的进口额，资源型工业占对外贸易的进口额在 50% 以上，装备工业在对外贸易的进口额中仅为 15% 左右。装备制造业出口的增加体现出了其为新技术、新产品的开发和生产提供重要物质基础，经济高级化不可或缺的战略性产业随着高新技术和新型产业的发展而进步的特点。

2.4 高新技术产业与支柱产业的外贸特征

云南省的高新技术产业发展相对滞后，支柱产业以资源密集型产业为主。金融危机对我国传统的工业行业产生了严重冲击，云南省由于资源型工业特征突出，受金融危机的影响更为显著，金融危机也使世界各国加快了经济转型和产业升级的步伐。有专家认为，以 50 年左右的长周期来看，上一个长周期处于电子信息时代，以电子信息和网络为代表的新经济支持了上一个长周期的增长，美国正是通过虚拟经济来维持增长，因虚拟经济得不到实体经济的最终支持而爆发金融危机并演变为经济危机，经济危机后世界经济将进入新产业支持的新的长周期，生物技术、新能源、新材料、环保技术可能是支持下一个增长周期的产业。面对金融危机，美国的刺激经济计划侧重于新能源和基础设施，扶持计划主要用于汽车业和房地产业，体现出新一轮产业升级的趋势。结合云南省的优势、条件和产业基础，顺应新一轮经济增长周期，云南省的高新技术产业发展重点应为新能源、新材料、医药生物技术产业、环保技术产业。

2.4.1 云南高新技术产业外贸保持较快的增长势头

本研究选取了医药制造业，通信设备、计算机及其他电子设备制造业，仪器仪表及文化、办公用机械制造业作为高新技术产业的代表，分析云南高新技术产业的外贸特征。从出口看（表 2-22），云南高新技术产业的出口从 2006 年的 1.21 亿美元上升到 2010 年的 3.35 亿美元，五年年均增长率为 29%。其中，通信设备、计算机及其他电子设备制造业，仪器仪表及文化、办公用机械制造业增长势头相似，在 2006~2010 年中有 33% 和 32% 的年均增长率。仪器仪表及文化、办公用机械制造业在高新技术产业中增长较快，从 2006 年的 0.52 亿美元上升到 2010 年的 1.59 亿美元，年均增长率为 32%，通信设备、计算机及其他电子设备制造业从 2006 年的 0.37 亿美元上升到 2010 年的 1.14 亿美元，年均增长率为 33%，医药制造业从 2006 年的 0.32 亿美元上升到 2010 年的 0.62 亿美元，年均增长率为 18%。从进口看（表 2-23），云南高新技术产业的进口从 2006 年的 0.75 亿美元上升到 2010 年的 1.29 亿美元，五年年均增长率 14%。而通信设备、计算机及其他电子设备制造业该行业则是连年出现了负增长，年均增长率为 -24%。

表 2-22 2006~2010 年高新技术产业出口

工业行业分类	2006 年	2007 年		2008 年		2009 年		2010 年		年均增长率（%）
	贸易额（亿美元）	贸易额（亿美元）	增长率（%）	贸易额（亿美元）	增长率（%）	贸易额（亿美元）	增长率（%）	贸易额（亿美元）	增长率（%）	
医药制造业	0.32	0.51	57	0.51	0	5.14	1	0.62	20	18
通信设备、计算机及其他电子设备制造业	0.37	0.50	35	0.56	12	9.78	76	1.14	16	33
仪器仪表及文化、办公用机械制造业	0.52	0.58	11	0.76	31	7.11	-6	1.59	124	32
总　　和	1.21	1.58	31	1.82	15	22.04	21	3.35	52	29

数据来源：云南进出口贸易海关统计。

表 2-23 2006~2010年高新技术产业进口情况

工业行业分类	2006年	2007年		2008年		2009年		2010年		年均增长率（%）
	贸易额（亿美元）	贸易额（亿美元）	增长率（%）	贸易额（亿美元）	增长率（%）	贸易额（亿美元）	增长率（%）	贸易额（亿美元）	增长率（%）	
医药制造业	0.08	0.15	95	0.29	95	0.15	-48	0.21	39	29
通信设备、计算机及其他电子设备制造业	0.32	0.10	-70	0.13	34	0.14	13	0.11	-27	-24
仪器仪表及文化、办公用机械制造业	0.36	0.42	16	0.60	44	0.99	65	0.98	-1	29
总　和	0.75	0.66	58	1.02	54	1.28	26	1.29	1	14

数据来源：云南进出口贸易海关统计。

医药制造业进口从2006年的0.08亿美元上升到2010年的0.21亿美元，年均增长率为29%，仪器仪表及文化、办公用机械制造业从2006年的0.75亿美元上升到2010年的1.29亿美元，年均增长率为14%。

高新技术产业的发展，使云南高新技术产品出口连年增长，优化了云南的出口商品结构，云南高新技术产品的出口主要来自电子信息、仪器仪表及文化、办公用机械制造业及生物制药业，随着云南高新技术产品出口创汇的不断增长，其将会成为云南省经济增长最重要的动力源泉，云南省只有把高新技术产业作为产业转型升级的重要内容，全面优化经济结构，走信息化带动工业化的道路，才能提高云南省的综合实力。

2.4.2 支柱产业的对外贸易特征

支柱产业是指在现实经济中占有较大份额、增长速度快、产业关联度大、投入产出比较好的产业。支柱产业在云南省GDP中占有较大份额，为财政上交了大量的利税。云南省支柱产业已经在资源配置、技术装备、社会需求等方面处于相对稳定状态，也具有了产业集群和商业聚集的优势，成为云南省经济发展的发动机。云南省已大力培育和发展了由烟草、生物资源开发创新、旅游、矿产、电力五大产业构成的支柱产业群。

从外贸进出口看，云南省的支柱产业具有各自的特征，烟草业外贸增长稳定，以出口为主，进口微弱；生物产业贸易快速增长，进口增长快于出口；矿业的对外依赖越来越强；电力工业外贸规模小，但增长很快。

云南省作为我国烟草制品对外贸易的大省，烟草制品外贸带来的经济效益无论在出口总量还是在出口比重方面都占有很大的优势。通过多年来不断扩大生产规模、提高生产经营效率、增强技术含量、积累管理经验，云南烟草制品业以多项生产经营指标全国第一的佳绩跃居全国烟草制品业的榜首。全省共生产80多个牌号、130 多个规格的卷烟产品，在全国首次发布的 13 种名烟品牌中，云南省共占 9 席，其产量占全国名烟总产量的 89% 以上。因此，云南省烟草制品业的发展在一定程度上代表着全国烟草制品行业的发展动态和竞争优势。此外，云南省的 10 多种牌号的卷烟出口到日本、美国、东盟等国家，对省内的经济创汇发挥了重要作用。从表 2-24 可以看出烟草制品业近年来的进出口情况。作为云南省的支柱产业烟草制品业的出口在云南省的工业出口中占据着重要的位置，从 2006 年的 1.9 亿美元上升到 2010 年的 3.14 亿美元，年均增长率为 13%。从进口来看烟草制品业在 2006 ~ 2010 年中的进口微乎其微，从 2006 年到 2010 年，进口一直维持在 1000 美元，增长几乎为零。

表 2-24　2006 ~ 2010 年烟草制品业进出口情况

项　目	2006 年	2007 年		2008 年		2009 年		2010 年		年均增长率（%）
	贸易额（美元）	贸易额（美元）	增长率（%）	贸易额（美元）	增长率（%）	贸易额（美元）	增长率（%）	贸易额（美元）	增长率（%）	
出　口	1.90 亿	2.11 亿	11	2.31 亿	9	2.72 亿	18	3.14 亿	15	13
进　口	1000	2000	100	2000	0	1000	-50	1000	0	0

数据来源：云南进出口贸易海关统计。

生物产业作为云南有特色的支柱产业，在对外贸易中表现出了良好的增长态势，尤其是生物产品的进口从 2006 年的 0.79 亿美元上升到 2010 年的 8.5 亿美元，五年年均增长率达到 81%（表 2-25）。生物产品的出口也保持了较高增长，从 2006 年的 1.45 亿美元上升到 2010 年的 2.64 亿美元，五年年均增长率达到 16%（表 2-26）。

表 2-25　2006 ~ 2010 年生物资源开发与加工进口情况

工业行业分类	2006 年	2007 年		2008 年		2009 年		2010 年		年均增长率（%）
	贸易额（亿美元）	贸易额（亿美元）	增长率（%）	贸易额（亿美元）	增长率（%）	贸易额（亿美元）	增长率（%）	贸易额（亿美元）	增长率（%）	
造纸及纸制品业	0.08	0.11	34	0.12	8	0.07	-42	0.12	82	11
食品制造业	0.02	0.03	53	0.09	258	0.06	-38	0.08	43	48
医药制造业	0.08	0.15	95	0.29	95	0.15	-48	0.21	39	29
饮料制造业	0.00	0.01	136	0.02	51	0.02	25	0.03	44	59
农副食品加工业	0.19	0.44	128	0.98	122	2.31	135	6.24	169	138
橡胶制品业	0.42	0.78	88	0.38	-51	0.46	20	1.84	303	45
总　和	0.79	1.52	92	1.88	24	3.07	63	8.52	178	81

数据来源：云南进出口贸易海关统计。

表 2-26 2006~2010 年生物资源开发与加工出口情况

工业行业分类	2006 年	2007 年		2008 年		2009 年		2010 年		年均增长率（%）
	贸易额（亿美元）	贸易额（亿美元）	增长率（%）	贸易额（亿美元）	增长率（%）	贸易额（亿美元）	增长率（%）	贸易额（亿美元）	增长率（%）	
医药制造业	0.32	0.51	57	0.51	0	0.51	1	0.62	20	18
饮料制造业	0.32	0.39	22	0.32	-16	0.33	2	0.45	35	9
食品制造业	0.36	0.32	-10	0.20	-37	0.17	-18	0.25	53	-8
农副食品加工业	0.31	0.38	25	0.42	10	0.52	24	0.59	14	18
橡胶制品业	0.11	0.11	1	0.05	-51	0.09	61	0.28	224	27
造纸及纸制品业	0.04	0.07	78	0.08	18	0.16	84	0.45	190	83
总　和	1.45	1.78	22	1.59	-10	1.77	11	2.64	49	16

数据来源：云南进出口贸易海关统计。

矿业作为云南工业中出口份额历年较大的支柱产业，从 2006 年的 10 亿美元下降到 2010 年的 3.3 亿美元，五年年均增长率下降 25%（表 2-27）。与之相反，矿业的进口则是呈现出较为明显的上升趋势，从 2006 年进口 15 亿美元上升到 2010 年的 30 亿美元，五年年均增长率为 20%（表 2-28）。反映出云南依赖自身矿产资源发展冶金工业的能力在减弱，需要不断通过进口矿产资源来发展，受外部冲击的程度越来越高。

表 2-27 2006~2010 年矿业出口情况

工业行业分类		2006 年	2007 年		2008 年		2009 年		2010 年		年均增长率（%）
		贸易额（亿美元）	贸易额（亿美元）	增长率（%）	贸易额（亿美元）	增长率（%）	贸易额（亿美元）	增长率（%）	贸易额（亿美元）	增长率（%）	
有色金属矿业	有色金属矿采选业	0.00	0.00	0		-100	0.00			-100	-100
	有色金属冶炼业及压延加工业	8.53	8.41	-1	4.30	-49	3.28	-24	2.45	-25	-27
黑色金属矿业	黑色金属矿采选业	0.00	0.00	371	0.00	-79	0.00	-100	0.00		-100
	黑色金属冶炼业及压延加工业	1.84	3.88	111	0.79	-79	0.69	-13	0.84	21	-18
煤炭和非金属矿业	煤炭开采和洗选业	0.04	0.05	9	0.10	117	0.03	-75	0.04	66	-1
	非金属矿采选业	0.04	0.03	24	0.12	337	0.07	-43	0.05	-29	8
总　和		10.45	12.37	18	5.32	-57	4.07	-24	3.38	-17	-25

数据来源：云南进出口贸易海关统计。

表 2-28 2006～2010 年矿业进口情况

工业行业分类		2006 年	2007 年		2008 年		2009 年		2010 年		年均增长率（%）
		贸易额（亿美元）	贸易额（亿美元）	增长率（%）	贸易额（亿美元）	增长率（%）	贸易额（亿美元）	增长率（%）	贸易额（亿美元）	增长率（%）	
有色金属矿业	有色金属矿采选业	10.41	16.66	60	13.65	-18	10.15	-26	19.42	91	17
	有色金属冶炼业及压延加工业	0.83	2.50	199	0.86	-65	1.49	73	3.35	124	42
黑色金属矿业	黑色金属矿采选业	2.26	4.97	120	5.59	12	4.15	-26	5.63	36	26
	黑色金属冶炼业及压延加工业	0.12	0.04	-69	0.02	-35	0.06	153	0.02	-74	-40
煤炭和非金属矿业	非金属矿采选业	1.31	2.88	120	10.33	259	1.33	-87	2.30	74	15
	煤炭开采和洗选业	0.00	0.00	38	0.01	187	0.10	994	0.08	-26	138
总和		14.94	27.04	81	30.47	13	17.28	-43	30.80	78	20

数据来源：云南进出口贸易海关统计。

电力工业在进出口方面的贡献度并不显著，从出口来看，云南省的电力、热力的生产和供应业从 2006 年的 0.35 亿美元上升到 2010 年的 2.87 亿美元，五年年均增长率为 69%（表 2-29）。而进口则很少，从 2006 年 27 万美元上升到 2010 年的 4452 万美元，五年年均增长率为 258%（表 2-29）。

表 2-29 2006～2010 年电力、热力的生产和供应业进出口情况

项目	2006 年	2007 年		2008 年		2009 年		2010 年		年均增长率（%）
	贸易额（亿美元）	贸易额（亿美元）	增长率（%）	贸易额（亿美元）	增长率（%）	贸易额（亿美元）	增长率（%）	贸易额（亿美元）	增长率（%）	
出口	0.35	1.15	228	1.50	30	2.07	38	2.87	39	69
进口	0.00	0.00	-13	0.00	1	0.39	16103	0.45	14	258

数据来源：云南进出口贸易海关统计。

云南工业行业出口和进口结构分别见表 2-30 和表 2-31。

表 2-30 2006～2010 年云南工业行业出口结构

工业行业分类	2006 年		2007 年		2008 年		2009 年		2010 年	
	贸易额（亿美元）	占比①（%）	贸易额（亿美元）	占比（%）	贸易额（亿美元）	占比（%）	贸易额（亿美元）	占比（%）	贸易额（亿美元）	占比（%）
非农产品	1.75	5	2.20	5	2.57	5	3.73	8	10.55	14
农产品	5.26	15	5.76	12	5.74	11	9.12	20	15.99	21

续表 2-30

工业行业分类	2006 年		2007 年		2008 年		2009 年		2010 年	
	贸易额（亿美元）	占比①（%）	贸易额（亿美元）	占比（%）	贸易额（亿美元）	占比（%）	贸易额（亿美元）	占比（%）	贸易额（亿美元）	占比（%）
轻工业	7.01	21	7.96	17	8.30	17	12.85	28	26.54	35
采掘业	1.75	5	2.20	5	2.57	5	3.73	8	10.55	14
原材料	20.32	60	32.12	68	32.71	65	23.22	51	35.99	47
加工工业	2.78	8	3.83	8	5.67	11	5.33	12	8.01	11
重工业	24.85	73	38.15	81	40.95	82	32.27	71	54.55	72
资源型工业	11.09	33	12.92	27	6.17	12	4.45	10	3.85	5
装备工业	4.65	14	6.53	14	9.77	20	8.80	19	16.68	22
高新技术	1.21	4	1.58	3	1.82	4	2.20	5	3.35	4
全省对外贸易	33.91		47.36		50.01		45.16		76.06	

数据来源：云南进出口贸易海关统计。

①行业占比计算方法：（行业贸易额/全省对外贸易额）×100%。

表 2-31　2006～2010 年云南工业行业进口结构

工业行业分类	2006 年		2007 年		2008 年		2009 年		2010 年	
	贸易额（亿美元）	占比①（%）	贸易额（亿美元）	占比（%）	贸易额（亿美元）	占比（%）	贸易额（亿美元）	占比（%）	贸易额（亿美元）	占比（%）
非农产品	0.95	3	0.87	2	1.22	3	1.49	4	1.51	3
农产品	1.60	6	1.92	5	2.90	6	4.14	12	8.42	15
轻工业	2.56	9	2.79	7	4.12	9	5.63	16	9.93	17
采掘业	13.99	49	24.51	61	29.58	64	15.73	45	27.44	48
原材料	6.80	24	7.39	18	3.28	7	4.36	12	7.55	13
加工工业	3.82	13	4.07	10	5.98	13	6.54	19	7.25	13
重工业	24.60	87	35.97	89	38.84	84	26.63	76	42.23	73
资源型工业	15.20	53	27.47	68	30.50	66	17.29	49	30.83	54
装备工业	4.54	16	4.62	11	6.78	15	7.76	22	8.41	15
高新技术	0.75	3	0.66	2	1.02	2	1.28	4	1.29	2
全省对外贸易	28.40		40.38		45.97		35.10		57.62	

数据来源：云南进出口贸易海关统计。

①行业占比计算方法：（行业贸易额/全省对外贸易额）×100%。

通过上述对云南省支柱产业的分析表明，云南省的支柱产业对外贸易具有主要以烟草业为主的特征，但生物和电力的作用在增强，而矿业在对外贸易中的作用在减弱。烟草业作为影响云南省经济的短期内不可替代的主导支柱，一直支撑着云南经济的发展。生物产业能带动大批农民参与到生产环节中，有农工结合的基础，通过不断提高技术含量，加强技术创新和新产品研发，引进先进设备，创建名优品牌，提供符合市场经济体制的政策支持，以制药业为主的生物资源主导支柱产业将是云南经济发展的新的经济增长点。

通过对比云南省的高新技术产业与传统产业的对外贸易发现，无论是出口还是进口，高新技术产业在云南省对外贸易的份额中所占比例都很小，仅为2%~4%，但增长较快。因此，云南省高新技术产业的发展还很薄弱，结合云南省的优势、条件和基础，顺应新一轮经济增长周期，新能源、新材料、生物技术产业、环保技术产业的发展将是未来云南工业发展的重中之重。

通过以上对云南工业进行各种分类的对外贸易流量分析发现，云南工业产品总体上由于创新能力不足，相当一部分企业工艺设备落后，产品科技含量不高，产品以传统产品、初加工产品居多，结构性矛盾突出，且新产品开发步伐缓慢，产品更新换代严重滞后，高新技术产品、高附加值产品所占比重较低，精深加工产品少，资源型、原料型产品比重较大，是制约云南工业对外贸易扩大的重要原因，这也是云南省工业产品的主要特征。

2.5　云南省主要工业行业的贸易流向特征

以云南省主要的几大工业行业即原材料工业、资源型工业、装备型工业、高新技术产业的产品贸易流向为代表，分析云南省主要产品流向的国家和地区，从中研究云南省与周边国家、发达国家以及其他国家的贸易联系。

2.5.1　磷化工原材料工业以流向周边国家为主

以磷化工产品作为原材料工业产品出口的代表，分析云南省的磷化工产品主要流向。从2006~2010年的统计数据看（表2-32），云南省磷化工产品贸易最大的两个国家分别是越南和印度。流向越南的磷化工产品从2006年的0.93亿美元上升到2010年的1.17亿美元。流向印度的磷化工产品从2006年的0.49亿美元上升到2010年的3.76亿美元，印度在2008~2010年都是云南省的磷化工产品出口最多的国家。接下来是日本、巴西、孟加拉国，这几个国家2006~2010年也是云南省磷化工产品的主要输入国，排名靠前。美国、泰国、缅甸、意大利、韩国、巴基斯坦也在云南省磷化工的产品输出中占有一定的份额。

云南省的磷化工产品的对外贸易流量比机电产品、高新技术产品的流量低，还有发展空间。从流向来看，与其他种类产品的出口偏向于发达国家不同，云南省的磷化工产品主要流向与云南接壤的边境国家，偏重于边境贸易，而对于欧美的一些发达国家，与他们的经济合作较弱，应该进一步加强贸易往来。

表 2-32 2006~2010 年云南省磷化工产品流向 （亿美元）

2006 年		2007 年		2008 年		2009 年		2010 年	
合计	4.14	合计	9.14	合计	10.02	合计	4.87	合计	8.08
越南	0.93	越南	1.36	印度	2.36	印度	1.65	印度	3.76
日本	0.60	巴基斯坦	1.35	日本	1.42	越南	1.43	越南	1.17
印度	0.49	巴西	1.13	巴西	1.13	孟加拉国	0.44	孟加拉国	0.60
印度尼西亚	0.26	印度	1.08	越南	0.70	澳大利亚	0.32	日本	0.55
美国	0.26	泰国	0.59	巴基斯坦	0.64	日本	0.28	泰国	0.30
泰国	0.23	日本	0.53	澳大利亚	0.52	菲律宾	0.13	阿根廷	0.29
孟加拉国	0.20	澳大利亚	0.41	美国	0.49	中国台湾	0.11	美国	0.25
中国台湾	0.12	印度尼西亚	0.30	德国	0.39	美国	0.06	澳大利亚	0.25
意大利	0.12	阿根廷	0.29	泰国	0.33	韩国	0.06	中国台湾	0.12
澳大利亚	0.11	韩国	0.25	伊朗	0.26	泰国	0.06	缅甸	0.11
伊朗	0.10	中国台湾	0.24	意大利	0.25	意大利	0.05	巴西	0.11
韩国	0.10	伊朗	0.22	中国台湾	0.25	尼日利亚	0.04	巴基斯坦	0.09
马来西亚	0.09	菲律宾	0.21	印度尼西亚	0.23	德国	0.04	意大利	0.08
德国	0.08	美国	0.20	马来西亚	0.20	缅甸	0.03	韩国	0.07
缅甸	0.05	南非	0.12	韩国	0.18	印度尼西亚	0.03	马来西亚	0.06

数据来源：云南进出口贸易海关统计。

2.5.2 有色金属工业产品主要流向亚太地区但下滑明显

以有色金属产品作为资源型工业的代表产品，分析云南省的资源型工业产品贸易流向。从表 2-33 可以看出，云南省的有色金属产品最大的流向地区是中国香港地区，对中国香港地区有色金属产品的出口基本占据了云南省整个工业产品出口的 1/4。从趋势看，有色金属产品的出口流量呈下降趋势，出口总值从 2006 年的 8.7 亿美元下降到 2010 年的 2.45 亿美元。作为第一大出口地的中国香港，从 2006 年的 2.55 亿美元下降到 2010 年的 0.84 亿美元，出口额减少。对新加坡的出口从 2006 年的 2.5 亿美元降到 2010 年的 0.14 亿美元，下降幅度很大。对泰国、中国台湾、日本等国家和地区都出现了较大幅度的下降。出口有所上升的国家是缅甸、越南。此外，美国、墨西哥、马来西亚、澳大利亚、意大利也是云南省有色金属产品出口排名比较靠前的流向国。在出口流向中有色金属产品的下降和整个资源工业的出口值在 2006~2010 年中大幅下降是有关系的，这是云南工业经济结构调整所引起的。

表 2-33 2006～2010 年云南省有色金属产品流向 (亿美元)

2006 年		2007 年		2008 年		2009 年		2010 年	
合计	8.70	合计	8.43	合计	4.31	合计	3.28	合计	2.45
中国香港	2.55	中国香港	2.56	中国香港	1.52	中国香港	2.04	中国香港	0.84
新加坡	2.50	新加坡	2.15	泰国	0.86	中国台湾	0.44	泰国	0.44
日本	0.82	日本	0.77	新加坡	0.76	泰国	0.38	韩国	0.33
美国	0.62	荷兰	0.63	日本	0.37	越南	0.16	越南	0.21
泰国	0.61	泰国	0.53	韩国	0.20	缅甸	0.07	新加坡	0.14
韩国	0.44	美国	0.51	中国台湾	0.09	新加坡	0.06	缅甸	0.10
荷兰	0.20	沙特阿拉伯	0.22	美国	0.08	韩国	0.03	荷兰	0.06
中国台湾	0.17	韩国	0.17	越南	0.07	日本	0.02	美国	0.06
加拿大	0.13	加拿大	0.16	马来西亚	0.06	马来西亚	0.01	中国台湾	0.05
沙特阿拉伯	0.07	中国台湾	0.15	埃及	0.06	澳门	0.01	日本	0.04
缅甸	0.07	越南	0.10	荷兰	0.04	澳大利亚	0.01	澳门	0.03
哈萨克斯坦	0.06	马来西亚	0.10	沙特阿拉伯	0.03	美国	0.01	墨西哥	0.03
印度	0.06	哈萨克斯坦	0.08	缅甸	0.03	荷兰	0.01	马来西亚	0.02
德国	0.06	墨西哥	0.06	孟加拉国	0.03	老挝	0.00	澳大利亚	0.01
马来西亚	0.05	西班牙	0.04	英国	0.02	印度	0.00	意大利	0.01

数据来源：云南进出口贸易海关统计。

2.5.3 装备工业产品主要流向缅甸

将机电产品的出口作为云南省装备制造业出口的代表，分析云南省机电产品贸易流向（表 2-34）。本节选取了机电产品流向国中出口额最大的前 15 个国家进行分析。可以看出云南省机电产品流向最大的是缅甸，2006～2010 年缅甸都是云南省机电产品出口中交易金额最大的国家，2006 年为 1.5 亿美元，2010 年上升为 4.7 亿美元。

表 2-34 2006～2010 年云南省装备型机电产品流向 (亿美元)

2006 年		2007 年		2008 年		2009 年		2010 年	
合计	4.49	合计	6.53	合计	9.80	合计	9.04	合计	17.20
缅甸	1.50	缅甸	2.23	缅甸	3.31	缅甸	3.42	缅甸	4.73
美国	0.69	越南	0.74	美国	0.80	美国	0.79	美国	0.83
越南	0.46	美国	0.56	荷兰	0.78	越南	0.62	新加坡	0.76
中国香港	0.41	中国香港	0.45	越南	0.68	老挝	0.35	越南	0.58
老挝	0.16	日本	0.41	德国	0.58	中国香港	0.29	伊朗	0.55

续表 2-34

2006 年		2007 年		2008 年		2009 年		2010 年	
新加坡	0.16	德国	0.20	中国香港	0.48	德国	0.28	老挝	0.52
比利时	0.13	比利时	0.20	日本	0.43	新加坡	0.26	荷兰	0.52
日本	0.10	老挝	0.17	老挝	0.31	马来西亚	0.24	马来西亚	0.47
德国	0.08	新加坡	0.16	西班牙	0.26	泰国	0.21	伊拉克	0.46
意大利	0.08	荷兰	0.15	比利时	0.21	荷兰	0.19	中国香港	0.40
韩国	0.07	韩国	0.13	新加坡	0.18	印度	0.19	德国	0.38
荷兰	0.06	意大利	0.11	马来西亚	0.16	阿拉伯联合酋长国	0.16	印度	0.37
泰国	0.04	西班牙	0.10	意大利	0.16	日本	0.15	泰国	0.28
澳大利亚	0.04	马来西亚	0.10	土耳其	0.12	英国	0.12	中国台湾	0.26
英国	0.04	中国台湾	0.06	柬埔寨	0.10	比利时	0.11	阿尔及利亚	0.25

数据来源：云南进出口贸易海关统计。

云南省机电产品流向处于第二位的是美国，但出口值并没有突破 1 亿美元，不过在 2006 ~2010 年期间还是有所增长。云南省机电产品的第三个出口国是越南，在 2006 ~2010 年期间基本保持在前五位，且出口金额连年增长。老挝、新加坡、越南、德国、荷兰及中国香港也是云南省机电产品出口较多的国家和地区。2008 年金融危机后向马来西亚、印度及中国台湾的出口也越来越重要。

2.5.4 高新技术产品主要流向日本、美国等发达国家

云南省的高新技术产品出口呈快速增长态势，出口额从 2006 年的 7.66 亿美元上升到 2010 年的 15.5 亿美元，2007 年以后出口金额都在 10 亿美元以上（表 2-35）。云南省高新技术产品流向国家中第一位的是日本，但出口份额呈下降趋势，从 2006 年对日本出口 2.03 亿美元下降为 2010 年的 1.71 亿美元；第二位是美国，2006 ~2008 年，美国都是云南省高新技术产品的第二出口大国，但 2007 年金融危机后，对美国的出口有所下降，越南成为金融危机后云南省仅次于日本的高新技术产品出口国，出口量也超过了 1 亿美元。第三是缅甸，在 2006 ~2010 年云南省的高新技术出口中，对缅甸的出口量都基本保持在前五位，且近年来随着国家战略的调整，以及和缅甸的经济合作不断增强，对缅甸的出口增长也越来越快。在 2010 年达到了 1 亿美元，云南省与缅甸的经济合作还有很大的空间。韩国、意大利、德国、荷兰、新加坡及中国香港也是云南省 2006 ~2010 年高新技术产品出口较多的国家和地区，与泰国和德国的贸易在 2008 年金融危机后有所增加。云南省对马来西亚和中国台湾的出口在 2006 ~2010 年有所增加。

表 2-35 2006~2010 年云南省高新技术产品流向 （亿美元）

2006 年		2007 年		2008 年		2009 年		2010 年	
合计	7.66	合计	10.47	合计	15.37	合计	10.48	合计	15.51
日本	2.03	日本	2.19	日本	2.96	日本	1.58	日本	1.71
美国	1.09	美国	1.28	美国	1.32	越南	0.91	越南	1.32
韩国	0.53	荷兰	0.90	缅甸	1.17	泰国	0.87	缅甸	1.31
缅甸	0.52	缅甸	0.84	荷兰	1.10	缅甸	0.79	泰国	1.27
意大利	0.38	意大利	0.61	意大利	1.05	德国	0.67	美国	1.19
中国香港	0.31	中国香港	0.51	德国	0.83	美国	0.66	德国	0.92
德国	0.30	新加坡	0.45	印度	0.68	意大利	0.54	意大利	0.76
荷兰	0.26	越南	0.44	泰国	0.66	韩国	0.42	新加坡	0.70
新加坡	0.24	德国	0.37	中国香港	0.57	马来西亚	0.29	韩国	0.67
比利时	0.22	印度	0.26	越南	0.56	墨西哥	0.28	荷兰	0.65
越南	0.18	泰国	0.24	韩国	0.43	中国香港	0.28	中国台湾	0.49
印度	0.17	中国台湾	0.23	中国台湾	0.36	荷兰	0.27	马来西亚	0.48
加拿大	0.16	比利时	0.23	印度尼西亚	0.35	印度	0.26	中国香港	0.42
中国台湾	0.15	墨西哥	0.20	墨西哥	0.24	印度尼西亚	0.24	法国	0.41
泰国	0.11	加拿大	0.19	比利时	0.24	伊朗		印度	0.29

数据来源：云南进出口贸易海关统计。

可以看出，云南省高新技术产品的流向除了主要流向日本、美国这样的发达国家外，其次主要流向与云南接壤的周边国家，如越南、缅甸、泰国等，随着我国与这些国家在“一路一带”中的深入合作，高新技术产业贸易还会不断扩大。

从以上云南省几大工业行业的产品贸易流向可以看出，云南省的工业品主要以流向周边国家为主，40%以上出口到东盟，其中以越南、缅甸居多，这些国家都是云南省的边境邻国，与这些国家进行贸易往来有着天然的地理优势，发达国家主要以流向美国、日本为主，云南省还应加大同发达国家贸易往来，争取云南省的特色优势工业品不仅能走向周边国家，更要走出亚洲，流向欧美国家。

2.6 本章小结

通过对云南工业对外贸易进行分析可以看出：

（1）出口产品结构不够优化，初级原材料产品出口比重仍然较大，尽管多年来云南省的产业结构进行了重大调整，使得外贸出口有了长足进步，但是与国内先进地区相比较还有一定差距。在工业制成品中，高新技术产品、高科技含量、高附加值产品出口仍只占很小的份额。截至 2010 年云南省高新技术产品出口 3.35 亿美元，只占总出口 76.06 亿美元的 4%，低于全国平均水平，而且高新技术产品出口主要集中在云南铜业集团、云南冶金集团总公司等少数几个实力雄厚的大型企业。机电、磷化工产品出口增长呈一定上升态势，说明机电产品和磷化工产品有一定的国际竞争力。化学原料制品业占出口工业的 25% 左右，金属制品业占 8%，说明云南高附加值产品的出口量不大，出口产品的层次结构有进一步改进的空间。

（2）出口市场过度集中，严重依赖东盟市场，发展贸易对象的注意力局限于东盟地区。东盟在云南对外贸易的地位与作用是不容忽视的，但是在争取外向型经济的发展过程中，应该认清利弊、扬长避短。无论是从资源存量和经济结构来看，还是从经济发展水平和产业梯度阶段来看，双方有太多的类似特点，特别是与云南接壤的三国，双方劳动密集型产业都占有相当大的比重，趋同的产业很多，而双方都以美国、日本为重要的贸易对象，因此势必会造成双方在占领国际市场时的相互竞争。而互补性体现在从东盟国家进口机电设备、润滑剂、动植物油脂、木材、橡胶，并向东盟国家出口机电设备、化肥、水泥、光学和医学器械、钢铁等。

（3）加工贸易的水平过低，规模有限，加工工业发展缓慢。云南省的进出口主要集中在传统的资源型产品上，但高附加值产品表现不突出，高端产品的加工贸易缺乏，意味着云南省的廉价劳动力和人才资源没有得到充分利用。毋庸置疑，加工贸易已经成为我国经济近年来一个重要的增长极，为国内企业融入国际市场提供了渠道，推动我国对外贸易实现了从初级产品为主向制成品为主的出口结构的转变，使我国形成了符合国际市场要求的制造业平台。然而，在云南的工业中，原材料工业占 60% 左右，加工工业仅占 10%。

（4）边境贸易的发展遭遇新变化。因为边贸转大贸，关税优惠的条件丧失，再加上口岸设施的落后、边境地区结算体系的差异，都对云南边境贸易的发展造成了不利的影响。边境贸易在云南对外贸易中一直处于非比寻常的地位，边贸出口在全省外贸出口中的比重曾高达 32.34%，边贸出口在云南对越南、老挝、缅甸三国的出口中占有相当份额。由于国家之间贸易关税的逐步降低，云南、广西等沿边地区原来由于拥有边贸优惠政策而得以大规模开展的边境贸易活动的优势将受到明显削弱，边境贸易可能受到一般贸易的挤压而难以大规模展开。目前，原来很多依靠边贸进出口的农副土特产品和工业产品，由于关税的逐步降低和取消，会逐步转为以一般贸易的方式进行，传统边境贸易的辐射力可能因此而缩小。

（5）交通运输成本的相对高昂使得区位优势不再明显，贸易因此而发生转移。中国东盟自由贸易区建设已经进入具体实施阶段，给作为直接接壤这一地区的云南省带来重大的发展机遇，同时也带来挑战。中国与东盟国家之间原来的双边贸易是建立在云南与周边国家陆上通道和澜沧江-湄公河水运基础上的，这样一种贸易通道存在运输成本高昂的问题。目前云南与缅甸和越南主要依靠陆上通道，与泰国、老挝的贸易则在很大程度上依靠水运。这种贸易通道优势在中国-东盟自由贸易区建设中可能逐步消失，贸易由此发生转移。主要原因在于在贸易障碍消除后，中泰之间水果蔬菜实行零关税措施，云南的贸易通道优势面临大批量低成本海运优势的冲击。货物从曼谷到广州，用货柜运输，海运总价将比走湄公河经云南到广州运价总额（途中包括曼谷—泰北—版纳—昆明的汽车，昆明—广州的火车）低得多。

（6）国家政策调整所产生的影响。随着国家对高能耗、高污染、资源型“两高一资”型产品出口的控制，逐步加大了降低出口退税率和取消退税商品范围。目前国家严格要求企业的节能降耗减排，而有色金属冶炼业及压延加工业、煤炭开采和洗选业、黑色金属冶炼业及压延加工业等产业都是消耗能源的大户，矿产开发、有色金属冶炼等都属于“两高一资”产业，势必会使企业的出口产品成本上升，出口锐减。

总的说来，云南外贸已成为云南经济增长不可或缺的组成部分，贸易额的不断提升，促进了经济的发展。但与东部贸易强省相比，云南在出口产品和服务贸易、加工贸易比例、贸易条件、外贸竞争力等方面还有很大差距。云南省在深入贯彻落实《国务院办公厅关于支持外贸稳定增长的若干意见》（国办发〔2014〕19号）中优化云南工业外贸结构，加快云南工业对外贸易发展。加速技术进步、实施产业优化和结构升级。进一步加大力度支持云南工业企业的技术创新、产品创新，在广泛调研的基础上，针对云南工业企业在技术创新方面面临的具体问题，“一厂一策”地帮助工业企业解决技术创新障碍。通过云南工业的技术进步实现产业升级和结构优化，从而优化云南工业外贸结构。继续深化外贸管理体制改革，为企业发展营造良好的外部环境。采取组织调研组、对云南工业企业进行问卷调查等方式，筛选出制约云南工业企业在对外贸易过程中存在的贸易便利化问题、监管方式方法问题、海关查验问题、通关一体化问题、贸易服务和收费问题等体制机制问题，有针对性地推进外贸管理体制改革，为企业营造良好的贸易环境。加强对高新商品出口的支持，提高出口商品的技术含量和附加值。在财政政策、金融政策、政府服务等方面进一步加大对高新产品出口的支持力度。推进产品的深加工，逐渐改变产品的单一结构，进一步促进出口结构的优化和升级。做大做强传统优势产品，积极谋求新的工业品出口增长点。

3 云南工业对内贸易

云南工业对内贸易是指云南工业品对国内省外的贸易。由于我国省际贸易数据相对缺乏，本部分采用《中国交通年鉴》中基于铁路运输的行政区域的贸易流量和《投入产出表》综合分析云南工业对内贸易特点及影响。从云南省内来看，近年来铁路货运量占货物运输总量的比重一直处在5%~18%之间，总体低于20%；铁路周转量占货物总周转量的30%~60%，总体低于60%，铁路运输量占云南省内货物运输量的比重总体偏低。

3.1 云南工业对内贸易现状

基于前文对工业开放理论基础的阐述，除了对外贸易以外，对内贸易即省际贸易亦是实现工业开放的重要组成部分。2007年以来，云南工业的对内贸易呈现新特征，云南工业品销往国内省外金额从2007年的2361.17亿元增加到2012年的3432.04亿元，增加了1070.87亿元；但从国内省外购进工业品从2007年的2693.08亿元增加到2012年的8478.42亿元，增加了5785.33亿元；净调入从2007年的331.92亿元快速扩大到2012年的5046.38亿元，短短五年的时间，对内贸易逆差扩大了14倍，这反映出云南工业在金融危机冲击下存在大幅度萎缩的问题。下面将就工业细分进行对内贸易的行业特征和流动特征进行分析。

3.1.1 云南工业品对内贸易的行业特征

结合云南工业品对内贸易特点，我们把工业行业分成传统产业、高新技术产业和支柱产业三个大类，传统产业又分为轻工业和重工业，而重工业又分为三类，即资源型工业、装备工业和其他工业制造业。

3.1.1.1 支柱工业为贸易顺差且顺差规模有所扩大

支柱产业是指在现实经济中占有较大份额、增长速度快、产业关联度大、投入产出比较好的产业。在省际贸易中，云南省的烟草、生物资源开发创新、矿产、电力工业为净调出。

云南省的支柱产业均为资源型工业，在省际贸易中处于顺差状态，贸易顺差额较大，从2007年的1738.17亿元增加到2012年的2110.91亿元。其中：烟草制品业净调出从2007年的667.36亿元增加到2012年的940.78亿元；有色金属冶炼及合金制造业净调出从2007年的942.73亿元增加到2012年的1072.41亿元；有色金属压延加工业的净调出则有所下降；电力工业净调出从2007年的104.37亿元增加到2012年的118.68亿元。有色金属矿采选业和医药制造业是净调入。电力工业从省外进入本地市场很少，主要是本地产品向省外大量输出。

省际贸易顺差持续增加是本省产品在外省的市场销售额不断高于外省产品在本省的市场销售额，反映出云南省的支柱产业竞争力相对较强。

2007年和2012年云南省支柱产业对内贸易对比见表3-1。

表3-1　2007年和2012年云南省支柱产业对内贸易对比　（亿元）

工业行业分类	2007年			2012年		
	销往国内省外	国内省外购进	对外净调出量	销往国内省外	国内省外购进	对外净调出量
有色金属矿采选业	6.62	21.80	-15.18	16.26	35.22	-18.96
烟草制品业	669.76	2.40	667.36	946.94	6.16	940.78
医药制造业	30.02	61.28	-31.26	73.08	125.91	-52.83
有色金属冶炼及合金制造业	979.90	37.17	942.73	1093.68	21.27	1072.41
有色金属延压加工业	75.75	5.60	70.15	52.66	1.83	50.83
电力、热力的生产和供应业	104.37	0.00	104.37	120.12	1.44	118.68
合　计	1866.42	128.25	1738.17	2302.74	191.83	2110.91

资料来源：2007年和2012年云南省投入产出表。

3.1.1.2　高新技术产业为贸易逆差且逆差规模在扩大

从表3-2可以看出，云南省高新技术产业中各产业均处于省际贸易逆差状态，高新技术产品净调入从2007年的151.1亿元扩大到2012年的382.44亿元。其中：销往国内省外的从9.36亿元下降为2012年的5.23亿元。在高新技术产业中，电子计算机制造业的净调入增加最大，从2007年净调入37.33亿元扩大到2012年的118.03亿元；家用视听设备制造业由于云南省没有产品，全部从省外调入，净调入从2007年的7.52亿元扩大到2012年的117.88亿元；仪器仪表制造业也由于云南省没有产品生产，全部从省外购进，净调入从2007年的6.63亿元扩大到2012年的67.12亿元。省外产品大量充斥本地市场。这表明云南省高新技术产业发展水平较低，产业竞争力较弱，国内市场份额狭小。

表 3-2 2007 年和 2012 年云南省高新技术产业对内贸易对比 （亿元）

工业行业分类	2007 年			2012 年		
	销往国内省外	国内省外购进	对外净调出量	销往国内省外	国内省外购进	对外净调出量
通信设备制造业	0.82	78.05	-77.23	1.00	56.95	-55.95
雷达及广播设备制造业	0.00	0.00	0.00	0.00	1.52	-1.52
电子计算机制造业	5.40	42.74	-37.33	1.25	119.28	-118.03
电子元器件制造业	3.13	8.84	-5.71	2.98	24.47	-21.49
家用视听设备制造业	0.00	7.52	-7.52	0.00	117.88	-117.88
其他电子设备制造业	0.01	16.69	-16.68	0.00	0.45	-0.45
仪器仪表制造业	0.00	6.63	-6.63	0.00	67.12	-67.12
合　　计	9.36	160.47	-151.1	5.23	387.67	-382.44

资料来源：2007 年和 2012 年云南省投入产出表。

3.1.1.3 非烟类轻工业为贸易逆差且逆差规模在扩大

云南省非烟类轻工业在省际贸易中处于逆差状态，且逆差额在扩大，反映出本地市场份额受到省外产品的挤压。如表 3-3 所示，云南省的轻工业在国内省外贸易中的逆差从 2007 年的 404.68 亿元扩大到 2012 年的 1157.53 亿元，扩大了 1 倍多。在 38 个轻工业内部行业中，只有 6 个行业为净调出，32 个行业为净调入，反映出云南省轻工业在国内的竞争力很弱。其中：肥料制造业以调出为主，净调出从 2007 年的 35.23 亿元扩大到 2012 年的 217.24 亿元，增加了 5 倍；制糖业也是调出为主，净调出从 2007 年的 59.64 亿元扩大到 2012 年的 105.83 亿元，其他食品加工业、软饮料及精制茶加工业也是净调出，但规模不大。饲料加工业和化学纤维制造业则由净调入转变为净调出。

表 3-3 2007 年和 2012 年云南省非烟类轻工业的对内贸易对比 （亿元）

工业行业分类	2007 年			2012 年		
	销往国内省外	国内省外购进	对外净调出量	销往国内省外	国内省外购进	对外净调出量
谷物磨制业	0	34.02	-34.02	1.02	64.96	-63.94
饲料加工业	1.61	23.35	-21.74	8.95	0.28	8.67
植物油加工业	1.32	15.14	-13.81	0.74	12.92	-12.18
制糖业	59.98	0.34	59.64	106.93	1.10	105.83
屠宰及肉类加工业	0.57	8.51	-7.94	5.53	8.37	-2.84
水产品加工业	0.07	21.69	-21.62	6.12	22.42	-16.30
其他食品加工业	9.53	0.81	8.73	95.72	58.54	37.18

续表 3-3

工业行业分类	2007 年			2012 年		
	销往国内省外	国内省外购进	对外净调出量	销往国内省外	国内省外购进	对外净调出量
方便食品制造	2.50	0.41	2.09	2.03	2.23	-0.20
液体乳及乳制品制造业	0.82	0.09	0.72	0.48	16.61	-16.13
调味品、发酵制品制造业	0.36	1.73	-1.36	0.21	11.30	-11.09
其他食品制造业	2.97	2.59	0.38	1.94	26.99	-25.05
酒精及酒的制造业	5.28	0.39	4.90	1.26	22.24	-20.98
软饮料及精制茶加工业	27.02	7.59	19.43	30.17	9.35	20.81
棉、化纤纺织及印染精加工业	0.71	2.46	-1.75	0.16	11.89	-11.72
毛纺织和染整精加工	0.02	0.21	-0.19	0.00	2.55	-2.55
麻纺织、丝绢纺织及精加工业	3.49	0.80	2.70	2.62	6.48	-3.86
纺织制成品制造业	0.00	12.22	-12.22	0.53	22.02	-21.50
针织品、编织品及其制品制造业	0.00	9.45	-9.45	0.18	3.07	-2.89
纺织服装、鞋、帽制造业	0.33	153.35	-153.02	2.13	419.08	-416.96
皮革、毛皮、羽毛（绒）及其制品业	0.26	0.11	0.15	0.04	35.68	-35.64
木材加工及木、竹、藤、棕业	2.01	1.13	0.87	7.79	39.22	-31.43
家具制造业	0.31	42.50	-42.18	0.51	65.81	-65.30
造纸及纸制品业	10.84	28.17	-17.33	2.50	172.41	-169.90
印刷业、记录媒介的复制业	6.45	18.25	-11.80	0.40	92.43	-92.03
文教体育用品制造业	0.00	42.16	-42.16	2.08	4.44	-2.36
肥料制造业	37.13	1.91	35.23	217.79	0.56	217.24
农药制造业	0.15	14.36	-14.22	0.36	36.78	-36.41
涂料、油墨、颜料及类似产品制造业	1.98	22.77	-20.80	0.03	43.64	-43.62
日用化学产品制造业	3.22	23.39	-20.18	14.82	31.96	-17.14
化学纤维制造业	0.00	8.39	-8.39	4.09	1.51	2.57
橡胶制品业	2.30	4.52	-2.22	0.94	12.14	-11.19
塑料制品业	0.70	13.57	-12.88	0.36	100.04	-99.68
砖瓦、石材及其他建筑材料制造业	0.45	23.90	-23.44	1.35	97.13	-95.78
玻璃及玻璃制品制造业	0.84	10.15	-9.31	1.96	43.67	-41.71
陶瓷制品制造业	0.11	2.80	-2.69	0.70	46.67	-45.97
石墨及其他非金属矿物制品制造业	0.94	7.84	-6.89	0.44	42.74	-42.30
仪器仪表及文化、办公用机械制造业	0.00	15.04	-15.04	0.00	38.29	-38.29
工艺品及其他制造业	13.15	26.02	-12.87	0.61	53.50	-52.89
合　　计	197.42	602.13	-404.68	523.49	1681.02	-1157.53

资料来源：2007 年和 2012 年云南省投入产出表。

在32个净调入的轻工业行业中，净调入最大的是纺织服装、鞋、帽制造业，净调入从2007年的153.02亿元增加到2012年的416.96亿元，增加1倍多；其次是造纸及纸制品业，净调入从2007年的17.33亿元扩大到2012年的169.9亿元，2007年造纸业还有10.84亿元的调出，但2012年只调出2.5亿元，反映出云南省的造纸业快速萎缩而需求量快速扩大的局面；印刷业、记录媒介的复制业，砖瓦、石材及其他建筑材料制造业，塑料制品业在2012年的净调入都接近100亿元，这三个行业基本没有调出，反映出这三个行业的国内竞争力极弱；工艺品及其他制造业、谷物磨制业、家具制造业这三个行业的净调入也超过50亿元，调出很少，工艺品制造在2007年还有13.15亿元的调出，但2012年的调出不足1亿元。

总体来说，云南省轻工业发展水平较低，国内市场份额较小，产业竞争力较弱，并且一些具有竞争优势的轻工业主要为初级工业品加工业，科技含量和附加值较低。

3.1.1.4 云南省重工业的省际贸易处于逆差状态

本节将重工业分成三大类，即资源型工业、装备工业和其他工业制造业。总体上看，云南省的资源型工业呈现两种类型，见表3-4。石油、天然气类由于云南缺乏油气资源，主要从省外购买，处于逆差且不断扩大的状态，净调入规模最大的是石油产品，以产品油为主的石油及核燃料加工业净调入从2007年的293.87亿元扩大到2012年的631.38亿元，增加了1倍多；钢材类净调入也上百亿元，有色金属矿、黑色金属矿、非金属矿等都是净调入。有色金属冶炼及合金是云南省主要的调出产品，从2007年净调出942.73亿元扩大到2012年的1072.41亿元；炼焦、煤炭、有色金属材料等也是重要的净调出产品，在国内具有很强的竞争力。

表3-4 2007年和2012年云南省资源型工业对内贸易对比 （亿元）

工业行业分类	2007年			2012年		
	销往国内省外	国内省外购进	对外净调出量	销往国内省外	国内省外购进	对外净调出量
煤炭开采和洗选业	3.30	54.45	-51.15	95.37	12.51	82.86
石油和天然气开采业	0.00	6.22	-6.22	0.00	23.17	-23.17
黑色金属矿采选业	0.53	7.26	-6.74	0.00	26.77	-26.77
有色金属矿采选业	6.62	21.80	-15.18	16.26	35.22	-18.96
非金属矿及其他矿采选业	3.75	5.38	-1.62	1.96	63.60	-61.64
有色金属冶炼及合金制造业	979.90	37.17	942.73	1093.68	21.27	1072.41
有色金属压延加工业	75.75	5.60	70.15	52.66	1.83	50.83
燃气生产和供应业	0.95	15.95	-15.00	0.00	44.66	-44.66

续表 3-4

工业行业分类	2007 年			2012 年		
	销往国内省外	国内省外购进	对外净调出量	销往国内省外	国内省外购进	对外净调出量
炼铁业	39.28	0.26	39.02	0.00	0.00	0.00
炼钢业	9.90	1.28	8.62	0.00	0.00	0.00
钢压延加工业	0.90	74.14	-73.24	6.11	125.18	-119.06
铁合金冶炼业	36.62	3.02	33.60	98.18	4.18	94.00
石油及核燃料加工	0.00	293.87	-293.87	0.00	631.38	-631.38
炼焦业	19.86	2.52	17.34	171.56	1.09	170.47
合　　计	1177.36	528.92	648.44	1535.78	990.86	544.93

资料来源：2007 年和 2012 年云南省投入产出表。

云南省装备工业全部处于省际贸易逆差状态，且逆差额快速扩大。如表 3-5 所示，装备工业的省级贸易逆差从 2007 年的 1125.77 亿元增加到 2012 年的 2177.34 亿元，增加了近 1 倍。其中，由于云南省的汽车制造业萎缩十分严重，而汽车又是近年来消费快速增长的产业，所以汽车制造业是净调入规模最大的装备工业，从 2007 年的 341.58 亿元扩大到 2012 年的 539.41 亿元。

表 3-5　2007 年和 2012 年云南省装备工业对内贸易情况　　（亿元）

工业行业分类	2007 年			2012 年		
	销往国内省外	国内省外购进	对外净调出量	销往国内省外	国内省外购进	对外净调出量
锅炉及原动机制造业	0.33	171.38	-171.05	0.00	53.89	-53.89
金属加工机械制造业	26.39	14.13	12.27	16.32	22.16	-5.84
起重运输设备制造业	0.02	21.92	-21.90	0.81	33.24	-32.43
泵、阀门、压缩机及类似机械的制造业	0.02	34.88	-34.86	2.65	58.37	-55.72
其他通用设备制造业	2.75	62.81	-60.06	1.49	185.19	-183.70
矿山、冶金、建筑专用设备制造	1.44	70.67	-69.23	0.56	101.71	-101.15
化工、木材、非金属加工专用设备制造业	0.62	53.95	-53.34	0.19	92.18	-91.98
农林牧渔专用机械制造业	0.00	25.89	-25.89	0.00	31.28	-31.28
其他专用设备制造业	15.64	152.46	-136.82	10.40	46.93	-36.53
铁路运输设备制造业	10.42	0.02	10.39	0.00	174.01	-174.01
汽车制造业	43.35	384.93	-341.58	17.27	556.69	-539.41
船舶及浮动装置制造业	0.00	0.02	-0.02	0.00	4.95	-4.95

续表 3-5

工业行业分类	2007 年			2012 年		
	销往国内省外	国内省外购进	对外净调出量	销往国内省外	国内省外购进	对外净调出量
其他交通运输设备制造业	0. 00	94. 84	-94. 84	0. 62	228. 66	-228. 04
电机制造业	0. 90	40. 67	-39. 78	3. 17	95. 46	-92. 30
输配电及控制设备制造业	3. 31	27. 43	-24. 12	0. 10	117. 45	-117. 35
电线、电缆、光缆及电工器材制造业	0. 00	48. 12	-48. 12	0. 28	253. 72	-253. 44
家用电力和非电力器具制造业	0. 18	3. 36	-3. 18	3. 82	114. 18	-110. 36
其他电气机械及器材制造业	1. 62	25. 25	-23. 64	0. 41	65. 36	-64. 96
合　计	106. 99	1232. 73	-1125. 77	58. 09	2235. 43	-2177. 34

资料来源：2007 年和 2012 年云南省投入产出表。

电线、电缆、光缆及电工器材制造业，其他交通运输设备制造业这两个产业的净调入都超过 200 亿元，这两个产业在 2007 年没有调出，2012 年有不到 1 亿元的调出，反映出这些产业在云南十分落后，要想再发展则十分困难。矿山机械、家用电器、输配电装备、铁路运输设备等四个产业的净调入也超过 100 亿元，这四个产业除家用电器外，其他三个产业在 2007 年的调出要高于 2012 年的调出，反映出这些产业处于快速滑坡的状态。

农林牧渔专用机械制造业、船舶及浮动装置制造业、其他交通运输设备制造业和电线、电缆、光缆及电工器材制造业在省际贸易中尚无产品进入外省市场，本地需求主要依靠省外产品输入来满足。

金属加工机械制造业，其他专用设备制造业，其他电气机械及器材制造业，化工、木材、非金属加工专用设备制造业等产业在 2012 年的调出小于 2007 年的调出，反映出这些产业在快速萎缩。

装备工业属于资本技术密集型产业，产品的技术含量和附加值较高，在产业链中处于下游产业。装备工业全部为净调入，表明云南省装备工业发展水平较低，市场竞争力较弱，产品深加工能力不足。

如表 3-6 所示，云南省的其他工业制造业省际贸易处于逆差状态，且逆差额快速扩大。其中，只有钢、铁及其铸件是净调出，其他全部为净调入；金属制品业的净调入接近 200 亿元；基础化学原料制造业更是从 2007 年净调出 48. 67 亿元变成 2012 年净调入 46. 31 亿元；合成材料制造业从 2007 年净调出 5. 39 亿元变成净调入 36. 56 亿元；水泥、耐火材料等建筑材料的对内贸易逆差快速扩大，反映出云南省具有传统优势的各类材料加工制造业竞争力在减弱，已经从占据省外市场转变为被省外产品所占领。

表 3-6 2007 年和 2012 年云南省其他工业制造业的对内贸易情况 （亿元）

工业行业分类	2007 年			2012 年		
	销往国内省外	国内省外购进	对外净调出量	销往国内省外	国内省外购进	对外净调出量
基础化学原料制造	51.09	2.43	48.67	3.17	49.47	-46.31
合成材料制造业	5.69	0.30	5.39	0.94	37.50	-36.56
专用化学产品制造业	5.69	23.11	-17.42	3.73	10.57	-6.84
水泥、石灰和石膏制造业	2.17	3.38	-1.20	1.23	31.61	-30.38
水泥及石膏制品制造业	0.00	0.00	0.00	0.40	1.93	-1.52
耐火材料制品制造业	0.17	2.21	-2.04	0.01	43.20	-43.18
金属制品业	1.09	73.76	-72.68	1.41	195.25	-193.84
钢、铁及其铸件	0.00	0.00	0.00	74.01	3.50	70.51
合　　计	65.9	105.19	-39.28	84.9	373.03	-288.12

资料来源：2007 年和 2012 年云南省投入产出表。

综合以上分析可以看出，云南省的重工业在省际贸易中处于逆差状态，且贸易逆差额快速扩大，从 2007 年净调入 516.61 亿元增加到 2012 年的 1920.53 亿元，增加了近 3 倍。可以看出，云南省的重工业只有有色金属冶炼及合金制造业具有国内市场竞争优势，其他重化工业竞争力都不强，不但对外市场较为微弱，省内市场也被省外产品所挤占，形势十分严峻。而云南省有一定国内市场竞争力的重化工业都是资源型工业，处于产业链上游，对资源的消耗大，对环境的影响程度高，必须加快工业转型升级步伐。

3.1.2 云南工业品对内贸易的流动特征

通过《中国交通年鉴》的流量数据测算，如图 3-1 与表 3-7 所示，云南工业

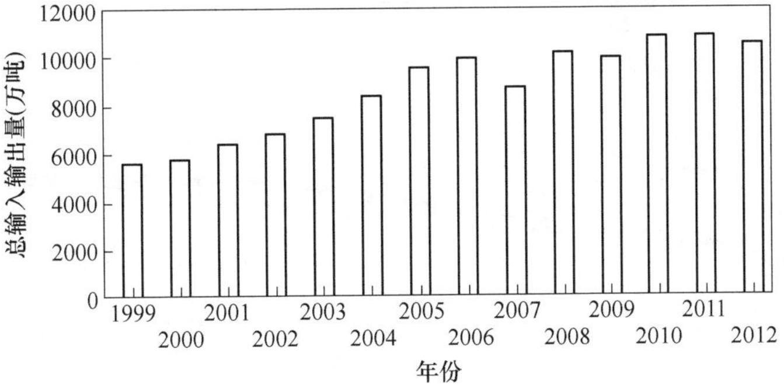

图 3-1 云南工业品对内贸易总流量比较

资料来源：根据中国交通年鉴数据整理。

品对内贸易总输入输出量呈现上升趋势，由 1999 年的 5468 万吨增长到 2012 年的 10398 万吨，增幅为 4930 万吨，增长率为 90.16%，年均增长 5.1%。其中 1999 ~2006 年，贸易总量平稳快速增长，增幅 4340 万吨，增长率为 79.37%，年均增长率为 4.6%。2006 ~2012 年呈现波动上升的趋势，除了 2007 年、2009 年和 2012 年略微下降之外，贸易总量逐年增加，增幅为 590 万吨，增长率为 6.02%，年均增长率为 0.98%。这说明云南省经济获得较快发展，省际之间更加开放，经济活力明显增强，近年来省际贸易量呈现略微波动的趋势。

表 3-7 云南工业品对内贸易流动特征 （万吨）

年份	总输出量	总输入量	总输入输出量	净输出量
1999	2775	2693	5468	82
2000	2882	2717	5599	165
2001	3204	3030	6234	174
2002	3569	3148	6717	421
2003	3854	3468	7322	386
2004	4207	3994	8201	213
2005	4709	4686	9395	23
2006	4999	4809	9808	190
2007	3300	5269	8569	-1969
2008	4983	5017	10000	-34
2009	4676	5113	9789	-437
2010	5209	5453	10662	-244
2011	5210	5470	10680	-260
2012	4650	5748	10398	-1098

资料来源：根据中国交通年鉴数据整理。

如图 3-2 所示，1999 ~2012 年云南工业品省际贸易总输出量和总输入量呈现上升趋势，并且在 2006 年总输入量开始超过总输出量。

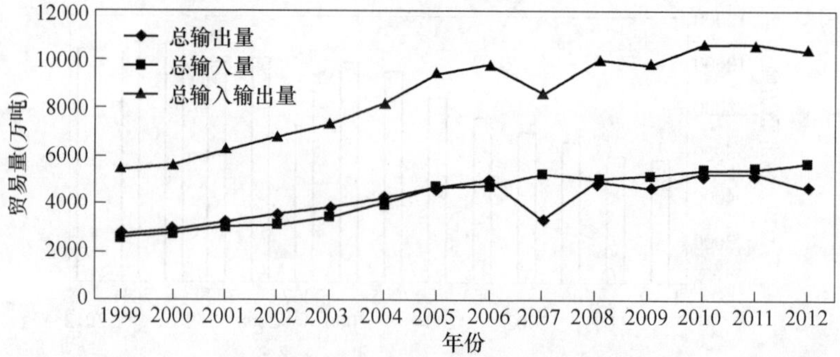

图 3-2 云南工业品对内贸易总输入与总输出量比较

资料来源：根据中国交通年鉴数据整理。

如图3-3所示，云南省净输出量呈现剧烈波动、显著下降的趋势，降幅逐步增大。净输出量从1999年的82万吨下降到2012年的-1098万吨，13年间下降幅度高达1180万吨。整体上来看，1999~2006年，云南省在省际贸易中处于顺差状态，贸易顺差额平稳波动；2006~2012年，云南省在省际贸易中处于逆差状态，贸易逆差额呈现扩大趋势。这说明近年来云南工业发展水平相对滞后，产业竞争力趋于下降，国内市场份额在缩小，反映出云南工业对内贸易结构失衡问题日趋严重。

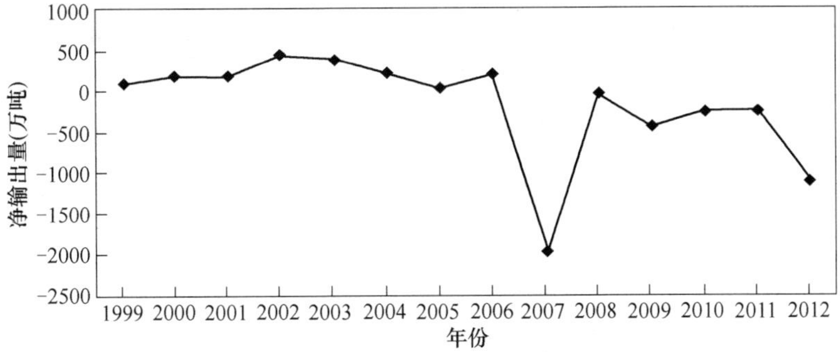

图3-3 云南工业品对内贸易净总输出量比较

资料来源：根据中国交通年鉴数据整理。

3.2 云南省与东中西部地区的工业品贸易分析

本节将全国（不含港澳台）分为东中西三个地区，东部地区包括11省（自治区、直辖市），从北向南依次为辽宁、河北、北京、天津、山东、江苏、上海、浙江、福建、广东和海南；中部地区包括8省（自治区、直辖市），从北向南依次为黑龙江、吉林、山西、河南、江西、安徽、湖北和湖南；西部地区包括12省（自治区、直辖市），从北向南依次为内蒙古、新疆、甘肃、宁夏、陕西、青海、西藏、四川、重庆、云南、贵州和广西。

3.2.1 区域贸易特征

3.2.1.1 云南省与东部地区工业品贸易为逆差

如表3-8和图3-4所示，云南省对东部地区货物总输出量和总输入量均呈现平稳上升趋势，其中对东部地区的货物总输出量由1999年的518万吨上升到2012年的947万吨，增幅为429万吨，年均增长率为4.4%，占云南省对内货物总输出量的比重约为20%左右；对东部地区的货物总输入量由1999年的544万吨上升到2012年的1242万吨，增幅为698万吨，年均增长率为6.1%，占云南省对内货物总输入量的比重约为19%。自2009年开始，对东部地区的货物总输入量开始超过总输出量，差距呈现扩大趋势。这说明云南省与东部地区的经贸联系进一步加强，货物往来更加频繁，这可能得益于近年来的交通状况的改善，以及经济结构存在互补性。总体来说，云南省对东部地区工业品贸易比重较高。

表 3-8 云南省与东部地区工业品贸易量

年份	对东部地区货物总输出量（万吨）	云南省货物输出总量（万吨）	对东部地区货物总输出量所占比重（%）	对东部地区货物总输入量（万吨）	云南省货物输入总量（万吨）	对东部地区货物总输入量所占比重（%）	云南省对东部地区货物净输出量（万吨）
1999	518	2775	18.67	544	2693	20.20	-26
2000	544	2882	18.88	595	2717	21.90	-51
2001	599	3204	18.70	582	3030	19.21	17
2002	674	3569	18.88	627	3148	19.92	47
2003	755	3854	19.59	668	3468	19.26	87
2004	899	4207	21.37	788	3994	19.73	111
2005	957	4709	20.32	938	4686	20.02	19
2006	921	4999	18.42	701	4809	14.58	220
2007	986	3300	29.88	776	5269	14.73	210
2008	876	4983	17.58	795	5017	15.85	81
2009	927	4676	19.82	975	5113	19.07	-48
2010	977	5209	18.76	1019	5453	18.69	-42
2011	989	5210	18.98	1155	5470	21.12	-166
2012	947	4650	20.37	1242	5748	21.61	-295

资料来源：根据中国交通年鉴数据整理。

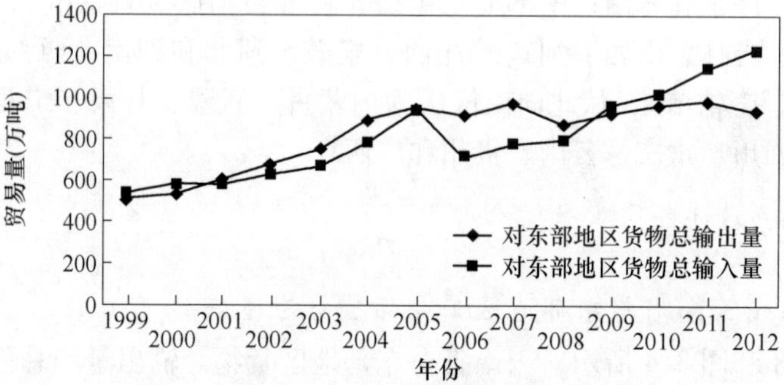

图 3-4 云南省与东部地区工业品贸易量比较

资料来源：根据中国交通年鉴数据整理。

如图 3-5 所示，云南省对东部地区货物净输出量呈现先上升，后下降的趋势，净输出量先由 1999 年的 -26 万吨上升到 2006 年的 220 万吨，随后又下降到

2012年的-295万吨，并且净输出量呈现出进一步下降的趋势。这表明，尽管近年来云南省与东部地区经贸往来密切，但和东部地区相比，云南省经济发展水平相对滞后，产品竞争力在衰减。

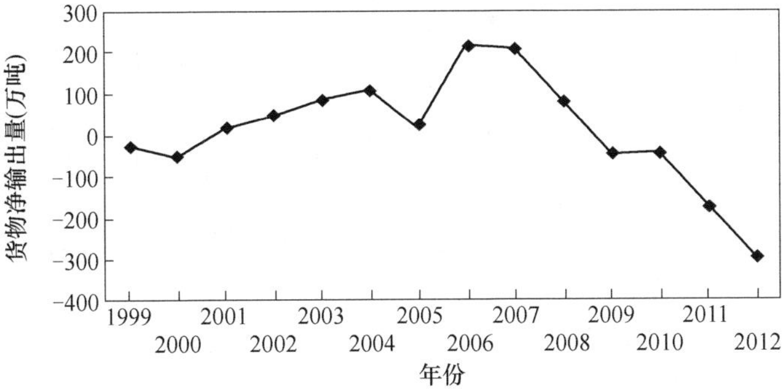

图3-5 云南省与东部地区工业品贸易净输出量趋势

资料来源：根据中国交通年鉴数据整理。

3.2.1.2 云南省与中部地区工业品贸易为逆差

如表3-9和图3-6所示，云南省对中部地区工业品货物总输出量和总输入量均呈现出平稳上升的趋势，并且变动趋势一致。其中，对中部地区工业品货物总输出量由1999年的265万吨上升到2012年的536万吨，增幅为271万吨，年均增长率为5.2%，其占云南省对内货物总输出量的比重平均为9.7%左右；对中部地区工业品货物总输入量由1999年的204万吨上升到2012年的689万吨，增幅为485万吨，年均增长率为9.1%，其占云南省对内货物总输入量的比重平均为8.7%左右。自2008年开始，云南省对中部地区的总输入量开始超过总输出量。可见，云南省与中部地区贸易往来日趋频繁，经贸联系加强。但整体来看，云南省与中部地区的贸易量较少，占云南省工业品对内贸易的比重较低。

表3-9 云南省与中部地区工业品贸易量

年份	对中部地区货物总输出量（万吨）	云南省货物输出总量（万吨）	对中部地区货物总输出量所占比重（%）	对中部地区货物总输入量（万吨）	云南省货物输入总量（万吨）	对中部地区货物总输入量所占比重（%）	云南省对中部地区货物净输出量（万吨）
1999	265	2775	9.55	204	2693	7.57	61
2000	242	2882	8.39	220	2717	8.09	22
2001	282	3204	8.80	218	3030	7.19	64
2002	345	3569	9.67	239	3148	7.59	106
2003	410	3854	10.64	294	3468	8.47	116
2004	388	4207	9.22	320	3994	8.01	68
2005	450	4709	9.55	414	4686	8.83	36

续表 3-9

年份	对中部地区货物总输出量（万吨）	云南省货物输出总量（万吨）	对中部地区货物总输出量所占比重（%）	对中部地区货物总输入量（万吨）	云南省货物输入总量（万吨）	对中部地区货物总输入量所占比重（%）	云南省对中部地区货物净输出量（万吨）
2006	457	4999	9.14	348	4809	7.24	109
2007	454	3300	13.75	397	5269	7.53	57
2008	413	4983	8.29	481	5017	9.59	-68
2009	404	4676	8.64	459	5113	8.98	-55
2010	445	5209	8.54	540	5453	9.90	-95
2011	517	5210	9.92	590	5470	10.79	-73
2012	536	4650	11.53	689	5748	11.99	-153

资料来源：根据中国交通年鉴数据整理。

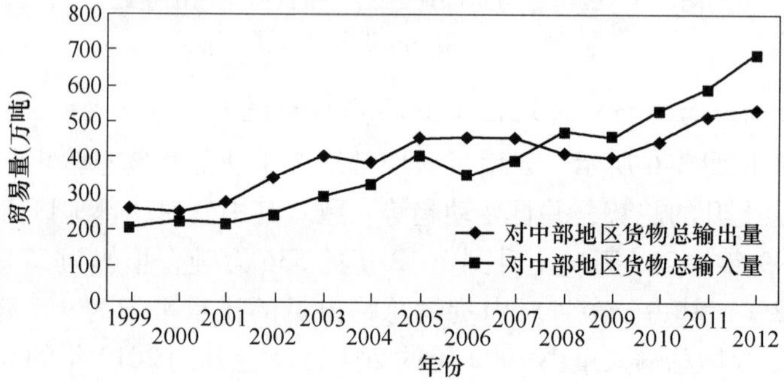

图 3-6 云南省与中部地区工业品贸易量（总输入、输出）比较

资料来源：根据中国交通年鉴数据整理。

如图 3-7 所示，云南省对中部地区货物净输出量呈现波动下降的趋势，净输出量由 1999 年的 61 万吨下降到 2012 年的 -153 万吨，降幅为 214 万吨。从变动

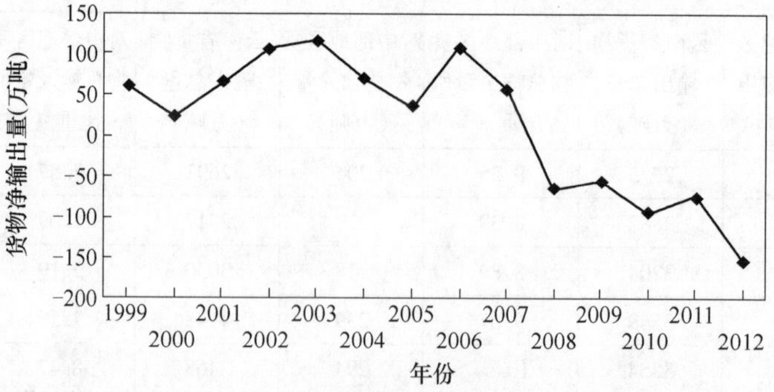

图 3-7 云南省与中部地区工业品贸易净输出量趋势变化

资料来源：根据中国交通年鉴数据整理。

趋势来看，净输出量呈现出进一步下降的趋势。自 2008 年开始，净输出量转为负值。可见，近年来云南省产品竞争力在衰退，在与中部地区的贸易中处于不利地位。

3.2.1.3 云南省与西部地区工业品贸易为顺差

如表3-10 和图3-8 所示，云南省对西部地区工业品货物总输出量和总输入量均呈现出波动上升的趋势。对西部地区工业品的货物总输出量由 1999 年的 1993 万吨上升到 2012 年的 3168 万吨，增幅为 1175 万吨，年均增长率为 3.4%，其占云南省对内货物总输出量的比重平均为 72.78% 左右；对西部地区工业品的货物总输入量由 1999 年的 1944 万吨上升到 2012 年的 3820 万吨，增幅为 1876 万吨，年均增长率为 4.9%，其占云南省对内货物总输入量的比重平均为 70% 左右。自 2005 年开始，云南省对西部地区的总输入量开始超过总输出量。可见，云南省与西部地区经贸往来密切，西部地区为云南省工业品货物的主要输出地和输入地，这可能得益于云南省与西部地区的地理区位条件。今后云南省应该进一步加强与西部地区的经贸往来，促进本地区经济的发展。

表 3-10 云南省与西部地区工业品贸易量

年份	对西部地区货物总输出量（万吨）	云南省货物输出总量（万吨）	对西部地区货物总输出量所占比重（%）	对西部地区货物总输入量（万吨）	云南省货物输入总量（万吨）	对西部地区货物总输入量所占比重（%）	云南省对西部地区货物净输出量（万吨）
1999	1993	2775	71.82	1944	2693	72.19	49
2000	2096	2882	72.73	1900	2717	69.93	196
2001	2324	3204	72.53	2227	3030	73.50	97
2002	2551	3569	71.48	2280	3148	72.43	271
2003	1687	3854	43.77	1505	3468	43.40	182
2004	2922	4207	69.45	2885	3994	72.23	37
2005	3302	4709	70.12	3334	4686	71.15	-32
2006	3622	4999	72.45	3758	4809	78.14	-136
2007	3860	3300	116.96	3997	5269	75.86	-137
2008	3693	4983	74.11	3739	5017	74.53	-46
2009	3345	4676	71.53	3681	5113	71.99	-336
2010	3787	5209	72.70	3892	5453	71.37	-105
2011	3704	5210	71.09	3724	5470	68.08	-20
2012	3168	4650	68.13	3820	5748	66.46	-652

资料来源：根据中国交通年鉴数据整理。

从图 3-9 可知，云南省对西部地区货物净输出量呈现波动下降的趋势，从 1999 年的 49 万吨下降到 2012 年的 -652 万吨，降幅为 701 万吨，并且净输出量

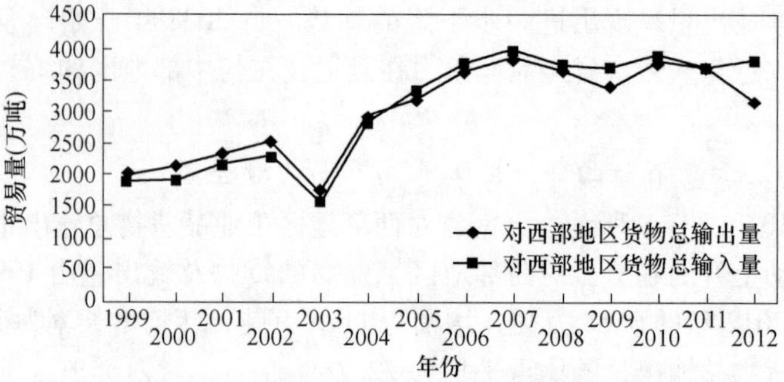

图 3-8　云南省与西部地区工业品贸易量（总输入、总输出）比较

资料来源：根据中国交通年鉴数据整理。

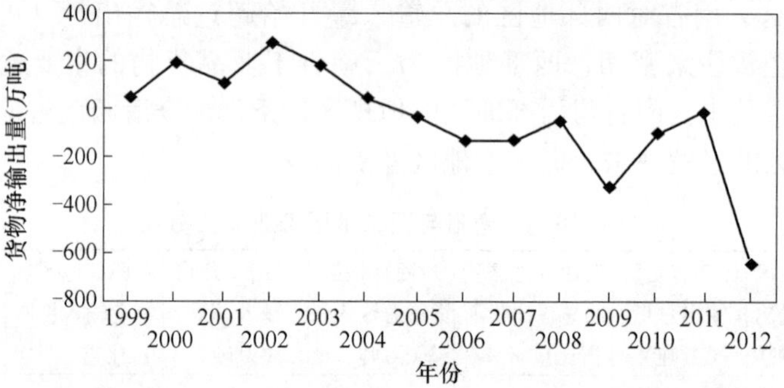

图 3-9　云南省与西部地区工业品贸易净输出量趋势变化

资料来源：根据中国交通年鉴数据整理。

呈现出进一步下降的趋势。可见，与西部地区相比，近年来云南省经济发展水平滞后，产品竞争力在衰退。

综合以上分析发现，云南省与东中西部各省（自治区、直辖市）贸易往来日趋频繁，经贸联系逐步加强，鉴于地理区位条件的便利性，西部地区为云南省工业品主要的贸易区，货物流动量较大，比重超过 70%；东部地区与云南省工业品贸易量逐年增加，在云南省工业品对内贸易中占有较高比重，贸易地位逐步提升；中部地区与云南省工业品贸易量较小，比重较低。可见，云南省与全国各地区经贸联系加强，省际之间更加开放，经济活力增强。但和东中西部地区相比，云南省经济发展水平相对滞后，产品竞争力趋于下降，在对内贸易中处于不利地位。今后云南省应该加强与各地区的经贸联系，加大技术、人才和新工艺、新设备的引入，提升产品的深加工能力，增强产品竞争力。

3.2.2　影响分析

3.2.2.1　云南省与东部地区的工业品贸易有利于承接产业转移

东部地区作为我国改革开放前沿，经济发展水平较高，各项基础设施比较完善，经济基础较好，以资本型和技术型工业为主，拥有人才和先进的技术和管理经验，市场广阔。云南省以资源型工业为主，装备工业的技术和人才比较匮乏，因此二者经济结构具有互补性。近年来，云南省与东部地区工业品贸易往来日渐频繁，经贸联系进一步加强，这可以给云南经济发展带来两个方面的优势：第一，云南省可以从东部地区引进人才、先进的技术和管理经验以及新设备和新工艺等，以提升云南省产品的深加工能力，提高产品竞争力，并且通过人才和技术的引进，优化云南省要素禀赋结构。第二，东部地区目前面临产业结构升级和产业转移问题，随着云南省与东部地区经贸联系的加强，可以依据自身的资源优势做好东部产业向中西部地区转移过程中产业的承接工作，来促进本地产业结构的升级。今后云南省应该重视和加强与东部地区经贸合作，以促进本地经济发展。

3.2.2.2 云南省与中部地区的工业品贸易有利于扩大产业规模

中部地区作为东部产业向中西部产业转移的中间地带，地理区位优越，发展潜力巨大。中部地区开发时期和发展程度高于西部地区，并且又是东部产业转移最先辐射的地区，经济发展水平较高，市场广阔，拥有人口和资源优势。近年来，云南省与中部地区贸易量逐年增加，经贸联系加强。随着与中部地区经贸合作的进一步加强，这可以给云南省带来以下优势：第一，云南省可以更好地承接东部地区的产业转移，促进本地产业的升级，提高本地经济发展水平。第二，中部地区经济发展水平较高，市场广阔，并且与云南省在地理区位上毗邻，经贸联系的加强，有利于云南省提高产品的市场份额。

3.2.2.3 云南省与西部地区的工业品贸易有利于产业升级

西部地区开发时期和发展程度均低于东中部地区，但本地区人口和资源丰富，产业以资源型工业为主，与东中部地区产业存在较高的互补性，近年来中央对西部地区发展的政策支持力度在提高，因此拥有较高的发展潜力。西部地区作为云南省工业品主要的贸易区，货物流动量较大，经贸联系密切。随着云南省与西部地区经贸联系的进一步加强，可以给云南省发展带来以下优势：第一，云南省地处西部，随着经贸联系加强，有利于促进区域经济合作区的建设，这样可以减少贸易壁垒，发挥比较优势，提高本地工业发展水平。第二，云南省地处西南边陲，背靠内陆，面向东南亚，随着经贸联系的加强，可以提高自身发展水平，进而有利于在西部地区与东南亚地区开阔市场，提高工业品的市场份额。因此，云南省工业品在对内贸易中存在一定程度的贸易逆差，具有一定的合理性。由于西部地区普遍具有人口与资源优势，因此云南省与西部地区贸易往来也会面临产业结构趋同和重复建设等一些问题。

3.3 云南省与各省区工业品贸易分析

本节仍旧采用2000 ~ 2013 年《中国交通年鉴》数据，通过1999 ~ 2012 年13

年间云南省对我国各省（自治区、直辖市）输入量和输出量均值占云南省对内贸易总输入量和总输出量均值的比重，来近似分析云南省与各省（市、自治区）工业品贸易流动特征。这里将均值比重按从高到低排序，结果见表3-11。

表3-11 2012年云南省与各省（市、自治区）工业品贸易量

省（自治区、直辖市）	云南省对各省（自治区、直辖市）贸易输入总量（万吨）	云南省对各省（自治区、直辖市）贸易输入量均值（万吨）	云南省对各省（自治区、直辖市）贸易输入量均值占云南省对内贸易总输入量均值的比重（%）	省（自治区、直辖市）	云南省对各省（自治区、直辖市）贸易输出总量（万吨）	云南省对各省（自治区、直辖市）贸易输出量均值（万吨）	云南省对各省（自治区、直辖市）贸易输出量均值占云南省对内贸易总输出量均值的比重（%）
云南	20967	1497.64	34.59	云南	20967	1497.64	36.01
广西	8414	601.00	13.88	广西	7779	555.64	13.36
广东	6464	461.71	10.66	四川	6689	477.79	11.49
四川	5936	424.00	9.79	广东	4809	343.50	8.26
贵州	3454	246.71	5.70	贵州	1789	127.79	3.07
河南	1185	84.64	1.95	山东	1463	104.50	2.51
湖北	1142	81.57	1.88	重庆	1361	97.21	2.34
新疆	1142	81.57	1.88	江西	1328	94.86	2.28
陕西	938	67.00	1.55	湖南	1214	86.71	2.08
江苏	928	66.29	1.53	陕西	1118	79.86	1.92
湖南	867	61.93	1.43	浙江	1103	78.79	1.89
山东	858	61.29	1.42	河北	1072	76.57	1.84
甘肃	729	52.07	1.20	河南	1030	73.57	1.77
浙江	717	51.21	1.18	江苏	1021	72.93	1.75
黑龙江	699	49.93	1.15	甘肃	966	69.00	1.66
河北	679	48.50	1.12	上海	775	55.36	1.33
重庆	639	45.64	1.05	湖北	583	41.64	1.00
吉林	526	37.57	0.87	山西	582	41.57	1.00
上海	512	36.57	0.84	新疆	570	40.71	0.98
福建	460	32.86	0.76	福建	539	38.50	0.93
江西	403	28.79	0.66	辽宁	330	23.57	0.57
安徽	356	25.43	0.59	黑龙江	317	22.64	0.54
辽宁	302	21.57	0.50	安徽	300	21.43	0.52
天津	275	19.64	0.45	内蒙古	287	20.50	0.49

续表 3-11

省（自治区、直辖市）	云南省对各省（自治区、直辖市）贸易输入总量（万吨）	云南省对各省（自治区、直辖市）贸易输入量均值（万吨）	云南省对各省（自治区、直辖市）贸易输入量均值占云南省对内贸易总输入量均值的比重（%）	省（自治区、直辖市）	云南省对各省（自治区、直辖市）贸易输出总量（万吨）	云南省对各省（自治区、直辖市）贸易输出量均值（万吨）	云南省对各省（自治区、直辖市）贸易输出量均值占云南省对内贸易总输出量均值的比重（%）
山西	235	16.79	0.39	宁夏	266	19.00	0.46
北京	188	13.43	0.31	青海	261	18.64	0.45
内蒙古	185	13.21	0.31	吉林	254	18.14	0.44
青海	174	12.43	0.29	天津	248	17.71	0.43
宁夏	106	7.57	0.17	北京	159	11.36	0.27
海南	22	1.57	0.04	海南	50	3.57	0.09
西藏	2	0.14	0.00	西藏	1	0.07	0.00

资料来源：根据中国交通年鉴数据整理。

从表 3-11 可知，与云南省经贸联系较密切的省（自治区、直辖市）主要集中于云南省周边地区，其中华南地区的广东和广西，西南地区的四川、贵州、云南本省和重庆为云南省对内贸易主要省（自治区、直辖市），相互之间贸易流动量较大，比重超过六成；华中的湖南、湖北和江西，华北地区的山东、河南和河北，华东地区的江苏和浙江，西北地区的陕西、甘肃和新疆与云南工业品贸易往来也较为频繁，但贸易量较少，比重不高，这可能是由于交通成本以及地理区位造成的。因此，云南省应该重视与周边省（自治区、直辖市）的经贸合作。

云南工业对内贸易主要集中于周边省（自治区、直辖市），相互之间经贸联系密切，贸易流动量较大，这可以为云南工业发展带来以下有利影响：第一，随着经贸联系加强，有利于区域经济合作区建设，促进区域之间的经济合作。第二，有利于减少贸易壁垒，发挥比较优势，提高本地工业发展水平，同时也可以规避省（自治区、直辖市）之间工业产业重复建设问题，避免社会资源浪费。此外，这种对内贸易现状也存在一定的问题：第一，云南省贸易流动主要集中于周边省（自治区、直辖市），与东部地区经贸联系较少，不利于引入东部地区先进的技术和管理经验，阻碍本地产业结构转型升级。第二，区域经济合作在一定程度上抑制了市场竞争，不利于提升产品的市场竞争力。

3.4 本章小结

通过以上分析发现，云南工业对内贸易具有以下行业特征：

（1）云南省的支柱产业竞争力强劲，发展水平较高，国内市场份额较大。

（2）云南省高新技术产业发展水平较低，产业竞争力较弱，国内市场份额狭小，外省产品大量充斥本地市场。

（3）云南省轻工业发展水平较低，外地产品在本地市场占据较大份额，产业竞争力较弱，一些具有竞争优势的轻工业主要为初级工业品加工，科技含量和附加值较低。

（4）云南省重工业深加工能力存在不足，下游产业发展滞后，一些具有市场竞争优势的产业主要集中于产业链的上游，高能耗、高污染。总体来看，云南省重工业发展水平较低。

云南工业品对内贸易具有以下流向特征：

（1）云南工业品对内贸易总输入量和总输出量逐年增加，贸易流动量日渐频繁，省际之间更加开放，经济活力增强，但自2006年以来，云南省对内贸易总输入量开始超过总输出量，省际贸易逆差额呈现扩大趋势。总体来说，近年来云南省经济发展水平滞后，产业竞争力趋于下降。

（2）通过对云南省与我国东西部地区工业品贸易往来分析发现，中部地区为云南工业品主要的贸易区，相互之间有大量的货物流动；东部地区与云南工业品贸易量逐年增大，在云南省对内贸易中占有一定比重，贸易地位逐步提高；西部地区近年来与云南省贸易往来较频繁，但贸易量相对较小。和东中部地区相比，云南省经济发展水平较低，产业竞争力较弱，在对内贸易中处于不利地位。

（3）通过对云南省与我国各省（自治区、直辖市）工业品贸易分析发现，云南工业品对内贸易主要集中于周边省（自治区、直辖市），相互之间经贸联系密切，贸易流动量较大。

第三篇

云南工业四要素的开放性

理论探索部分指出：资源、人才、资本、技术等四个生产要素的开放也包含了“引进来”和“走出去”。“引进来”是指借助贸易投资等渠道从国外获得生产要素；“走出去”是指本国的生产要素参与别国的生产并获得收益。云南工业开放程度低也反映在四要素开放程度低。下面从云南工业利用外资、对外直接投资、引进人才和引进技术四个方面分析云南工业生产要素的开放性及对云南工业跨越发展的影响。

4 云南工业利用外资

自1984年云南省批准第一家外资企业起，云南省30年来的外资引进工作取得了一定进展，包括云南工业对外资的利用。本章将主要对云南工业利用外资的基本情况、外资引进对云南工业结构和工业发展带来的影响和存在的问题进行分析，并提出进一步完善利用外资工作的对策建议。

4.1 云南工业利用外资情况

为了说明近些年来云南工业利用外资的基本情况，以下从实际利用外资总量以及变化情况、利用外资类型、投资企业的形式等方面进行分析，以便从量和质两方面反映云南工业利用外资的特点。

4.1.1 云南工业利用的外资总量

如表4-1～表4-3和图4-1所示，自1985年以来，云南省引进利用外资项目数及资金数额总量在小幅范围内波动，总体呈平稳上升趋势，从1985年的0.02亿美元提高到2014年的27.06亿美元，年均增长28.2%，说明云南省经济发展已经逐渐意识到只靠区域自身推动并不能解决地方投资意愿不高、产业结构不合理、缺乏资金推动的问题，引进利用外资的力度及幅度正不断加大。

表4-1 云南工业实际利用外资金额（1985～2011年） （亿美元）

年 份	总 计	对外借款	外商直接投资
1985	0.02		0.02
1990	0.1		0.04
1995	3.4	1.2	2.2
1996	3.38	1.58	1.8
1998	2.98	1.52	1.46
1999	2.4	0.8	1.5
2000	2.2	0.93	1.28
2001	2.07	1.42	0.65
2002	2.84	1.72	1.12
2003	2.95	1.27	1.68

续表 4-1

年 份	总 计	对外借款	外商直接投资
2004	2.14	0.73	1.42
2005	2.92	1.19	1.74
2006	4.29	1.27	3.02
2007	5.52	1.58	3.95
2008	9.36	1.59	7.77
2009	9.1		9.1
2010	13.29		13.29
2011	17.38		
2012	21.89		
2013	25.10		
2014	27.06		

资料来源：历年云南统计年鉴。

表 4-2 云南省主要年份签订利用外资协议（合同）额情况

年份	总 计		对外借款		外商直接投资		外商其他投资	
	项目（个）	金额（亿美元）	项目（个）	金额（亿美元）	项目（个）	金额（亿美元）	项目（个）	金额（亿美元）
1985	15	0.2			12	0.1	3	0.1
1990	16	1.0		0.3	11	0.2		0.5
1995	277	0.7	8	0.3	269	0.4		
1996	159		6		153	2.02		
1997	135	3.25	8	0.57	127	2.67		
1998	122		3		119	3.30		
1999	140		2		138	3.26		
2000	110		4		106	2.97		
2001	140	2.94			140	2.94		
2002	150	3.33			150	3.33		
2003	167	5.44			167	5.44		
2004	167	3.18			167	3.18		
2005	152	4.36			152	4.36		
2006	204	8.0			204	8.0		
2007	170	9.66			170	9.66		

续表 4-2

年份	总计		对外借款		外商直接投资		外商其他投资	
	项目（个）	金额（亿美元）	项目（个）	金额（亿美元）	项目（个）	金额（亿美元）	项目（个）	金额（亿美元）
2008	228	16.85			228	16.85		
2009	190	16.82			190	16.82		
2010	163	15.18			163	15.18		
2011	163	21.54			163	21.54		
2012	121	10.95			121	10.95		
2013	116	12.14			116	12.14		

资料来源：历年云南统计年鉴。

表 4-3 云南省实际利用外资分类情况（企业分类） （亿美元）

年份	外商直接投资	合资经营企业	合作经营企业	独资企业	外商投资股份制企业
2006	3.02	2.18	0.18	0.63	0.03
2007	3.95	1.71	0.23	2.01	
2008	7.77	2.95	0.29	4.53	
2009	9.1	3.65	0.36	5.08	0.01
2010	13.29	4.68	0.68	6.96	0.96
2011	17.38	5.58	0.65	10.12	1.03
2012	21.89	6.82	0.07	14.9	0.1
2013	25.15	7.14	2.09	15.58	0.35

资料来源：历年云南统计年鉴。

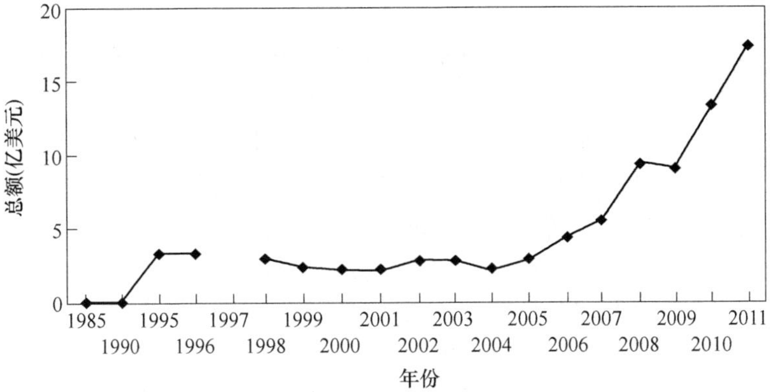

图 4-1 云南工业实际利用外资总额趋势（1985～2011 年）

资料来源：历年云南统计年鉴。

随着云南省大规模开展基础设施建设，公路、铁路、机场、边境口岸等硬件设施不断改善，电信、互联网、金融等服务能力不断提升，投资吸引力不断增强。全省各地着力为外来投资打造良好的经济环境，并为外来企业提供了优质服务。近年来，省委省政府高度重视利用外资工作，并出台了《中共云南省委 云南省人民政府关于进一步扩大开放的若干意见》，省人大发布了《云南省外来投资促进条例》，省政府出台了《云南省人民政府关于进一步加强外来投资促进工作的若干意见》等一系列地方法规、政策文件，形成了较系统的政策法规体系，招商引资政策支持力度不断增强。2006～2013 年，8 年间实际利用外资分别为 3 亿美元、4 亿美元、7 亿美元、9 亿美元、13 亿美元、17 亿美元、21 亿美元和 25 亿美元，实现一年一个跨越发展的局面。

云南省不断拓宽外商投资领域，进一步优化产业结构和区域布局。截至目前，云南省累计批准外商投资项目已超过 4000 个，实际利用外资累计已突破 100 亿美元。投资不仅涉及制造、矿产、旅游、制药等传统领域，还扩展到城市基础建设、商业零售、金融服务等领域。外资来源包括泰国、荷兰、加拿大及中国香港、中国澳门等多个国家和地区。

由于投资方在履行合同及协议过程中的各种原因，已经到账并投入运作应用的资金总额小于签订利用外资协议总额，除去部分外资投资方由于境外借款困难，需要向国内银行借款以补足协议投资额外，实际利用外资总额仍然小于签订利用外资协议总额，这也部分暴露了云南工业体系不够完整，产业结构不合理导致外资投资信心不足，协议履行出现问题。

从数据及云南经济发展现状来看，不断引进外资，增加在不同产业的投资额仍是未来促进云南省经济增长的主要途径。

从云南省主要年份实际利用外资额数据中看出，2006 年以来，外资投资方向主要还是在于投资方选择直接投资，同时合资经营企业和独资企业占较大比重，合作经营企业和外商投资股份制企业比重较小。对于这种类型的外资利用结构，虽然很大程度可以促进已有优势产业的发展，但其弊端也是明显的——很难形成云南省完整的产业结构，技术层面的短板也难以得到解决，只能依靠外资提供资金与技术，无法形成自主的工业体系，使云南工业得到质的飞跃。云南工业目前已经具备了一定的经济实力，但过分依赖外资的推动作用，在生产上只能获得一些关键性技术，对于工业发展的核心技术仍然是空白。在改革开放初期云南曾经运用了以市场换技术的思路，试图引进国外的核心技术，但实践证明国外只会出售一些关键性技术，而不会出售核心技术。所以对国外的技术首先应使用技术贸易的方式来进行购买，只有谈判不成功时，才采用利用外资的方式来使用国外的技术与管理，这样才能减少我们的利益损失。因此在引进外资的同时，也应当尝试以贸易的方式更多地去获取国外的技术和管理，使生产技术的革新获得更多的自由与主动。

4.1.2 云南工业利用外资的区域特征

从投资来源国看，云南省利用外资的投资来源地渐趋广泛，超过50多个国家和地区。但投资比重高的主要是来自亚太地区，尤其是中国香港的投资几乎占引进外资总额的60%；其次是新加坡，2013年为2.54亿美元；欧美发达国家对云南的投资均不到1亿美元（表4-4）。云南省引进外资的结构比较单一，不均衡，如果该地区的外商投资水平下降将会对云南省经济发展产生很大影响，因此对于当下的引进外资结构，应当加大招商引资力度，增强亚太地区以外其他国家企业的投资信心，争取欧美发达国家对云南省的直接投资，完善云南省的投资结构。

表4-4 云南省实际利用外商直接投资主要来源地统计

（按国别和地区分类） （亿美元）

年份	2010	2011	2012	2013	年份	2010	2011	2012	2013
总计	13.29	17.38	21.89	25.15	欧洲				
亚洲					法国	0.02	0.26		0.12
中国香港	7.38	10.4	15.82	17.39	荷兰		0.05	0.10	0.02
中国台湾	0.08	0.09	0.22	0.36	英国		0.04	0.01	
中国澳门	0.09	0.05	0.09	0.02	丹麦		0.06		
菲律宾	0.4	0.25			西班牙		0.23	0.01	0.11
泰国	0.01	0.01	0.02	0.03	瑞士	0.41	0.08	0.29	0.08
马来西亚	0.01				拉丁美洲				
新加坡	0.77	0.32	0.33	2.54	维尔京群岛	2.1	1.85	0.45	0.72
日本	0.07	0.02	0.03		开曼群岛	0.05	0.08	0.03	0.07
韩国	0.03	0.1	0.01	0.04	北美洲				
缅甸	0.02	0.09	0.27	0.06	加拿大	0.29	0.1	0.04	
					美国	0.5	0.17	0.04	0.86

资料来源：历年云南统计年鉴。

4.1.3 云南工业利用外资的行业特征

从外商直接投资的行业结构看，近年来外商直接投资逐步从传统制造业、农业等转向光电子、新材料、新能源等战略性新兴产业，物流、商贸、金融等现代服务业逐渐受到关注，国际品牌休闲度假酒店和旅游景区建设，以及茶、畜产品、木本油料、生物制药、蔬菜、果品、薯类、花卉等优势产业成为投资热点。

根据2011年和2013年的统计数据（表4-5），云南省各国民经济行业共实际利用外资17.38亿美元和25.15亿美元，其中工业利用外资占31.13%和34.83%，低于服务业利用外资的比重（44.64%和60.15%）。反映出云南工业吸收外资的能力在减弱。

表4-5 云南省各行业利用外商直接投资情况

国民经济行业	协议投资		实际投资额（亿美元）	
	项目（个）	金额（亿美元）	2011年	2013年
全 省	163	21.54	17.38	25.15
农、林、牧、渔业	17	0.24	1.47	0.26
采矿业	4	0.45	0.45	0.64
制造业	24	3.4	2.6	5.73
电力、煤气及水的生产和供应业	17	2.33	2.36	2.39
建筑业	9	3.9	2.75	0.99
地质勘查、水利管理业				
交通运输、仓储及邮电通信业		0.04	0.04	
批发和零售贸易餐饮业	41	1.45	2.18	2.17
房地产业	3	7.59	2.94	9.52
社会服务业	45	1.66	2.13	3.44
卫生体育和社会福利业				
教育、文化艺术和广播电视业				
科学研究和综合技术服务业	3	0.54	0.47	
其他行业				

资料来源：历年云南统计年鉴。

在云南工业中，重工业利用外资水平一直占有较高的比重，于2009年后利用外资水平到达峰值，此后在41亿美元左右浮动。轻工业方面利用外资水平在2008年到达峰值，之后出现回落，维持在15亿美元的水平。资源型工业利用外资水平的最高值也出现在2009年，之后无明显增长，而只有装备制造业近年来利用外资水平维持着每年20%以上的稳定增长。

分支柱产业——烟草工业作为云南省的传统产业，同时也是云南工业产业的重要支柱之一，但烟草工业本身的特殊性使得其成为国家垄断行业，暂不允许外资介入，因此烟草工业不存在外资的利用。

云南省的能源产业以电力为主。“十一五”期间，云南省充分发挥资源优势，大力发展水电；合理开发利用煤炭资源，适当发展火电；加快建设澜沧江、金沙江、怒江三大水电基地和滇东、滇南、滇东北三大火电基地，努力把云南建成以水电为主的全国优质能源基地。在利用外资水平上，近年来云南省的能源产业一直维持在较为平稳的水平，2011 年略有下滑。

云南省作为资源大省，矿产资源极其丰富，尤其是有色金属储量巨大，在此基础上，从云南省支柱产业利用外资情况可以看出，在采矿业中外资投入占较大比重的是有色金属采矿业，而非金属、黑色金属、煤炭等采掘业也占很小的比重。

冶金工业是指对金属矿物的勘探、开采、精选、冶炼以及轧制成材的工业部门。包括黑色冶金工业（即钢铁工业）和有色冶金工业两大类。冶金工业是重要的原材料工业部门，为国民经济各部门提供金属材料，也是经济发展的物质基础；而采矿业的发达也会对冶金业产生巨大的带动效应，相比其他支柱产业，近年来冶金行业利用外资的水平一直在稳步增长。

综合来看，云南重工业利用外资水平所占的比重较大，轻工业则较小。一方面，得益于得天独厚的自然环境和资源基础，资源型工业也得到众多投资方的青睐；另一方面，资源型工业的发展有利于原材料的大力生产，从而带动装备工业的发展，使得装备工业也逐渐壮大，虽然利用外资水平较低，但其增长势头迅猛。

4.2 云南工业利用外资的影响评价

基于上述对云南工业利用外资的基本特征的分析，以下将进一步对利用外资给云南工业的行业发展和区域布局带来的影响进行分析。

4.2.1 行业发展影响评价

从云南工业利用外资情况看，近年来云南省重工业利用外资水平已进入瓶颈期，利用外资数额基本处于停止增长的状态，也就是说，投资方认为云南省重工业已进入饱和状态，再进行投资将很难获得收益。轻工业方面同样如此，较之重工业，轻工业引用外资水平甚至出现了一定程度的下降。根据市场运行的规律，当投资减少到一定程度，投资可以取得回报的时候，就会有资金进入市场；反之，当投资增加到一定程度，边际效益为零的时候，便不会再有资金进入。由云南工业利用外资情况可见，重工业与轻工业的引用外资水平基本已处于停止增长并开始有下降的趋势，因此可以大致认为重工业和轻工业市场已处于饱和。虽然生产总值在不断增长，但云南工业仍面临产能过剩的问题，因此云南工业的产业结构亟须作出相应调整。

云南省的重工业中占比重较大的是资源型工业，如有色金属开采、冶炼业等，当重工业出现饱和时，也就意味着资源型工业也面临着同样的问题，除了产业结构升级以外，还应合理地将过剩的外资引导至其他产业。虽然云南省有着得天独厚的资源环境，适宜发展以资源型工业为主导的重工业，但这样的资源型工业技术含量较低，所产出的只能是初级的生产资料，没有形成工业制成品的完整产业链，缺乏竞争力；云南省资源虽然丰富，开采难度小，可以在一定程度上节约生产成本，但较为偏僻的地理位置使得运输成本相应提高，在一定程度上也削弱了云南省重工业吸引外资的能力。

轻工业方面所生产的产品依然是初级消费资料的形态，技术含量不高很难形成产业竞争力。同重工业一样面对的同样是市场饱和、产能过剩的问题，加之相应的高端技术和外资进入较少，使得发展受限。

从具体行业发展来看，云南工业主要涉及的行业有采矿业，制造业和电力、煤气及水的生产供应业。根据中国统计年鉴相关数据（表4-6和图4-2），从协议投资项目数量来看，云南省制造业引用外资协议投资的项目数在制造业方面要远远高于采矿业及电力、煤气及水的生产供应业。在云南省概况的分析中，虽然云南省的有色金属矿产无论是储量还是产量都稳居前列，但由于云南省区位及地理条件等因素的限制，开采难度大，开采成本高，严重制约了云南省采矿业的发展。因此1998～2011年，除个别年份外，引用外资协议投资项目数量一直处于较低水平，没有出现明显增长。在制造业方面，虽然一直有较高的协议投资项目数量，但近年来呈现萎缩回落的趋势，很大一部分原因在于2000年以来云南省人口的迁移流动，农村剩余劳动力的转移，制造业体系已逐渐建立完善。在电力、煤气及水的供应业方面，随着云南省城镇化建设的稳步推进，对于电力、煤气、水的需求也在同步增长，因而引用外资的协议数量也在稳步增长。

表4-6 云南省部分工业行业利用外商直接投资情况

年份	采矿业			制造业			电力、煤气及水的生产供应业		
	协议投资		实际投资（亿美元）	协议投资		实际投资（亿美元）	协议投资		实际投资（亿美元）
	项目（个）	金额（亿美元）		项目（个）	金额（亿美元）		项目（个）	金额（亿美元）	
1998	5	0.17	0.003	76	1.34	0.58	2	0.07	0.12
1999	2	0.03	0.008	68	1.13	0.48	2	0.13	0.1
2000	6	0.06	0.02	42	0.47	0.28	3	0.29	0.13
2001	8	0.09	0.02	62	0.9	0.37	2	0.22	0.002
2002	4	0.04	0.02	70	1.64	0.43	2	0.11	
2004	17	0.3	0.13	65	1.46	0.48	6	0.1	0.03
2005	7	0.15	0.22	55	1.39	0.63	6	0.61	0.11
2006	9	0.24	0.34	60	2.82	0.83	10	1.85	1.01
2007	10	0.32	0.23	51	1.82	1.2	4	0.36	1

续表 4-6

年份	采矿业			制造业			电力、煤气及水的生产供应业		
	协议投资		实际投资（亿美元）	协议投资		实际投资（亿美元）	协议投资		实际投资（亿美元）
	项目（个）	金额（亿美元）		项目（个）	金额（亿美元）		项目（个）	金额（亿美元）	
2008	3	0.43	0.3	51	7.16	1.81	7	1.1	0.58
2009	4	1.03	0.09	26	3.71	2.5	8	1.96	1.32
2010	8	0.94	0.8	31	3.36	2.59	11	1.7	1.59
2011	4	0.45	0.45	24	3.4	2.6	17	2.33	2.36
2013	2	0.03	0.64	26	2.71	5.73	5	1.03	2.39

资料来源：历年云南统计年鉴。

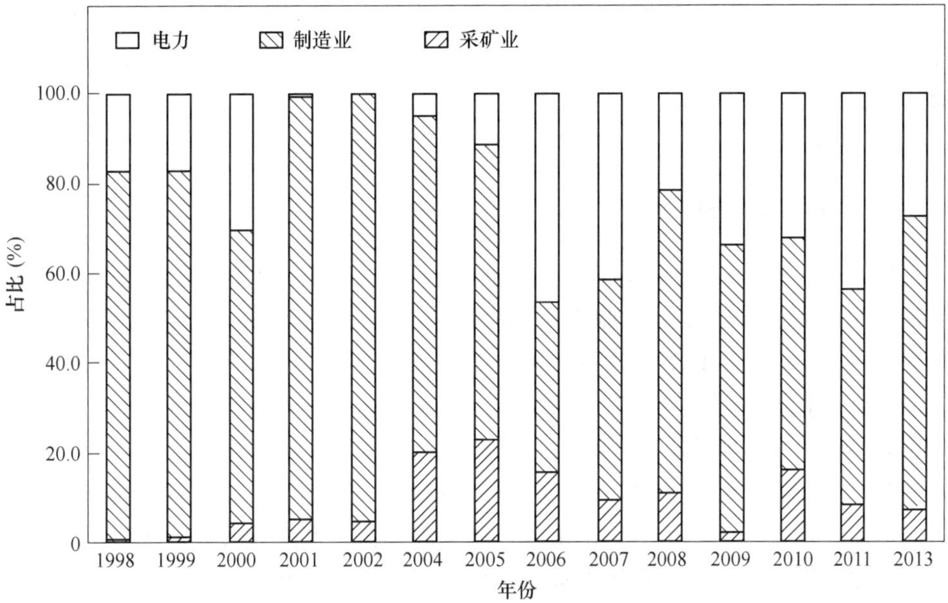

图 4-2 云南工业利用外资内部结构

资料来源：历年云南统计年鉴。

尽管所选取的三种工业行业历年引用外资协议数量存在一定的不规律变动，但在实际投资金额方面都存在同样稳步增长的趋势，并且给行业发展带来了积极影响。

例如，2008 年，以电力为主的能源产业在全省共有规模以上能源工业企业 815 个，能源工业销售产值为 912.41 亿元，实现增加值 340.58 亿元，占全省 GDP 的 6%。规模以上电力、热力的生产和供应业，石油、炼焦及核燃料加工业，煤炭开采及洗选业，石油及天然气开采业，燃气生产和供应业五个行业增加值的总和从2005年的155.42亿元增加到2009年的388.77亿元。2009年在全省规模以上工业增加值中，电力、热力的生产和供应业所占比重为12.73%，石油、炼焦及核燃料加工业所占比重为2.66%，煤炭开采及洗选业所占比重为4.90%，石油及天然气开采业所占比重为0.000567%，燃气生产和供应业所占比重为0.13%，上述五个行业增加值在全省规模以上工业增加值中所占比重共计20.42%，共占全省地区生产总值的6.30%。

在云南工业行业中，装备制造业的销售收入仅次于烟草、能源、冶金、化工行业，居第5位，是上述几大产业中唯一一个非资源型产业。主要产品有汽车及内燃机，电力装备，机床，重化矿冶装备，新型农业机械和生物资源加工装备，铁路养护装备，自动化物流装备，铸（锻）件为主的基础件及零部件等。2005~2011年，云南省装备制造业连续保持6年的高速增长，销售收入年均增长20.9%，工业增加值年均增长19.4%，对全省工业经济增长贡献较大。2009年，规模以上企业达361家，从业人员约7万人；实现销售收入304亿元，工业增加值74亿元，工业增加值占全省工业的3.6%；出口交货值9.80亿美元，占全省出口额的19.6%。

4.2.2 区域布局影响评价

如表4-7和图4-3所示，在云南省各州市中，昆明市作为云南省的经济中心，吸收外商直接投资占全省吸收外资的60%以上，省直属企业也占有较大份额，其他州市中，迪庆、德宏、普洱、保山、玉溪有一定的外商直接投资，但所占比重都很小，都没有超过5%。可以看出，由于昆明是云南省的经济中心，具有相对较好的投资环境和产业配套能力，所以对外资有较强的吸引力，而其他外资则集中在云南省自然资源较为丰富或工业发展较为成熟的几个州市，如曲靖、玉溪、保山、楚雄、西双版纳、德宏等，从侧面说明了云南省的资源优势从过去乃至未来很长的时间内仍是利用外资的着重点以及招商引资的重要优势。

表4-7 云南省各州市利用外商直接投资情况

州市	协议投资				实际投资（亿美元）	
	项目（个）		金额（亿美元）			
	2010年	2011年	2010年	2011年	2010年	2011年
全省	163	163	15.18	21.54	13.29	17.38
昆明	82	77	7.03	9.47	8.13	11
曲靖	6	5	0.79	0.47	0.22	0.28
玉溪	5	2	0.18	0.2	0.32	0.34
保山	3	4	0.66	3.34	0.34	0.52

续表 4-7

州 市	协 议 投 资				实际投资（亿美元）	
	项目（个）		金额（亿美元）			
	2010 年	2011 年	2010 年	2011 年	2010 年	2011 年
昭通		2		1.5	0.01	0.04
丽江		3		0.07	0.03	0.03
普洱	1	5	0.07	0.31	0.01	0.42
临沧	2	5	0.38	0.26	0.21	0.3
楚雄	2	4	0.01	0.2	0.13	0.25
红河	6	3	1.23	0.43	0.15	0.22
文山		5		0.27	0.03	0.08
西双版纳	3	7	0.05	0.69	0.04	0.05
大理	7	4	0.12	0.04	0.22	0.3
德宏	2	5	0.22	0.68	0.24	0.52
怒江			0.05	0.3	0.08	0.15
迪庆	2	2	0.2	0.04	0.07	1.03
省直	42	30	5.08	4.55	3.07	1.83

资料来源：历年云南统计年鉴。

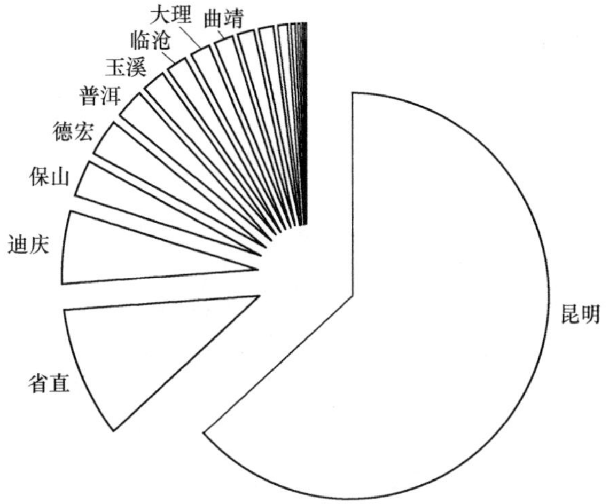

图 4-3 云南省各州市利用外资结构

资料来源：历年云南统计年鉴。

但值得注意的是，目前地区不均衡的外资利用状况会加深云南工业产业布局不合理的状况。长期以来云南省工业一直都不是很发达，其中一个重要的原因就是工业产业布局不合理，基本没有大型的产业集聚区和产业联合体，而一些中小规模的产业由于布局较为分散，不能产生足够的集聚效应，丧失了降低成本、提高效益的机会，也造成了云南省整体经济竞争力不强的局面；同时这种以资源为优势作为吸引投资的优势和重要经济增长点的发展方式也是不可持续的，全省过度的重化工业和工业较快增长的要求也会对原本就脆弱的生态环境造成严重的影响。因此，在将资源优势作为吸引利用外资的重点时，也应该注重发展云南省吸引投资的其他优势，并以工业较发达地区作为依托，建立一系列完善的工业体系，拉动其他工业欠发达地区发展，使云南工业实现全面、平衡地发展。

4.3 云南省利用外资政策评价

为加快利用外资，云南省一直高度重视引进外资工作，相继出台了一系列政策措施，可以说是千方百计利用外资，如省政府在全省范围内实行利用外资目标责任制，专门成立了云南省招商引资工作委员会，各州市县也成立了相应的工作委员会和工作机构，引导外资积极参与云南省产业建设，提升云南经济的对外开放度和综合竞争实力。

4.3.1 设立审批绿色通道，三级联动协调推进

针对外资项目“进入难、落地难、政策落实难”等难题，省招商委出台新举措，着力解决全省利用外资工作中存在的“重引资数量、轻项目质量；重招商推介、轻项目推进；重活动签约、轻项目落地”以及“政策落实不到位、产业对接不紧密、项目推进不扎实”等问题。

为发挥好外资在改善经济结构、促进产业升级中的作用，《云南省招商引资工作委员会关于进一步加强利用外资工作的指导意见》从机制着手，引导外资投向现代农业、高新技术产业、战略性新兴产业和现代服务业等。

进一步加强了对外资工作的领导和协调。省招商委强化省级重点外资项目的推进联动机制，设立重大外商投资项目审批绿色通道。对于互为条件的前置审批事项，实行同级并联审批机制。对列入省级重点推进项目的，由省招商局或所在地招商部门牵头，按照“一个项目，一个推进小组，一个推进方案，一个配套政策”的要求，建立省、州（市）、县三级联动协调机制，解决项目推进中的综合问题。充分发挥省招商委办公室主任联席会议、招商引资项目推进专题协调会议等机制的推动作用。

4.3.2 落实扶持政策 鼓励外商投资

《云南省招商引资工作委员会关于进一步加强利用外资工作的指导意见》从财政、税收、土地金融等方面做出规定，鼓励外资项目落户云南。

在财政政策上，要求各州市切实落实国家对外资企业的财政激励政策，各级财政要设立引进外资专项奖励资金，对重大落地外资项目企业给予相应的财政奖励；各级财政部门要支持符合条件的外资企业申报各级各类财政专项项目。

在税收政策上，至 2020 年 12 月 31 日，对以《西部地区鼓励类产业目录》中规定的产业项目为主营业务，且其当年度主营业务收入占企业收入总额 70% 以上的外资企业，经企业申请，主管税务机关审核确认后，可减按 15% 税率缴纳企业所得税；对外资企业鼓励类项目新增投资额达 2 亿元人民币以上的投资，属省内权限的规费予以全免；新增投资额 1 亿 ~2 亿元人民币的投资，属省内权限的规费减半收取。

在土地政策上，对鼓励发展的重大外资项目，涉及的新增建设用地计划指标给予重点倾斜，优先保障用地；对用地集约的鼓励类外商投资工业项目，在确定土地出让底价时，可按不低于所在地土地等级相对应的云南省工业用地出让最低价标准的 70% 执行；对现有工业用地，在符合规划且不改变土地用途的前提下提高容积率的不再增收土地价款；对符合国家产业政策和云南省产业发展规划的鼓励类外商投资项目，且符合《划拨用地目录》的可以划拨用地；对使用国有未利用地的工业项目，土地出让金最低标准可按《全国工业用地出让最低价标准》的 10%~50% 执行；对以出让方式取得国有土地使用权，一次性缴纳土地出让金有困难的，可根据出让合同的约定分期缴纳；对符合山地城镇建设条件，建设项目占用 25°以上劣质坡耕地进行建设的，不计入补充耕地范围。

在金融政策上，按照《云南省人民政府办公厅关于大力发展股权投资基金的意见》相关规定和要求，吸引国（境）外资本进入云南股权投资市场，设立股权投资类企业。

4.3.3 优化投资结构，推动产业升级

着力引入重大外资项目，推动产业聚集发展。各州市以云南省鼓励优先发展产业为指导，结合本区域产业基础和资源条件，遴选出重点引资方向和对象，以大项目为抓手，实施“一企一策”推动产业链招商，大力引进一批产业升级关联度高、辐射力大、带动性强的龙头型、基地型外商投资项目。鼓励跨国公司在滇设立面向东南亚、南亚国家的总部及研发、采购、运营和培训中心等，逐步发展上中下游配套的产业聚集，促进云南省百亿、千亿元产业集群形成。

依靠园区平台作用，引导外资向产业园区聚集。以云南省滇中产业新区、国家级工业园区、省级工业园区、边境经济合作区、跨境经济合作区和保税区等为载体，鼓励各类园区错位发展。省级各有关部门要在财政投入、用地、服务和口岸通关等方面给予倾斜。鼓励外资进入园区创办专业化、集中度高的“园中园”。

发挥外资的创新驱动作用，推动产业转型升级。吸引外资投向高原特色农

业、医药制造、轻工制造、有色金属、石油化工、旅游文化、商贸物流等传统产业，利用外资技术优势推动产业转型升级；引导外资投向现代生物、光电子、高端装备制造、节能环保、新材料、新能源等战略性新兴产业，推动云南省高新技术产业壮大发展。

紧盯国际资本流动趋势，主动承接产业转移。各州市结合自身资源条件和产业基础，以纺织、服装、鞋帽、玩具、五金家电、旅游用品等劳动密集型产业为重点，整合资源要素，主动承接东部沿海地区港资、侨资、台资企业产业转移。鼓励有条件的州市加强与国际创新要素对接，有效承接国际技术转移。

鼓励外资到云南省设立金融机构和开办业务。鼓励外资到云南省设立、参股村镇银行和小额贷款公司等新型金融组织。鼓励外资到云南省投资设立创业投资企业、股权投资基金。支持省内 A 股上市公司引入境外战略投资者。鼓励外资采取合资方式设立融资性担保机构。支持外资在云南省设立投资性公司、融资租赁公司。

引导外资投向社会公共领域，提升对外开放格局。进一步放开外商投资领域，鼓励外资进入文化、教育、医疗等社会服务领域以及城镇供水排水、供气、废弃物处理和资源化利用、资源综合利用、环境污染治理和生态保护、碳汇交易和营造生态林、防灾减灾工程等社会公用事业领域，促进云南省社会民生发展和生态环境保护。

从以上招商引资政策可以看出，云南省已经在简化审批程序，完善投资服务，明确引资的产业导向等方面着力改善，对近年来云南省利用外资的快速增长发挥了良好作用。

4.4 云南工业利用外资的对策建议

在未来一段时间内，云南省将进入工业化进程和加速工业结构优化调整，坚持改革开放，扩大吸引外资规模，对于云南经济加快发展，实现结构升级优化，具有重要的战略意义。结合上述对云南工业利用外资特点和问题的分析，以下就云南工业利用外资提出一些对策建议。

4.4.1 云南工业利用外资必须处理的关系

根据云南的省情和国际直接投资的一般规律，需要在引进外资的工作中，从云南的实际出发，注意以下问题，处理好以下的关系。

（1）外资引进的数量与质量的关系。在吸收外资时应坚持数量与质量并重的原则，既要注重扩大外资引进的数量，也要注重提高利用外资的质量与水平，防止出现为扩大数量而忽视质量的现象。但是，从云南的实际情况来看，引进外商直接投资数量较小、规模偏小，一直是矛盾的主要方面，在云南的外商直接投资总量远远没有达到能够对云南产业结构产生升级优化的规模临界点。因此，坚持从各种渠道引进外资，仍然是增加云南外资总量的重点。同时，要逐步提高外资的质量，并将吸引外资与云南工业结构调整及结构优化结合起来；同提高云南技术创新能力与技术进步结合起来；同科教兴滇战略结合起来；同云南长远发展目标结合起来。

（2）改善投资环境和优惠政策的关系。在国际直接投资中，投资环境与政策优惠对投资者的区域决策有不同的效果。巴洛和万德的一项调查表明，在被调查的247位投资者中，只有10%以优惠条件作为先决条件，而有90%的人把投资环境放在首位；另一项对52家跨国公司的调查也显示，在影响国际直接投资的19个因素中，东道国提供的优惠措施，在发展中国家排在第7位，在发达国家排在第8位。而在发展中国家，政治稳定、货币的可兑换性、劳动力成本及潜在的市场等投资环境被列入区域投资选择的首位。云南在吸引外资中，应将改善投资环境放在首位。不可否认，优惠条件，如税收优惠对面向出口的投资者有较大的吸引力，同时制定优惠措施也表明该地区投资环境稳定，因而优惠政策具有一定的效果，但这种效果始终是极其有限的，在制定优惠措施和改善投资环境时应充分考虑二者的实际效果。

（3）扩大外资引进与利用现有外商资本的关系。扩大外资引进的最重要的基础工作是首先办好现有的外资企业，其原因有二：有利于充分利用现有资源，有利于通过示范效应吸引新的资本流入。在国外的跨国公司对海外投资地区投资环境的考察过程中，当地的外资企业经营与经营业绩，一直是重要的投资决策影响指标。所以，为引进的企业创造良好的经营条件，鼓励和帮助这些企业盈利，对于外商直接投资存量与增量的扩大，都有十分明显的示范引导作用。

（4）技术引进与消化的关系。技术引进的目的在于消化、吸收和运用，在引进外资时应注重对先进技术的消化和吸收，要在“模仿和照搬”过程中加强对引进项目技术的吸收与利用。这是因为，引进与模仿外国先进技术固然可以迅速提高企业的技术水平，但长此以往，难免会陷入模仿的恶性循环。可行的做法是在引进国外先进技术的同时，增强企业的消化吸收能力，将技术引进与模仿、改造、自主创新结合起来，最大限度地发挥技术引进的效益。

（5）中小投资与跨国公司大型投资的关系。云南省利用外资工作的主要矛盾在于外资规模不大，引进的外商直接投资数量远远没有达到推动云南经济增长、扩大出口、增加就业的临界点。因此，从云南吸收外商直接投资的能力来看，中小资本仍然是云南引进外资的主要对象，不能简单地把资本规模与外资的质量等同起来；在积极引进跨国公司大型投资的同时，必须对中小资本的进入持有一贯的政策。从东部沿海的经验来看，中小资本的外商直接投资对于大型跨国企业资本的进入有基础和先导作用。在买方市场条件下，缺乏竞争力的外商直接投资很难有所发展，市场选择与竞争的作用对于外商投资的质量具有重要意义，关键在于对污染产业的进入加以严格控制。

4.4.2 扩大云南工业引进外资规模的几条途径

根据当前国家推进的“一带一路”、“长江经济带”等战略，云南对外开放的总体战略是在建设面向东南亚、南亚国际大通道的基础上，实现重大突破，持续推进“孟中印缅”、“大湄公河次区域”开发，进而实现对内对外开放新格局。这一战略布局的实施，将有力推动云南工业外资引进工作的展开，促进云南工业外商投资上一个新的台阶。在利用好国家战略带来的新机遇的同时，扩大云南工业引进外资规模有以下几条建议。

（1）利用国际金融机构的重大贷款项目引进外商直接投资。世界银行等国际金融机构重大贷款项目的实施可以产生较好的示范和宣传效应，并带动相关产业的发展，从而有利于所在地区和产业吸引外商投资。云南应充分利用一些重大贷款项目，可以吸引外商投资于配套项目或当地其他项目。

（2）对内开放吸引省外“三资”企业进入。阻碍外资进入云南的一个重要因素是交通不便、与外界信息交流较少以及管理人才缺乏等，扩大对内开放，可以在有效吸引内资的基础上，扩大云南与省外“三资”企业的沟通，从而吸引省外的“三资”企业进入云南。

（3）扩大投资领域吸引跨国公司进入。跨国公司在高新技术领域具有更大的优势，要加快云南高新技术产业的发展，需要更多地引进跨国公司和投资。因为高新技术产业是高度全球一体化的产业，如信息、通信设备、生物工程和制药、光机电一体化和航空航天等。云南应根据国务院批发的《云南省利用外资优势产业和优势项目目录》，开放投资领域，尤其是生物资源开发、制药等产业，吸引国外大型跨国公司进入和投资。

（4）改进招商引资方式。应更多地采用走出去、引进来等多形式的招商办法，具体措施有：实行招商招手制和代理制，委托国内外中介机构进行招商；采用信息网络，利用国际商业平台及其他媒体向全球发布信息；充分利用云南省驻外机构的作用，通过云南省驻外机构展开招商工作；制定《引进外资中介人奖励办法》，提高社会各界对云南省招商引资工作的积极性。

4.4.3 云南工业投资环境的持续改进

近年来云南省在改善投资环境方面做了许多工作，取得了不少成绩，但由于云南省外商投资企业起步较晚，享有国家开放城市政策较晚和基础设施不够完善等因素，外商直接投资企业的发展环境以及吸引外资投资环境仍有待完善。具体来说有以下几点建议。

（1）利用固有优势，改善基础设施。云南省在劳动力价格上具有与沿海开放城市相比的价格优势。在此基础上，如果对外商使用土地实行优惠政策，将非常有利于吸引劳动密集型为主的外资企业投资。同时，利用“一带一路”国家战略带来的机遇，加快基础设施建设，开通东南亚的入海口通道，可为外商投资创造一个良好的环境。

（2）适度调整引进外资策略，扩大外资投资范围。外商投资的动机是为了获取利润，因此，他们的投资范围与云南省引进外资的主观愿望会出现差异。云南省急需外商投资的行业，也许外商认为不具备投资条件，或认为利润率太低而不愿投入。因此，对外商在云南省投资应该放宽投资范围，尤其是在吸引外资初期。放宽投资范围对扩大吸引外资具有很大影响作用。随着投资的增加，投资范围也会出现多元化，然后再辅之以政策引导，外商投资才会逐步接近云南省长期发展的产业方向。因此，云南省吸引外资必须具有明显的阶段性政策。

（3）加强可行性研究，建立对外招商项目信息库。协议投资说明外商有投资的动机，实际投资才说明外商有投资行为。协议投资与实际投资存在差异反映出外商对投资环境以及具体项目的可行性存在质疑。按照外资进入程序，应对投资环境及项目的可行性进行研究。然而，这笔费用由谁来承担是一个现实问题。按照国际惯例，可行性研究费用是投资额的一个组成部分。由于种种原因，外商和中方都不愿出这笔费用。从改善投资环境的角度出发，云南省应建立对外招商项目咨询公司，并与国际上有声望的咨询公司联合对协议投资项目和对外招商项目进行可行性研究，并将结果输入信息库对外宣布，研究费用可由中方垫付。一旦进入实际投资阶段，再将其成果转让给合资双方和独资单方。因此，加强可行性研究，不但可以改善投资环境，而且提前垫付的费用也可以得到补偿。

4.5 本章小结

自 1984 年云南省批准第一家外资企业至今，云南省的外资引进工作取得很大成效，在云南的外商直接投资保持了较高增长，但工业所占比重不高，以服务业为主，云南工业对外资的吸引力不强，应加快改善投资环境，扩大招商引资步伐，努力扩大云南工业利用外资规模和质量。

云南工业利用外资现状及主要问题包括以下几方面：

（1）云南省利用外资快速增长，但规模还不大。自 1985 年以来，云南省引进利用外资规模持续扩大，从 1985 年的 0.02 亿美元提高到 2014 年的 27.06 亿美元，年均增长 28.2%，保持了高速增长的势头。虽然云南省的外商投资规模不断扩大，领域不断拓宽，但由于投资环境相对较差，交通等基础设施还相对薄弱，投资方不能完成履行合同及协议，实际利用外资与协议外资之间的差异还比较大。

(2) 云南工业利用外资以外商直接投资为主，合资等其他投资方式比重很小。这种外资利用结构，虽然能有效促进优势产业发展，但不利于技术外溢，难以获得关键技术，无法通过利用外资提升产业创新能力。

(3) 云南工业的外商直接投资主要来自中国香港，来源结构单一。从投资来源看，云南省的外资主要来自亚太地区，2013 年的 25.15 亿美元外商直接投资中，来自中国香港的投资占 69.1%，新加坡占 10.1%，美国占 3.4%，但来自美国的投资只有 0.86 亿美元。引资结构单一，不利于云南工业发展中的技术引进和产业转型升级。

(4) 云南工业利用外资占云南省利用外资的比重不高。2013 年云南省实际利用外资 25.15 亿美元，其中工业利用外资所占比重为 34.83%，低于服务业利用外资的比重（60.15%）（其中房地产业投资占 37.15%）。反映出云南工业吸收外资的能力在减弱。

(5) 云南工业中利用外资以制造业为主，其次为电力工业。2013 年制造业吸引外资占云南工业吸引外资的 65.4%，电力工业吸引外资占 27.3%，采矿业占 7.3%。1998 ~2013 年，制造业吸引外资比重最高的是 2002 年，占 95.6%，电力工业吸引外资比重最高的是 2006 年，占 46.3%，采矿业吸引外资比重最高的是 2005 年，占 22.9%。

(6) 云南省的外商直接投资集中在滇中地区的昆明市及省属企业，其他州市吸引力弱。昆明市作为云南省的经济中心，吸收的外商直接投资占全省吸收外资的 60% 以上，其他州市也相对集中在资源和工业基础相对较好的玉溪、曲靖、楚雄、德宏等地，占比相对较高的省属企业也主要集中在滇中地区。这种外资空间结构会对未来云南省的区域经济差异产生较大影响。

(7) 云南工业结构与外商的投资偏好存在偏差。在云南省的工业结构中，冶金工业、化学工业等资源型工业已经处于技术领先地位，具有国际竞争力，传统的通过引进外资来促进技术外溢的意义已不存在；而云南省相对薄弱的农产品加工业、装备制造业和战略性新兴产业是需要加快发展的产业，也是需要大力吸引外资进入的产业领域。但在当前全球经济不景气的环境下，农产品加工业和传统制造业都面临着全球性的产能过剩，外商投资的意愿不强，战略性新兴产业则面临着技能劳动力不能满足外商投资需要的问题，再加上投资云南面临着较高的运输成本，也进一步阻碍了外资进入云南。

在云南省加快工业转型升级和培育战略性新兴产业过程中，需要努力加快引进外资的步伐，因此建议：

(1) 处理好利用外资的几个关系。一是外资引进的数量与质量的关系，在当前云南工业外资引进不足的情况下，要先确保引资规模，并兼顾质量，杜绝资源和环境影响大的投资。二是改善投资环境和优惠政策的关系。要以改善投资环境为主，优惠政策为辅，不能为了招商而伤害当前企业的利益，形成不公平竞争环境。三是大外资引进与利用现有外商资本的关系。要充分服务好现有外商，达到以商招商的效果。四是技术引进与消化的关系。要引进和消化并重，在“模仿和照搬”过程中加强对引进的项目的技术吸收与利用。五是中小投资与跨国公司大型投资的关系。中小资本仍是云南引进外资的主要对象，要以中小资本的外商直接投资引进作为基础，带动大型跨国企业资本的进入。

（2）多途径引进外商直接投资。利用国际金融机构的重大贷款项目引进外商直接投资。世界银行等国际金融机构重大贷款项目的实施会对外商产生较好的示范和宣传作用，从而有利于所在地区和产业吸引外商投资。云南应充分利用一些重大贷款项目，吸引外商投资于配套项目。对内开放吸引省外“三资”企业进入。扩大对内开放，可以在有效吸引内资的基础上，扩大云南与省外“三资”企业的沟通，从而吸引省外的“三资”企业进入云南，逐步营造良好的投资环境，培养管理人才。改进招商引资方式。实行招商代理制，委托国内外中介机构进行招商；采用信息网络，利用国际商业平台及其他媒体向全球发布信息；充分利用云南省驻外机构的作用，通过云南省驻外机构展开招商工作；制定《引进外资中介人奖励办法》，提高社会各界对云南省招商引资工作的积极性。

（3）持续改进云南工业投资环境，利用固有优势，改善基础设施。与沿海开放城市相比，云南省在劳动力价格上具有价格优势。在此基础上，利用“一带一路”国家战略带来的机遇，加快基础设施建设，开通东南亚的入海口通道，为外商投资创造一个良好的环境。加强可行性研究，建立对外招商项目信息库。按照外资进入程序，对投资环境及项目的可行性进行研究。应建立对外招商项目咨询公司，并与国际上有声望的咨询公司联合对协议投资项目和对外招商项目进行可行性研究，将结果输入信息库对外发布。

5 云南工业对外投资

在世界经济一体化加速发展的背景下，中国进入全面提高对外开放水平的新的发展阶段，利用外资将从“引进来”的单向资本量动向“引进来”和“走出去”相结合的双向资本流动模式转换。当前，云南工业对外投资正在成为云南工业参与经济全球化的一个重要方面。云南是西部西南地区的边境省份，是连接东南亚地区的通道，有着得天独厚的区位优势，矿物资源丰富，有着发展对外投资的良好基础。改革开放以来，云南工农业得到了持续的发展，其中工业对外投资的比重开始增加，并远远超出其他产业，工业结构得到了优化，工业经济不断提高。近几年来，西部大开发战略的实施、中国-东盟自由贸易区的推进，以及基于比较优势、区位优势、要素禀赋的外贸战略使得云南工业的对外投资蓬勃发展，取得了相当大的进步。本章针对云南工业对外投资对工业结构、工业增长等方面的影响进行分析和评价。

5.1 云南工业对国外直接投资

云南工业对国外直接投资作为云南对外开放和云南工业经济发展的重要组成部分，在壮大工业经济规模、促进产业转型升级等方面都发挥了重要作用。

5.1.1 总体投资现状

随着对外开放的深入，云南工业对外投资获得了快速增长（图5-1 和表5-1），

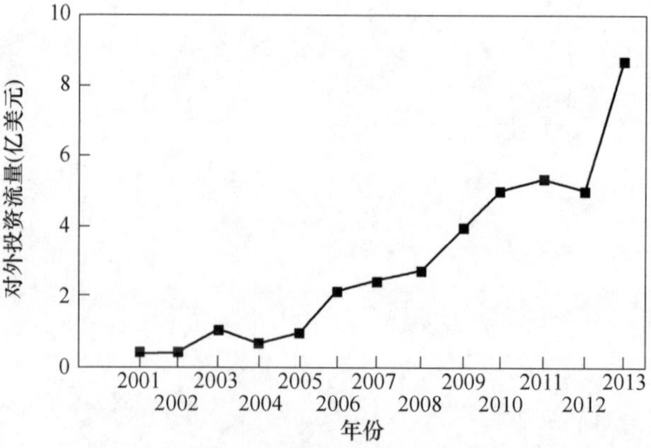

图 5-1 云南工业对外投资流量

数据来源：根据云南省统计年鉴数据整理。

表 5-1 2001 ~ 2013 年云南工业对外直接投资流量情况

年份	2001	2002	2003	2004	2005	2006	2007
云南工业对外投资流量（万美元）	3929	4427	11635	6440	9672	21771	24356
占云南总流量比重（%）	60. 85	39. 65	69. 45	45. 51	55. 74	72. 01	61. 73
年份	2008	2009	2010	2011	2012	2013	
云南工业对外投资流量（万美元）	26941	39118	49757	54100	51000	87600	
占云南总流量比重（%）	34. 68	42. 98	37. 44	31. 11	23. 30	34. 83	

数据来源：根据云南省统计年鉴数据整理。

云南工业对外投资总额从 2001 年的 3929 万美元增长到 2013 年的 87600 万美元，年均增长 29. 3%。云南工业对外直接投资流量从 2001 年的 4315 万美元上升到 2013 年的 54100 万美元，上升了约 12. 5 倍。但工业对外投资增长慢于其他产业，云南工业对外直接投资流量占云南对外直接投资流量的比重呈下降趋势，从 2001 年的 60. 85% 下降为 2013 年的 34. 83%。

从投资地区来看（表 5-2），云南工业在亚洲国家的对外直接投资仍然占据对外直接投资存量的绝大部分，主要分布在中国香港、韩国、马来西亚、新加坡、泰国等国家和地区。对欧洲和北美地区的对外直接投资比例很小。从工业对外直接投资的流量上看，云南工业在拉丁美洲的投资比例迅速增长，主要集中在巴西、开曼群岛、英属维尔京群岛等国家。

表 5-2 2001 ~ 2013 年云南工业对主要经济体的投资情况 （万美元）

年份		2001	2002	2003	2004	2005	2006	2007
亚洲	中国香港	2309	4720	5077	5415	5945	8995	15827
	缅甸、韩国、日本、马来西亚、新加坡、泰国等	4145	6195	10063	8703	10256	12734	17422
欧洲	德国、法国、意大利、荷兰、英国、西班牙等	238	2918	314	705	1252	2904	358
北美洲	加拿大、美国	637	1583	1474	1608	1030	911	1968
大洋洲	澳大利亚、新西兰	301	159	53	271	250	101	253
拉丁美洲	开曼群岛、维尔京群岛、巴西	436	310	4795	2048	3570	10630	14761
非洲		0	1	53	382	994	2954	4691
其他		0	0	45	0	203	74	74
总计		6457	11166	16752	14152	17352	30234	39453

续表 5-2

年份		2008	2009	2010	2011	2012	2013
亚洲	中国香港	30688	45441	73847	104000	158200	173900
	缅甸、韩国、日本、马来西亚、新加坡、泰国等	35774	54453	88563	113300	167900	204400
欧洲	德国、法国、意大利、荷兰、英国、西班牙等	2726	2586	4378	7200	4100	5700
北美洲	加拿大、美国	3633	3068	7863	2700	800	8600
大洋洲	澳大利亚、新西兰	489	709	26	0	100	100
拉丁美洲	开曼群岛、维尔京群岛、巴西	22324	16327	21465	19300	4800	7900
非洲		10294	4851	0	0	0	0
其他		0	0	0	0	0	0
总计		77688	91010	132902	173800	218900	251500

数据来源：根据云南省统计年鉴数据整理。

从分行业来看，云南工业对外直接投资流量主要分布的行业是交通运输设备制造业，电器机械及器材制造业，纺织业，专用设备制造业，通信设备、计算机及其他电子设备制造业等。随着云南经济的发展，云南工业对采矿业提出了更高的要求，云南工业企业开始积极向世界各地寻求资源，采矿业对外直接投资的势头越来越猛。由表 5-3 可以看出，2001 ~ 2013 年采矿业流量增加了大约 30 倍，在云南总工业对外投资的占比也从 5. 55% 上升到 7. 31%。云南制造业对外投资流量在逐年增加，从 2001 年的 3687 万美元增长到 2013 年的 57300 万美元，但云南制造业对外直接投资流量占云南工业对外直接投资的比重呈下降趋势，云南制造业的对外直接投资增长幅度小于其他行业。

表 5-3 2001 ~ 2013 年云南工业分行业对外投资情况

年份	2001	2002	2003	2004	2005	2006	2007
采矿业对外投资流量（万美元）	218	176	867	1335	2228	3363	2299
占工业总流量比重（%）	5. 55	3. 98	7. 45	20. 73	23. 04	15. 45	9. 44
制造业对外投资流量（万美元）	3687	4251	6387	4750	6344	8302	11977
占工业总流量比重（%）	93. 84	96. 02	54. 89	73. 76	65. 59	38. 13	49. 17
电力、煤气及水的生产和供应对外投资流量（万美元）	24	0	4381	355	1100	10106	10080
占工业总流量比重（%）	0. 61	0. 00	37. 66	5. 51	11. 37	46. 42	41. 39
年份	2008	2009	2010	2011	2012	2013	
采矿业对外投资流量（万美元）	3023	929	7954	4500	9400	6400	
占工业总流量比重（%）	11. 22	2. 37	15. 99	8. 32	18. 43	7. 31	

续表 5-3

年　份	2008	2009	2010	2011	2012	2013	
制造业对外投资流量（万美元）	18089	24944	25942	26000	27200	57300	
占工业总流量比重（%）	67.14	63.77	52.34	48.06	53.33	65.41	
电力、煤气及水的生产和供应对外投资流量（万美元）	5829	13245	15861	23600	14400	23900	
占工业总流量比重（%）	21.64	33.86	31.67	43.62	28.24	27.28	

数据来源：根据云南省统计年鉴数据整理。

5.1.2 企业对国外直接投资的方式

我国企业的对外直接投资主要有两种方式，即绿地投资和跨国并购，云南工业的对外直接投资也是如此。

绿地投资是指国际投资主体在东道国境内依照东道国国内法律建立新企业，是最传统的国际投资方式，也是海外投资主体早期对外投资所采用的方式。绿地投资方式又分为设立独资企业、合资企业、合作经营等方式。绿地投资有利于经济与文化的融合，其不足之处在于投资回收期长，短期内财务业绩不佳。东道国政府选择某一个或多个区域，划分为若干区域，通过公开招标方式，供海外投资者竞争。一般情况下，勘探开发程度较低的地区，东道国的招标区块面积较大，在勘探开发程度较高，勘探风险明朗的区域，区块面积则较小。

跨国并购是指通过兼并或收购东道国现存企业的全部或部分股权，获得企业的控制权的投资方式。成功的海外并购可以实现工业企业迅速的海外扩张，跨国并购的通行手段是产权交易。相比创办新企业这一投资方式耗时长，投资回收慢，通过跨国并购兼并或收购资源国企业的全部或部分股权，可迅速形成生产能力，因而可以以最快的速度进入资源国市场。购买公司也可以迅速打开新市场。工业企业跨国并购的方式主要有收购勘探区块、收购储量及公司并购三种。

（1）收购勘探区块是指购买区块的全部或一部分权益。

（2）收购储量。全球工业资源（如铜、铝、锡等）勘探程度的提高，开采难度的增大，使得勘探所获得的储量效益有时候要小于购买储量的效益，购买储量的成本比寻找储量的成本低。大型跨国工业公司也越来越倾向于直接通过购买资源储备来实现储量的增长。

（3）公司并购。公司并购可以扩大企业规模，使得企业可以应对竞争环境的新挑战。

对于工业企业，充足的资源储量和稳定的产量是公司生存和发展的基础，通过公司合并可以快速增加公司资源储量和产量。如 2009 年云南锡业集团购买澳大利亚唯一的锡生产商 Metal X 公司的塔斯马尼亚岛锡资产，其重要原因是为了获得在澳大利亚的 Renison 锡矿及选矿厂，Mt Bischoff 锡矿以及 Rentails 尾矿处理项目，以扩大自身锡矿储量规模。

5.1.3 对云南工业发展的影响

云南工业通过对国外直接投资，不仅充分利用国外资源，而且有效促进了产业结构的优化调整，主要体现各个大型企业集团的对外投资方面。

5.1.3.1 云南铜业企业通过对国外直接投资增强了后备资源

多年来，云铜集团先后对澳大利亚、印度尼西亚、赞比亚、越南、老挝、泰国、缅甸、柬埔寨等国投资，派出数批技术人员、管理人员实施技术扶持，开发资源，在“走出去”的进程中取得了很大的成绩。

2012 年 2 月 7 日，云南铜业集团在澳大利亚的上市子公司 Chinalco Yunnan Copper Resources Limited 在澳大利亚股票交易所发布公告，称已经与矿业巨头 Xstrata Mount Isa Mines Limited 签署协议，共同开发位于昆士兰州西北部地区的 Mount Frosty 项目（表 5-4）。该项目与 CYU 持股 100% 的 Mt Isa 项目、70% 持股的 Mary Kathleen 合资项目区段相邻。由 Xstrata Copper 公司在该地块进行的勘探显示含有铜矿资源。按照协议，CYU 在此后的 6 年内分两阶段合计投资 450 万澳元于该项目，其中第一阶段为三年内投资 150 万澳元，第二阶段则在此后三年内再投资 300 万澳元。2013 年 11 月云铜在澳洲昆士兰西北部展开铜、钴以及黄金的勘探工作。2014 年 6 月云铜在昆士兰 Mt Isa 地区发现重大的铜金矿带，并确认该地区有潜在的大型矿化资源系统，这进一步明确了该地区存在大面积的矿化资源系统。

表 5-4 云铜对国外直接投资历程

时间	投资区域	事 件
2012 年	澳大利亚	云南铜业集团在澳大利亚上市子公司与矿业巨头 Xstrata Copper 签署协议，共同开发位于昆士兰州西北部地区的 Mount Frosty 项目，两阶段合计投资 450 万澳元于该项目

资料来源：根据云铜集团官方网站数据整理。

5.1.3.2 云南锡业通过对国外直接投资增强了产业竞争力

自实施“走出去”战略以来，云锡集团不失时机地开拓“两个市场”，充分利用“两种资源”，提升企业参与国际竞争的能力，推动经济发展方式的根本转变。

2005 年，云锡集团美国子公司云锡资源有限公司与新加坡 KJP 公司等三方共同组建合资企业——新加坡锡业私人有限公司（简称：新加坡公司），于 2005 年 1 月 5 日注册成立（表 5-5），经营范围为锡冶炼及其整体销售业务（包括整体进口和出口业务）。目前，已向泰国泰沙科、马来西亚冶炼集团及锡业股份公司供给锡原料。云锡对新加坡公司在内的海外投资充分依托公司业已形成的海外发展基础，逐步建立公司的海外发展体系，树立统一的国际品牌形象，进一步提高了公司在国际市场上的整体竞争力。

2007 年 5 月，云锡在印度尼西亚兴建锡粗炼厂——邦加勿里洞锡业公司（表 5-5），注册资本为 1700 万美元，云南锡业出资 867 万美元，控制了该公司 51% 的股权。此厂的设计生产能力为年产粗锡 1 万吨。云锡同时投入 102 万美元在印度尼西亚设立印尼云南第一矿物公司。这使得云锡先进的生产技术与合作方的资源、区位优势相结合，实施生产、原料基地向海外扩张的发展战略，充分利用国外资源，加大产品控制力度，增强公司的资源、市场控制能力。

2009 年 12 月澳大利亚外商投资审核委员会正式批准云南锡业集团购买澳大利亚唯一的锡生产商 Metal X 公司的塔斯马尼亚岛锡资产（表 5-5）。云锡集团以 5000 万澳元的价格购买 Metal X 公司塔斯马尼亚业务 50% 的股份，并有权根据这部分业务的运行情况再增购 10% 的股份。交易涉及的资产包括 Renison 锡矿及选矿厂、Mt Bischoff 锡矿、Rentails 尾矿处理项目。

表 5-5 云南锡业股份有限公司对国外直接投资历程

时间	投资区域	事　件
2005 年	新加坡	美国子公司云锡资源有限公司与新加坡 KJP 公司等三方共同发起合资组建合资企业新加坡锡业私人有限公司
2007 年	印度尼西亚	云锡在印度尼西亚兴建的锡粗炼厂——邦加勿里洞锡业公司，注册资本为 1700 万美元，云南锡业出资 867 万美元，控制了该公司 51% 的股权
2009 年	澳大利亚	以 5000 万澳元的价格购买 Metal X 公司塔斯马尼亚业务 50% 的股份

数据来源：根据云锡集团官方网站数据整理。

5.1.3.3 云天化通过对国外直接投资调整了产业结构

自实施“走出去”战略以来，云天化集团正在国内外进行一系列的投资扩张计划。2008 年 12 月云南中寮矿业与老挝正式签订《老挝万象钾盐矿开采生产协议》，老挝同意云南中寮矿业作为中国指定的、负责储量达 8 亿吨的老挝万象钾盐矿开发的实施主体，把老挝万象市通芒拉塔地区 78 平方千米范围内钾盐矿产资源的开采权一次性授予云南中寮矿业（表 5-6）。云天化通过绝对控股中寮矿业在老挝拥有了更多的钾盐开发权，为云天化进入钾肥领域奠定了基础，其目的就是要在海外建立一个钾肥生产基地。不仅如此，通过老挝，云天化还可以进一步拓展东南亚市场。在投资东南亚的基础上，云天化集团开始向中东发展，计划在中东投资建设一个玻纤生产项目，同时还与西亚的哈萨克斯坦有合作意向，云天化的全球战略布局逐渐开始起步。

2011 年 2 月 8 日，云天化的控股子公司重庆国际复合材料有限公司与 OCNL 投资集团 U. A.（OC 投资）、欧洲欧文斯科宁玻璃纤维 SPRL（OC 比利时）及欧文斯科宁在美国签署《股权收购协议》，出资 5950 万美元收购 OC 投资公司的全资公司 OC 荷兰 100% 的股权（表 5-6）。此次收购完成后，CPIC 将持有卡皮瓦里 100% 股权，卡皮瓦里将成为 CPIC 的全资子公司。欧文斯科宁是世界建筑材料和玻璃纤维复合材料领域的领先者，其总部位于美国俄亥俄州托莱多市，是 OC 投资与 OC 比利时的实际控制人。OC 荷兰是欧文斯科宁于 2010 年在荷兰注册的一家全资子公司。这次投资云天化抓住了玻纤产业发展机遇，寻求海外发展，布局国外市场，降低国际贸易风险，不断提升玻纤产业的全球竞争能力，为公司玻纤产业进入并占领巴西乃至南美市场抢得先机，在分享巴西及南美经济未来高速发展成果的同时，建立了有效抵御国际贸易保护威胁的桥头堡。更多地吸收世界先进企业的技术与管理经验，使 CPIC 更贴近市场，并降低成本，更重要的是还能有效地利用巴西丰富的矿产和能源资源。

表 5-6　云天化对国外直接投资历程

时间	投资区域	事　件
2008 年	老挝	老挝同意云南中寮矿业（云天化绝对控股）作为中国指定的、负责储量达 8 亿吨的老挝万象钾盐矿开发的实施主体
2011 年	荷兰	云天化出资 5950 万美元协议收购 OC 投资公司的全资公司 OC 荷兰 100% 的股权

数据来源：根据云天化集团官方网站数据整理。

5.1.3.4　云南电网公司通过对国外直接投资加强了与境外的产能合作

云南是中国唯一可同时与东亚、东南亚、南亚“三亚”，太平洋、印度洋“两洋”相通相连的省份，这为云南的经济发展带来了良好机遇。云南电网公司依托得天独厚的地理和资源优势，成为全国第一个“走出去”的省级电网公司。作为南方电网公司实施“走出去”战略的统一操作平台和对外窗口，云南电网公司紧紧围绕电力进出口贸易、境外电力投资、电力工程承包和设备代理进出口等核心业务开展工作，并取得了显著成效。云南电网架设国际化区域电网，如今已与缅甸、老挝、越南等国家的电网互联，电力贸易逐渐成为云南与东盟贸易新的增长点。

2012 年 11 月，云南电网公司和越南北方电力总公司共同投资建设的小中河水电站两台 11 兆瓦机组全部实现并网发电，标志着中越首个合资电源项目正式进入发电（表 5-7）。

2012 年 12 月，老挝国家电力公司与云南电网公司就 230 千伏老挝北部电网建设项目合同内容签订协议（表 5-7）。

2012 年 11 月 12 日，中国-东盟新能源与可再生能源新技术交流与对接活动在昆明举行，云南电网公司与泰国公司就太阳能合作达成一致，并就双方在泰国建立太阳能示范基地签约（表 5-7）。

表 5-7 云南电网公司对国外直接投资历程

时间	投资区域	事件
2012 年	越南	云南电网公司和越南北方电力总公司共同投资建设的小中河水电站两台 11 兆瓦机组全部实现并网发电
2012 年	老挝	老挝国家电力公司与云南电网公司就 230 千伏老挝北部电网建设项目合同内容签订协议
2012 年	泰国	云南电网公司与泰国公司就太阳能合作达成一致，并就双方在泰国建立太阳能示范基地签约
2013 年	越南	云南电网公司、中国电力国际有限公司和越南煤炭集团电力公司按照 55%、40%、5% 的比例共同投资建设越南永兴燃煤电厂一期 BOT 项目

数据来源：根据云南电网公司官方网站数据整理。

2012 年，云南省电网规划研究院与美国 UL 公司德国风能研究院（UL-DEWI）针对云南省地理环境、资源特点、电网结构、电源装机等具体因素，制订了适合云南电网安全稳定经济运行的风电机组接入系统技术原则，以有效指导云南风电场接入系统审查工作，保障电网安全稳定经济运行。

目前云南电网公司正积极寻找新的境外水电投资项目，开展缅甸南卡江项目、南垒河项目前期工作，储备新的电源项目，并进一步加强老挝南孚水电项目的水文气象、地形地质条件、对外交通、输电线路以及项目可研工作等信息的深层次研究，为南方电网公司的投资决策提供详细资料。

除上述水电和电网项目外，云南电网还积极投入境外火电项目的开发。2013 年 10 月，云南电网公司、中国电力国际有限公司和越南煤炭集团电力公司按照 55:40:5 的比例共同投资建设越南永兴燃煤电厂一期 BOT 项目。该项目总投资约 17.55 亿美元，建设期 48 个月，特许运营期 25 年，是目前中国企业在越投资规模最大的电力项目。

5.1.3.5 云南冶金集团通过对国外直接投资不但增强了后备资源而且提升了技术能力

云南冶金集团股份有限公司是以铝、铅锌、锰、钛、硅五大产业为主，集采选冶、加工、勘探、科研、设计、工程施工、装备制造、内外贸、物流以及冶金高等教育为一体的大型企业集团。

在省委、省政府大力支持地方企业“走出去”政策下，云南冶金集团胸怀“兴企报国，创造卓越”的使命感，通过近几年走向国外市场的实践，一直注重完善企业板块的资源战略。不仅在矿产资源持有和储备方面具有长远考虑，而且在拓展国外融资渠道、降低融资成本方面也进行长远计划，确保企业的平稳发展和运行。云南省商务厅在表彰 2013 年度先进单位的决定中，集团在全省外贸企业进出口 10 强中列第四位。截至 2013 年底，云南冶金集团所属企业在美国、加拿大、澳大利亚、南非、玻利维亚、卢森堡以及中国香港地区设立公司 14 家，累计投资金额约14.7亿元人民币；掌握了铅锌、金、银、铜、锑、锰等多种矿产资源，增强了企业发展后劲。

为了在美国搭建科研平台，2010年，云南冶金集团在美国成立了云南冶金科技（美国）有限公司（表5-8）。美国科技公司充分利用美国的科技和信息优势，跟踪世界矿冶新技术，开展关于铝、铅锌、钛、硅和锰产业的技术研发，跟踪技术发展前沿，致力于新技术、新材料、新工艺、新装备、新产品研发和系统集成创新，形成了一批具有自主知识产权的专有核心技术和关键技术，其中一项获得美国专利。美国科技公司被云南省科技厅确定为“云南省科技厅海外科技孵化基地”。

2013年6月，云南冶金集团所属的云南驰宏锌锗股份有限公司获得加拿大塞尔温铅锌矿项目的独立经营权，作为塞尔温驰宏矿业有限公司的唯一股东。塞尔温驰宏矿业获得多个矿物权和采矿租赁权（表5-8），矿权面积总计达348.88平方千米，分布在加拿大育空省和西北省边界附近。根据NI43-101标准计算的塞尔温项目资源量显示，该项目已被公认为世界最大的未开发铅锌矿床之一。

经过近三年的项目推进，2013年，驰宏公司完成了对玻利维亚亚马逊矿业股份有限公司、扬帆矿业股份有限公司和D铜矿股份有限公司的收购工作。该三个公司已于2013年9月之前完成了全部的股权交割手续，进入整合运营阶段。亚马逊全区估算金矿石储量达1000多万吨，扬帆估算有多种金属的矿石储量800多万吨，D铜矿估算有铜金属资源量50多万吨（表5-8）。

表5-8 云南冶金集团股份有限公司对国外直接投资历程

时间	投资区域	事　　件
2010年	美国	云南冶金集团在美国成立了云南冶金科技（美国）有限公司，美国科技公司被云南省科技厅确定为“云南省科技厅海外科技孵化基地”
2013年	加拿大	云南冶金所属的云南驰宏锌锗股份有限公司获得加拿大塞尔温铅锌矿项目的独立经营权，作为塞尔温驰宏矿业有限公司的唯一股东，获得多个矿物权和采矿租赁权
2013年	玻利维亚	收购玻利维亚亚马逊矿业股份有限公司、扬帆矿业股份有限公司和D铜矿股份有限公司

数据来源：根据云南冶金集团股份有限公司官方网站数据整理。

5.1.3.6 云南红塔集团对国外直接投资不断开拓国际市场

随着“走出去”战略从一般贸易向境外实体运作转变，红塔集团积极与国际知名烟草公司开展交流合作，加快开拓国际市场的步伐。1998年12月9日，雄伟（国际）烟草有限公司更名为香港红塔国际烟草有限责任公司，红塔集团控股55%。这是红塔集团迈向国际化的重要一步。香港红塔致力于开拓国际市场，业务以加工红塔集团出口国际市场的混合型卷烟为主。香港红塔广泛开展与各国烟草商的合作，全力以赴地开拓海外市场。

2000 年 7 月由国家经贸部批准，红塔集团在瑞士成立并控股红塔瑞士有限公司（HTS Hongta Switzerland Ltd.）（表 5-9）。公司成立以后，在大量市场调查的基础上，针对不同国家和地区的目标市场，在红塔集团技术中心、中试车间技术人员和外籍专家的协助下，研制出不同口味的卷烟品牌。在现有条件下，红塔集团积极开拓海外市场，产品已经进入了很多重要市场，有的品牌在当地市场中占据主导地位，如非洲、中东、东欧等。

2008 年 7 月，红塔集团收购了老挝寮中好运烟草有限公司 61% 的股权，控股老挝寮中红塔好运烟草有限公司（表 5-9）。由红塔集团控股的老挝寮中好运烟草有限公司更名为老挝寮中红塔好运烟草有限公司（下称：寮中红塔），红塔集团的卷烟品牌 Marble 开始在老挝落地生产。寮中红塔致力于成为东南亚烟叶种植基地：烟叶种植数量除满足自有生产需求外，富余部分形成对红塔集团的互补；海外生产厂的烟丝供应基地，可保证香港红塔、罗马尼亚、越南、南美等海外生产厂的烟丝供应；东南亚市场卷烟跨国销售的生产基地，借助老挝东盟成员国贸易的关税优惠，为集团在东南亚各国的销售网络提供卷烟成品。新公司的成立标志着红塔集团在推进国际化发展战略、深化中老烟草经贸合作的道路上又迈出了新的步伐，已从一般贸易向境外实体运作转型。红塔集团将为打造世界领先品牌，提高中国烟草的国际竞争实力，促进中老经贸合作，增进中老两国人民传统友谊做出更多更大的贡献。

红塔集团已在中国香港、老挝设立了控股卷烟生产企业，在罗马尼亚参股了中欧国际公司，在越南以委托加工方式与当地卷烟厂开展合作，在瑞士及罗马尼亚设立了卷烟销售公司。目前，红塔集团卷烟品牌出口市场已拓展至中国香港、中国澳门、东南亚、欧洲、非洲、澳洲、美洲等主要国家和地区。

2011 年与英国帝国烟草达成协议，由红塔生产并销售的“威斯”品牌香烟正式面市（表 5-9）。

除致力于做精、做强、做大烟草主业之外，红塔集团还成功涉足能源交通、金融保险、医药以及轻化工行业，独资、控股、参股 71 家企业，累计对外投资达 150 亿元人民币。

表 5-9 云南红塔烟草集团对国外直接投资历程

时间	投资区域	事　件
2000 年	瑞士	红塔集团在瑞士成立并控股红塔瑞士有限公司
2008 年	老挝	红塔集团收购了老挝寮中好运烟草有限公司 61% 的股权，控股老挝寮中红塔好运烟草有限公司
2011 年	英国	与英国帝国烟草达成协议，年初由红塔生产并销售的“威斯”品牌烟正式面市

数据来源：根据云南红塔烟草集团官方网站数据整理。

5.1.3.7 昆药集团通过对国外直接投资搭建技术创新平台

昆药集团股份有限公司成立于1951年，是国家重点高新技术企业，拥有深厚的专业制药经验，络泰、天眩清、Artemedine、Artem、Arco等品牌享誉国内外。昆药集团将外延并购作为公司2014年、2015年的主旋律，将6.87亿元用于投资并购，这符合产业扩张的规律，有望实现产业结构的动态升级，打造更多利润增长点。回顾跨国制药巨头的壮大轨迹，大多数都是以并购为主线的发展史。

从战略发展角度考虑，昆药集团以并购方式拓宽公司产业发展的领域，2014年已开始推行外延并购战略。2014年10月与王庆华教授、以王庆华教授为法人代表的香港医韵医药技术有限公司组建合资公司，共同开发长效降糖药GLP-1（胰高血糖素样肽-1）融合蛋白，为公司未来的产业边界扩张提前进行了战略部署。

昆药集团2015年6月与美国Rani Therapeutics有限责任公司签署投资协议，投资500万美元，参与该公司C轮融资（表5-10）。Rani公司开发的生物制剂口服输送系统具有独特性及广阔的市场前景，符合昆药集团的整体战略规划，并与公司生物药研发平台（长效降糖药）具有战略协同性。同时，公司与InCube Labs医药有限责任公司（Rani公司是InCube Labs旗下主要从事机器人药片研究和商业化的医疗技术创新公司）签署战略合作协议，双方互认对方为战略合作伙伴，围绕InCube Labs的高科技医药产品进行合作探索。此次参与Rani公司C轮融资，是公司拓展国际化项目取得的实质性进展，Rani公司可作为昆药集团新型技术的国际技术平台，今后在其他高科技医药产品开发上可达成更深远的合作。

2015年7月，昆药集团经与以色列TEVA的多轮谈判，双方达成交易，以2.94亿元人民币作为贝克诺顿49%的股权交易对价（表5-10）。昆明贝克诺顿制药有限公司是昆药集团股份有限公司与美国IVAX有限责任公司于1992年合资兴建的云南省医药行业第一家中外合资企业，双方各持有50%的股份，贝克诺顿的外方直接持股人为美国IVAX的子公司——美国贝克诺顿有限公司。2006年，以色列梯瓦制药（TEVA）工业有限公司通过全资收购美国IVAX，成为贝克诺顿的外方实际控股人。因以色列TEVA的全球战略原因，TEVA决定将美国贝克持有贝克诺顿的50%的股权全部对外转让。贝克诺顿在中国国内及东南亚市场具有良好的声誉，致力于“普及全球医药成就的理念”，坚持学术推广的营销模式符合公司的发展战略。

表5-10 昆药集团对国外直接投资历程

时间	投资区域	事 件
2015年	美国	昆药集团与Rani公司签署投资协议，投资500万美元，参与该公司C轮融资。同时，与InCube Labs医药签署战略合作协议，围绕InCube Labs的高科技医药产品进行合作探索
2015年	美国	昆药集团以2.94亿元人民币收购昆明贝克诺顿制药有限公司49%股权

数据来源：根据昆药集团官方网站数据整理。

通过以上案例可以看出，云南省的大型企业集团通过“走出去”对国外直接投资，不但使资源型工业企业获得了后备资源，而且在对外投资获得产业转型升级的机会，使传统产业拓展了销售市场，使高新技术产业获得国际技术平台，对云南工业转型升级具有重要的作用。

5.1.4 对国外直接投资中存在的问题

尽管云南工业企业经过十几年的“走出去”过程，在国外、省外直接投资方面都取得了一定成果，但是对外投资的发展水平仍然比较低下，并且面临着以下困难和问题。

5.1.4.1 微观层面存在的问题

从微观层面来说，云南工业对外投资存在的问题主要有以下几方面：

（1）云南工业对外投资失去了省内优势。一直以来，云南工业的优势主要依赖于云南当地资源的低成本和劳动力的低成本，而这种环境在国外和省外都是不可复制的。再加上跨区域资源的勘探是高风险、高投入的行业，需要雄厚的资金实力做支持，而云南工业企业的资金实力普遍较弱，较弱的资金实力直接导致了对外投资的风险明显加大。云南工业进行对外直接投资，失去了其在省内的优势。

（2）云南工业对外投资的区位分布不合理。云南工业在亚洲的对外直接投资份额过高，而在欧洲和北美的比例很低。这种不合理区位分布，不利于云南工业由传统产业向高新技术产业的转变。在发达国家投资，有利于吸取和应用发达国家先进的生产技术，以改变云南工业仍以传统工业为主的现状。工业投资区位分布不合理，是云南工业“走出去”需要面对的另一问题。

（3）云南工业企业跨国经营经验和高素质人才缺乏。由于云南工业国际化经营起步晚，时间短，缺乏国际化经营管理经验，因而对投资环境变化的适应能力较弱，对资源国的法律法规认识不到位，也很难实现与资源国的文化融合等。

与发达国家工业公司丰富的国际化经营人才相比，云南工业企业的海外储备人才在数量和质量上都有很大差距。当前，相比国际业务发展速度，云南工业企业的国际化人才培养和队伍建设速度明显滞后。因此，应加快解决国际人才培养问题，提高海外人才综合素质。

（4）发展偏重于地方利益，投资行业结构不尽合理。偏隅一方的云南工业的发展过多地偏重于地方利益，对外投资的重点基本局限于云南周边的缅甸、老挝等地，带有浓郁的地方色彩。云南工业对外投资企业侧重于对当地资源开发，过分偏重初级产品和劳动密集型产品投资，而相对忽视了技术密集型和高附加值产业投资。但是，资源是有限的，饮鸩止渴这种事例在资源型企业的发展过程中比比皆是。

(5) 工业产业投资年限长、退出成本高。工业企业的对外投资需要完善的基础设施，以此为基础才可以投入生产，此后还需要一定的流动资金维持它的连续性。因此工业企业投资时间长，而且越到后期由于成本的增加对资金的需求越大。这就是云南工业投资量大、基建投资持续性强的特性。云南工业企业的对外投资在经过基础建设购买后，90%为固定资产，如果企业选择退出时，这些固定资产是无法带走的，而在投资目标国，比较短的时间内想要找到可以接受转让的企业或政府不是件容易的事情，这样就造成工业企业在投资目标国后期退出时造成退出成本高、时间长等问题。

5.1.4.2 *宏观层面存在的问题*

随着投资规模的不断扩大，宏观层面的问题日益突出，归纳起来主要有以下几方面：

(1) 缺乏对外投资总体的战略规划。整体而言，目前中国正在经历“走出去”和“引进来”双重并重的转型期。然而，由于云南省自身竞争力以及“走出去”开放意识不强，存在着重吸引外资、轻对外投资，重国内市场、轻国外市场，重进出口贸易、轻对外投资办厂的倾向。

就单个企业而言，云南工业企业在国外投资中，未根据国外的现实制度制定翔实、可行的境外投资管理办法、投资决策及资金运行监督管理措施，并且各项制度的实施细则也很模糊，一旦风险来临，很难在短时间内采取积极的应对政策。

(2) 扶持云南工业对外投资的相关政策尚未到位。江苏、浙江、山东开展了一系列制定扶持对外投资政策方面的工作。如江苏省人民政府在1996年就出台了《关于进一步扩大对外开放加快经济国际化的若干意见》，浙江省人民政府也在1998年出台了《关于进一步改善外商投资软环境的决定》，山东省也出台了《关于加快实施“走出去”战略的意见》。而云南省在这方面有所欠缺，已经出台的法规与政策不仅缺乏透明性和连续性，其系统性和全面性也尚待完善。

(3) 资本市场尚未建立海外企业服务保障机制。由于全国范围内的资本市场建设起步较晚，云南省银行和保险公司等金融机构尚未建立起有效的海外企业服务机制及保障机制，如对外投资中小企业获取贷款支持力度较难，境外资产抵押贷款无效等问题；证券公司对海外业务熟练程度不够，不利于辅导云南省优秀企业在海外上市融资，在境外投资企业难以拥有获取专业信息渠道的情况下，企业对外投资的盲目性和投资风险成本必然加大。

(4) 对外投资所在国的审查问题。由于国外许多国家对海外投资的相关政策和审查制度非常严格，从而导致越来越多的企业由于要面对对外投资所在国的审查问题而刻意降低其投资量。如在2007年，按照云锡澳洲的收购协议约定云锡澳洲将出资1.91亿港元认购保兴投资3.55亿股股份，从而总共获得保兴投资扩大后 16.13% 股份，成为其第一大股东，保兴投资并计划更名为"中国云锡矿业集团有限公司"。但根据澳大利亚政府对海外投资的相关政策规定，云锡澳洲持有保兴投资股份若超过 15%，将被视为澳大利亚相关政策中所谓"海外政府的代理"，则交易必须经过澳大利亚政府审批才能生效。保兴投资为了避免遭遇审查，修改了此前的交易，使云锡澳洲将持有保兴投资的股份降为6.33%。审查问题成为云南工业企业对外投资将要面对的重要问题。

5.2 云南工业对省外投资

云南省作为经济发展相对滞后的省份，虽然一直积极承接东部地区的产业转移，但也努力在一些优势领域扩大对省外的投资，取得一定的成效。由于缺乏云南工业对省外投资的统计数据，本节通过企业案例进行分析。

5.2.1 冶金工业通过对省外投资增强后续发展能力

云南省的冶金工业具有国内领先的技术优势，但随着产业规模扩大、省内有色金属矿产资源储量的减少和品位的下降，后续发展能力不足的问题突出，云铜、云锡等大型企业集团通过到省外投资，增强了后续发展能力。

5.2.1.1 *云南铜业通过对省外直接投资整合铜矿资源*

2009 年 12 月 26 日，云铜集团的子公司赤峰公司与金峰公司签订了资产转让协议（表 5-11），约定金峰公司向赤峰公司转让其现有的整套火法铜冶炼生产装置及相关资产及为生产提供服务的赤峰金峰热力有限责任公司和赤峰金峰铁路物资转运有限公司股权，用转让所得价款抵偿金峰公司欠赤峰公司的债务。2010 年 5 月 31 日，根据综合资产评估有限公司对金峰公司相关资产的评估结果，金峰公司以评估资产价值中的 1.63 亿元作为抵消赤峰云铜对金峰铜业的投资款 1.635 亿元，以评估资产价值中的 3.9 亿元用于归还原赤峰云铜的预付款 3.9 亿元，以经评估确定的 1.66 亿元资产对赤峰云铜进行增资，剩余差价已由赤峰公司向金峰公司支付完毕。云铜子公司——赤峰云铜有色金属有限公司收购赤峰金峰铜业有限公司资产中涉及一项固定资产金峰炉，其专利权属于赤峰金峰铜业有限公司。

2012 年，为更好地建立境外融资及贸易业务平台，开展进料加工复出口业务和融资贸易等业务，云铜集团在中国香港设立云铜香港有限公司（以下简称"香港子公司"），注册资金为 100 万港币（表 5-11），由公司以现金方式全额出资，香港子公司为有限责任公司，经营范围为贸易。云铜设立香港子公司这一境外贸易企业，有助于建立境外融资及贸易业务平台，便于利用境外低成本融资，同时可通过香港子公司开展进料加工复出口业务操作，规避境内外价差经营风险，还可通过香港子公司进行转口贸易业务操作，提高转口贸易的操作便利性和效率。

表 5-11 云铜对省外直接投资历程

时间	投资区域	事件
2009 年	内蒙古	云铜集团的子公司赤峰公司与金峰公司签订了资产转让协议，约定金峰公司向赤峰公司转让其现有的整套火法铜冶炼生产装置及相关资产及为生产提供服务的赤峰金峰热力有限责任公司和赤峰金峰铁路物资转运有限公司股权，用转让所得价款抵偿金峰公司欠赤峰公司的债务
2012 年	中国香港	云铜集团在中国香港设立云铜香港有限公司，注册资金为 100 万港币

数据来源：根据云铜集团官方网站数据整理。

5.2.1.2 云南锡业通过对省外直接投资壮大企业规模

自实施“走出去”战略以来，云锡集团不失时机地开拓“两个市场”、充分利用“两种资源”，提升企业参与国际竞争的能力，推动经济发展方式的根本转变。

2005 年 12 月 28 日，为进一步提高公司的保有资源储量，提高资源自给率，充分发挥公司设在湖南省郴州市的控股子公司郴州云湘矿冶有限责任公司现有冶炼能力，在湖南郴州形成采、选、冶一体的产业链，成为公司除云南省区域外另一生产基地，保证公司的持续发展，云锡决定收购上海鸿巨投资咨询有限公司所持有的深圳巨晖矿业投资有限公司 65% 股权，总金额为 19454. 66 万元，通过股权收购来达到控制湖南省郴州市屋场坪矿区部分采矿权的目的（表 5-12）。

2011 年 7 月云锡与云锡（香港）源兴公司共同出资在中国香港成立云锡（香港）资源有限公司，注册资本为 6000 万港币，其中云锡投资 3060 万港币，占成立后公司的 51% 股份，云锡（香港）源兴公司投资 2940 万港币，占其余的 49% 股份，云锡为控股股东（表 5-12）。为把云南锡业股份有限公司打造成为国际一流的矿业公司，公司决定以中国香港为基地，整合海外资产、拓展海外市场及海外资源，打造符合公司发展实际的海外业务运营及管控平台、海外项目投融资中心，形成公司走向国际化的海外平台公司。

2013 年 12 月 23 日，云南锡业股份有限公司投资 3000 万元人民币在上海自贸区洋山港设立全资子公司云锡上海贸易有限责任公司，从事有色金属资源拓展等业务（表 5-12）。2015 年 1 月将上述全资子公司变更为云锡国际投资有限责任公司并将变更后的云锡国际投资有限责任公司注册资本追加至 10 亿元。同时，云锡投资 10 亿元在上海市漕河泾松江开发区设立全资子公司云锡上海有限责任公司，承担锡业股份公司营销自产产品的主体责任。这次对外投资针对国内外不同目标市场，设立两个独立的子公司，意在加快锡业股份深化市场营销体系改革，实现进一步由生产导向型向市场导向型转变。两个子公司在发挥不同功能的同时也能优势互补，以此来构建公司的全球营销体系战略和平台。

2013 年 12 月云锡矿业收购 Mega Marks 全部股权（表 5-12）。

2014年8月云锡收购位于重庆的商住综合楼群发展项目40%权益，出资3.7亿元（表5-12）。

2014年10月23日，云南锡业公司决定以增资扩股方式对新疆和硕县矿产开发服务有限责任公司投资580.58万元，投资完成后持有其58.06%股权，成为其控股股东，公司将以其作为新疆资源拓展的主要平台（表5-12）。长期以来，公司高度重视矿产资源拓展工作，并积极参与省外优质资源拓展。新疆地区矿产资源丰富，开发程度相对较低，此次增资扩股可以进一步提高公司的整体资源保障水平。和硕矿产公司坐落在新疆巴音郭楞州，拥有丰富的矿产资源，其中以锡、钨、铜、镍、铅、锌为主，锡业股份也与巴州政府签订了战略合作协议，将为公司在巴州境内的资源拓展创造良好的条件。

表5-12 云南锡业股份有限公司对省外直接投资历程

时间	投资区域	事　件
2005年	湖南	云锡收购上海鸿巨投资咨询有限公司所持有的深圳巨晖矿业投资有限公司65%股权，总金额为19454.66万元，通过股权收购来达到控制湖南省郴州市屋场坪矿区部分采矿权的目的
2011年	中国香港	云锡与云锡（香港）源兴公司共同出资在中国香港成立云锡（香港）资源有限公司，其中云锡投资3060万港元，占成立后公司的51%股份
2013年	新疆	收购Mega Marks全部股权
2013年	上海	云南锡业股份有限公司投资3000万元人民币在上海自贸区洋山港设立全资子公司云锡上海贸易有限责任公司。同时投资10亿元在上海市漕河泾松江开发区设立全资子公司云锡上海有限责任公司
2014年	重庆	云锡收购位于重庆的商住综合楼群发展项目40%权益，出资3.7亿元
2014年	新疆	云南锡业公司决定以增资扩股方式对新疆和硕县矿产开发服务有限责任公司投资580.58万元，投资完成后持有其58.06%股权，成为其控股股东，公司将以其作为新疆资源拓展的主要平台

数据来源：根据云锡集团官方网站数据整理。

5.2.2 化学工业通过对省外直接投资延伸产业链

自“走出去”政策实施以来，云天化集团开始在省外进行一系列的投资扩张计划。事实上，云天化开始对外投资扩张仅晚于其上市融资，比云天化在省内进行行业整合还早。

1999年云天化成功收购重庆一家产量仅有7000吨的玻纤企业（表5-13），首次从化肥领域扩展开来，现在云天化在重庆的玻纤产量已经达到了30万吨，销售收入超过20亿元人民币，重庆玻纤已是中国规模第二效益第一的玻纤生产企业，同时也发展成为云天化六大主业之一。

2007年云天化出资6.12亿元控股51%内蒙古呼伦贝尔金新化工（表5-13），

呼伦贝尔廉价的煤炭资源可以助推公司化肥业务。目前，云天化对控股子公司提供担保的总额为33亿元，公司及其控股子公司对外担保总额为33亿元。

2008年云天化集团充分利用青海省丰富的天然气、电力、钾肥和社会资源，结合云南丰富的磷资源及技术管理优势，在西宁投资30余亿元成立青海云天化国际化肥有限公司100万吨磷复肥建设项目（表5-13），该项目坐落于西宁甘河工业园区。之所以选择在西宁投资，是因为青海有丰富的天然气和钾肥资源，而更重要的是通过这个项目可以覆盖西北市场。

此外，云天化股份有限公司于2010年5月出资15557万元，受让珠海富华复合材料有限公司51%股权（表5-13）。珠海复材（功控集团全资）主要业务为电子玻纤布的生产销售，珠海经济特区的电力开发集团有限公司（功控集团全资）的主要业务是电力能源项目开发及投资参股电力能源项目，珠海可口可乐饮料有限公司（功控集团50%股权）主要从事生产和销售可口可乐等系列饮料。

表5-13 云天化对外直接投资历程

时间	投资区域	事 件
1999年	重庆	云天化收购重庆一家玻纤企业
2007年	内蒙古	云天化出资6.12亿元控股51%内蒙古呼伦贝尔金新化工
2008年	西宁	在西宁投资30余亿元成立青海云天化国际化肥有限公司100万吨磷复肥建设项目
2010年	珠海	云天化出资15557万元，受让珠海富华复合材料有限公司51%股权

数据来源：根据云天化集团官方网站数据整理。

5.2.3 卷烟工业通过对省外直接投资壮大企业规模

近年，红塔集团积极推进“大市场、大企业、大品牌”战略，以品牌的整合扩张，推动重点工业企业联合重组。

1998年8月20日，长春卷烟厂加入红塔集团，实现资产重组，成为红塔集团的全资子公司（表5-14），即红塔集团长春卷烟厂，首开中国烟草业跨省重组先河。

2003年5月，进入南部兼并海南卷烟厂，控股红塔海南卷烟有限责任公司（表5-14）。

2003年12月，红塔集团与辽宁省烟草公司共同出资成立“红塔辽宁烟草有限责任公司”，将辽宁烟草旗下的沈阳、营口两厂并入，红塔集团占51%的股份（表5-14）。

2014年2月红塔烟草集团收购“陕西省印刷厂”及“中国烟草总公司陕西省公司”持有的全部陕西金叶国有法人股，自此云南红塔烟草集团成为上市公司陕西金叶第一大股东。

表 5-14 云南红塔烟草集团对省外直接投资历程

时间	投资区域	事件
1998 年	长春	长春卷烟厂加入红塔集团，实现资产重组，成为红塔集团的全资子公司，即红塔集团长春卷烟厂
2003 年	海南	红塔集团兼并海南卷烟厂，控股红塔海南卷烟有限责任公司
2003 年	辽宁	红塔集团与辽宁省烟草公司共同出资成立“红塔辽宁烟草有限责任公司”，将辽宁烟草旗下的沈阳、营口两厂并入

数据来源：根据云南红塔烟草集团官方网站数据整理。

5.2.4 医药工业通过对省外直接投资抢占产业空间

5.2.4.1 云南白药通过对省外直接投资拓展产业领域

2013 年 7 月云南白药收购四川迪康药业，云南白药控股有限公司高价收购蓝光持有的迪康股份 6135.06 万股。迪康药业大股东蓝光主业擅长的是地产，对管理上市公司及医药行业并没有优势，在实际控制迪康药业后，资本运作方面牵扯太多精力，既牵制了迪康的发展又束缚了蓝光自身发展。而云南白药恰恰与蓝光相反，在主业上，云南白药是中国最优质的医药股，而公司副业（地产）是短板。在这样天时、地利、人和的背景下，对原本融资困难又意欲扩张的蓝光来说，无异于天赐良机；而对占领四川销售网络、全力打造千亿医药产业及医疗器械的云南白药来说，控股迪康药业将省去人力、物力、精力等诸多烦琐事务，相当于利用手中烫手的山芋换来一个香饽饽。对双方来说，这都是一件互利共赢的好事。

5.2.4.2 云南沃森生物通过对省外直接投资拓展未来增长空间

2011 年 9 月 11 日沃森生物技术股份有限公司全资子公司玉溪沃森生物技术有限公司与江苏康淮生物科技有限公司各投资方在昆明签署了《出资协议书》，玉溪沃森使用自有资金 1170 万元投资设立康淮生物，占康淮生物 9.0% 的股权（表 5-15）。沃森生物主要致力于疫苗领域的研究开发、生产制造与市场营销。投资康淮生物符合公司的产业发展方向和发展战略，有利于提升公司在病毒疫苗领域的技术水平，其目的在于积极寻求与国内具有互补优势的同行进行合作并共同发展，为公司的未来发展开辟更多的增长机会。

2012 年 7 月，沃森生物使用超募资金 10200 万元对上海丰茂生物技术有限公司进行增资。增资完成后，上海丰茂生物技术有限公司注册资本为 20000 万元，公司持有上海丰茂 51% 股权（表 5-15），上海丰茂原股东合计持有 49% 股权。

沃森生物公司为实现外延式发展，快速进入血液制品行业，进一步拓展公司产业链，形成了新的利润增长点。2012 年 9 月 12 日，云南沃森生物技术股份有限公司与四川方向药业有限责任公司、成都镇泰投资有限公司签订了《股权转让协议》，云南沃森以 52900 万元受让四川方向药业有限责任公司和成都镇泰投资有限公司合计持有的河北大安制药有限公司55%的股权（表5-15）。

2013年7月，云南沃森生物技术股份有限公司使用76250万元人民币收购宁波普诺生物医药有限公司、圣泰（莆田）药业有限公司、山东实杰生物药业有限公司100%股权（表5-15）。其中，以30000万元收购宁波普诺100%股权，以16250万元收购莆田圣泰100%股权，以30000万元收购山东实杰100%股权。云南沃森生物公司目前主要业务为疫苗及血液制品研发、生产及营销，公司和标的公司构成产业链上下游的关系。由于标的公司分别为浙江、福建、山东省区域内具有优势的生物制品专业经营企业，公司收购标的公司将对公司收入、利润产生积极影响。由于生物医药行业"微笑曲线"的两端分别为研发和营销，收购有利于公司进一步掌控优质渠道资源，提高公司营销体系核心能力，同时，公司通过收购可进入生物制品代理销售领域，有利于提高公司核心竞争能力和盈利能力。

2013年10月15日，沃森生物投资约1.80亿元人民币受让石河子安胜投资合伙企业持有的嘉和生物51%股权（表5-15）。2013年12月18日，沃森生物受让惠生（中国）投资有限公司持有的12.576%股权，作价1.11亿元人民币。此次收购使云南沃森生物技术有限公司已成为一家专业从事疫苗研发、生产和营销的现代生物科技企业。

2014年10月9日，云南沃森生物技术股份有限公司与石河子隆臣投资合伙企业签署了关于重庆倍宁生物医药有限公司股权收购框架协议，公司收购隆臣投资持有的重庆倍宁51%股权（表5-15）。

表5-15　云南沃森生物技术股份有限公司对省外直接投资历程

时间	投资区域	事件
2011年	江苏	沃森生物技术股份有限公司全资子公司玉溪沃森投资1170万元设立康淮生物，占康淮生物9.0%的股权
2012年	上海	沃森生物使用10200万元对上海丰茂生物技术有限公司进行增资。增资完成后，公司持有上海丰茂51%股权
2012年	四川	沃森生物以52900万元受让四川方向药业有限责任公司和成都镇泰投资有限公司合计持有的河北大安制药有限公司55%的股权
2013年	浙江、福建、山东	云南沃森生物技术股份有限公司投资76250万元收购宁波普诺生物医药有限公司、圣泰（莆田）药业有限公司、山东实杰生物药业有限公司100%股权
2013年	上海	沃森生物受让石河子安胜投资合伙企业持有的嘉和生物51%股权，作价1.80亿元人民币
2014年	重庆	云南沃森生物技术股份有限公司拟收购隆臣投资持有的重庆倍宁51%股权

数据来源：根据云南沃森生物技术股份有限公司官方网站数据整理。

5.2.5 影响分析

随着“走出去”战略的实施，云南工业企业省外直接投资对工业结构与工业增长产生了较大的影响。

（1）对外投资规模不断扩大。随着云南经济不断发展，云南工业企业开展对外投资的步伐越来越快，规模也越来越大。2001～2013年间，云南工业对外直接投资每年的流量从3929万美元上升到87600万美元。

（2）行业分布越来越广。云南工业对外投资细分行业也有了一定的变化。2003年投资主要涉及电子设备制造业、纺织业、黑色金属冶炼业及压延加工业等。2004年在此基础上增加了食品制造业、医药制造业等。从流量看，2005年中国对外投资流量更为广泛，分布在电子设备制造业、交通运输设备制造业、通用设备制造业、纺织业、木材加工业、黑色金属冶炼业及压延加工业等。2006年电气机械制造业、交通设备制造业都成为当年主要的投资领域。一直到2010年，中国对外投资都保持着多元化的格局。2010年，46.6亿美元投资分布在交通设备制造业、电气机械制造业、纺织业、专用设备制造业、电子设备制造业、仪器仪表机械制造业、化学原料制造业、金属制品业等产业。从存量看截至2013年，中国对外投资集中在电子设备制造业、交通设备制造业、纺织业、通用设备制造业、医药制造业、纺织类制造业、专用设备制造业、有色金属冶炼业及压延加工业、金属制品业、木材加工业等产业。

（3）工业结构发生变化。从对外投资主体的行业分布看，制造业一直占比较高。2003年“走出去”的主体有27%属于制造业领域，2004年高达59%，2005年也占到55%，主要分布在纺织服类制造业、电子设备制造业、电气机械及器材制造业、工艺品及其他制造业、医药制造业、交通设备制造业、金属制品业等。2006年对外投资主体中制造业领域仍超过半数，达到53.4%，大幅高于第二位的批发和零售业14.3%的比例。劳动密集型行业，如纺织服装、鞋、帽制造业和纺织业是“走出去”企业最多的领域。但制造业对外投资的整体水平还是有待提高。2013年，云南工业投资者有22.78%分布在制造业。

（4）投资方式日益多元化。随着“走出去”战略的形成，云南省政府对企业开展对外投资的态度逐渐由“量力而行”到“鼓励”和“支持”。目前云南工业企业的对外投资方式开始成熟，投资类型更加多元化，其中包括市场寻求型，要素寻求型以及技术寻求型等。

5.3 本章小结

全球经济贸易增长乏力，保护主义抬头，地缘政治关系复杂变化，使商品流动为主转变为要素流动为主，对外投资正在替代对外贸易成为中国新一轮对外开放的主要形式。随着“走出去”战略的实施，云南努力为云南工业企业对外投资创造环境，云南工业企业自身也积极加快走出去步伐，努力扩大对外投资。

通过以上分析可以看出，2000 年以来，云南工业对外投资得到了持续发展，工业对外投资规模不断扩大，投资行业不断增多，投资区域不断拓展，对云南省扩大对外开放，促进云南工业经济发展发挥了重要作用。主要体现出以下特点：

一是云南工业的对外直接投资规模不断扩大，但慢于其他产业。云南工业对外直接投资流量从 2001 年的 4315 万美元上升到 2013 年的 54100 万美元，但增长慢于其他产业，云南工业对外直接投资流量占云南对外直接投资流量的比重从 2001 年的 60.85% 下降为 2013 年的 34.83%。

二是云南工业的对外直接投资主要集中在亚洲国家。2013 年云南工业对亚洲的投资占全部工业对国外直接投资的 81.2%，在亚洲的投资主要包括缅甸、韩国、日本、马来西亚、新加坡、泰国及中国香港等国家和地区；在欧洲的投资主要集中在德国、法国、荷兰、英国等；在拉丁美洲的投资向开曼群岛、维尔京群岛、巴西等国家扩展。

三是云南工业的对外直接投资行业以制造业为主，但比重下降，采矿业对外投资快速增加。云南工业对外直接投资主要行业分布为交通运输设备制造业，电器机械及器材制造业，纺织业，专用设备制造业，通信设备、计算机及其他电子设备制造业等，但制造业对外投资比重在下降，从 2001 年的 93.8% 下降为 2013 年的 65.4%，而采矿业对外直接投资从 5.55% 上升到 7.31%，电力工业对外投资比重从 0.6% 提高到 2011 年的 43.6%。

四是云南工业对省外直接投资对云南工业发展壮大发挥了重要作用。云南工业在一些优势领域扩大对省外的投资，云铜、云锡等冶金工业优势企业通过对省外投资增强后续发展能力，云天化等化学工业优势企业通过对省外直接投资延伸产业链，红塔集团等卷烟工业优势企业通过对省外直接投资壮大企业规模，开拓国内市场，云南白药、沃森生物等医药工业优势企业通过对省外直接投资抢占产业空间，对云南工业经济发展和产业转型升级发挥着重要的作用。

云南省的大型企业集团通过“走出去”对国外直接投资，不但使资源型工业企业获得了后备资源，而且在对外投资中获得产业转型升级的机会，使传统产业拓展了销售市场，使高新技术产业获得国际技术平台，对云南工业转型升级具有重要的作用。

虽然云南工业企业对外投资取得很大成效，但总体上云南工业企业对外投资的发展水平仍然比较低下，并且面临着以下现实困难和问题：

（1）对外投资区位分布不合理。云南工业在亚洲的对外直接投资份额过高，在欧洲和北美的比例很低，不利于吸取和应用发达国家先进的生产技术，不利于加快云南工业由传统产业向高新技术产业转变。

（2）缺乏具有跨国经营经验的高素质人才。云南工业国际化经营起步晚，时间短，缺乏国际化经营管理经验，对投资环境变化的适应能力较弱，对投资国的法律法规认识不到位，也很难实现与投资国的文化融合。

（3）投资行业结构不尽合理。云南工业对外投资企业侧重于对当地资源开发，过分偏重初级产品和劳动密集型产品投资，相对忽视了技术密集型和高附加值产业投资，容易引发资源与环境问题所带来的风险。

（4）扶持云南工业对外投资的相关政策有待完善。缺乏对外投资总体战略规划，需要制定一系列扶持对外投资方面的政策。已经出台的法规与政策不仅缺乏透明性和连续性，其系统性和全面性也尚待完善。

（5）资本市场尚未建立海外企业服务保障机制。全国范围内的资本市场建设起步较晚，云南省的银行和保险公司等金融机构尚未建立起有效的海外企业服务机制及保障机制，如对外投资中小企业获取贷款支持力度较难，境外资产抵押贷款无效等问题；证券公司对海外业务熟练程度不够，不利于辅导云南省优秀企业在海外上市融资，在境外投资企业难以拥有获取专业信息渠道的情况下，企业对外投资的盲目性和投资风险成本必然加大。

（6）对外投资所在国的审查问题。国外许多国家对海外投资的相关政策和审查制度非常严格，导致越来越多的企业由于要面对对外投资所在国的审查问题而刻意降低其投资量。

由于对外投资能够对云南工业中的传统产业转型升级和高新技术产业发展产生良好的促进作用。因此，建议从以下方面加快云南工业的对外投资步伐：

（1）转变政府职能，从对外投资管理型政府向服务型政府转变。政府外事部门、外经贸部门和驻外部门要树立服务对外投资企业的意识，转变工作方式，帮助对外投资企业切实解决投资、生产、经营过程中的问题。

（2）制定云南省对外投资总体规划和云南工业对外投资专项规划。明确云南工业企业对外投资的重点领域、重点行业、重点区域和重点任务，明确政府相关部门的职责，明确云南工业企业对外投资的政策措施，引导云南工业企业对外投资有序发展。

（3）建立健全支持云南工业对外投资的相关政策。尽快出台云南省加快对外投资的实施意见，对“走出去”的企业给予明确、连续的扶持政策，营造系统性的良好对外投资环境。

（4）建立和完善支持企业对外投资的金融服务体系。建立服务于海外投资的资本市场和保险机制，在对外投资中小企业贷款、境外资产抵押贷款、优秀企业海外上市融资等方面给予支持。

（5）鼓励建立对外投资信息服务中介组织和投资服务咨询机构。给有对外投资意愿的企业和投资者提供境外投资的专业信息和决策咨询服务，如投资国的法律法规、引资政策、人文环境、投资审查、市场潜力等信息，降低企业对外投资的盲目性和投资风险。

6 云南工业人才引进

当今世界正处在大发展大变革大调整时期，优秀人才正日益成为国家、地区、组织参与竞争的稀缺性、战略性资源。云南是欠发达省份，要推进经济建设、政治建设、文化建设、社会建设及生态文明建设，实现城乡、区域统筹协调发展，提高生产力水平和自主创新能力，增强区域竞争力，关键在于培养造就大批高素质的各类优秀人才，保持人才总量的持续增长和质量的有效提升。

目前，工业对于一个国家已不可缺少，而对于一个地区，亦具有不可替代的地位和作用，工业可以说是云南省经济发展的命脉。同国家和区域的经济发展一样，工业的发展也要依靠人才，本章着重分析云南工业人才引进及其对云南工业结构与工业增长的影响。

6.1 云南工业的人才引进现状

为了更好地实施云南省“十二五”规划中的桥头堡战略，提出了“引进来”即提升引资引智水平的思路。努力推动利用外来投资由注重规模，向注重规模和质量并重，引进先进技术、管理及高层次人才转变；由引进项目向培植产业集群转变；由制造业为主向制造业与服务业并重转变。促进引资与引智相结合，充分发挥各类开发区引进外资的平台作用，强化利用外来投资在推动科技创新、产业升级、区域协调发展等方面的积极作用。在重点领域引进国内外先进技术和管理，提高区域自主创新、技术成果转化的能力。

云南省委、省政府历来高度重视人才工作。改革开放后特别是全省人才工作会议以来，制定了一系列加强人才工作的政策措施，培养造就了各个领域的大批人才。进入21世纪，省委、省政府作出了实施人才强省战略的重大决策，人才强省战略已成为云南省经济社会发展的基本战略，人才发展取得了明显成效。科学人才观逐步确立，各类人才队伍不断壮大，人才发展的政策环境逐步改善；市场配置人才资源的基础性作用初步发挥；人才效能明显提高；人才工作新格局基本形成。同时必须清醒地认识到，当前云南省人才发展的总体水平与国内发达省区相比仍有较大差距，与经济社会发展需要还有许多不适应的地方。主要是：高层次创新型人才匮乏，人才创新创业能力不强，人才总量相对不足，结构和分布不尽合理，人才发展的体制机制障碍仍然存在，人才资源开发投入不足等。

6.1.1 云南工业行业人才引进特点

6.1.1.1 云南省人才引进现状

如表6-1所示，2011年全省引进高层次人才399人，其中海外引进345人，省外引进54人；入选“百名海外高层次人才引进计划”14人，累计引进68人；入选“高端科技人才引进计划”13人，累计引进51人；安置回国（来滇）博士后、博士及云南省急需紧缺专业硕士29人；来滇工作的外国专家533人。2012年引进海内外高层次人才1008人，入选“百名海外高层次人才引进计划”11人，累计引进79人；入选“高端科技人才引进计划”17人，累计引进68人；安置回国（来滇）博士后、博士及云南省急需紧缺专业硕士21人；来滇工作的外国专家685人；来滇挂职干部94人。

表6-1 云南省人才引进情况（2011年和2012年） （人）

年份	全省引进高层次人才	入选“百名海外高层次人才引进计划”		入选“高端科技人才引进计划”		安置回国（来滇）博士后、博士及云南省急需紧缺专业硕士	来滇工作的外国专家	来滇挂职干部
		当年引进	累计	当年引进	累计			
2011	399	14	68	13	51	29	533	
2012	1008	11	79	17	68	21	685	94

数据来源：《2011～2012年度云南省人才发展统计公报》。

6.1.1.2 云南工业行业人才引进特点

工业人才是推动工业经济科学发展和跨越发展的第一动力和第一资源，云南省将通过构建“三个体系”、搭建“两个平台”、建立“一个机制”，进一步加强工业人才培养、扩大工业人才规模、提高工业人才质量、优化工业人才结构。

有统计显示截止到2008年年底，云南工业人才只占全国人才总量的1%左右，占全省人口的1.8%左右。其中工业人才队伍的性别、年龄、专业结构均不尽合理，后备力量不足。从学历结构看，云南工业人才以大专学历居多，占30%，研究生以上的高学历群体比例较低，仅占6%。从职称结构看，没有职称和初级职称人才约占50%，中级职称人才占36.3%，正高级人才比例最少，仅占2.1%。云南工业人才主要来源于云南本地和西部，这类人才占78%，引进东部发达地区的人才不足4%。到2012年，云南省已初步建立了一支与工业发展特点相适应的工业人才队伍，工业人才总量达到80多万人，占全省人才总数的30%左右。人才在云南经济社会中发挥着越来越重要的作用。

根据《云南工业人才队伍开发行动计划（2010～2020年）》提出的目标（图6-1），到2020年，工业人才总量应达到290万人，其中企业经营管理人才60万人，专业技术人才93万人，技能人才135万人。

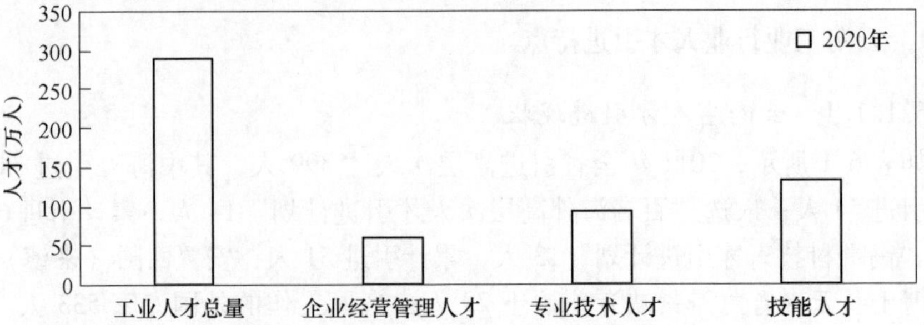

图 6-1 2020 年云南工业人才需求情况

数据来源：云南工业人才网。

尽管云南工业人才队伍建设近年来取得了不错成绩，但就目前的情况来说，工业人才发展水平同东部发达地区相比存在一定的差距，同云南工业发展的总体需求相比还有许多不适应、不协调的地方，值得我们思考，主要表现在以下几方面：

（1）工业人才总量较小。

（2）结构不尽合理。工业人才队伍的性别、年龄、专业结构均不尽合理，后备力量不足。

（3）高学历、高职称工业人才少。

（4）引进外来人才少，人才流动性差。

6.1.1.3 云南引进工业人才所出台的政策举措

近年来，云南省高度重视工业人才引进工作，大力实施创新人才推进计划，以人才结构调整引领产业结构调整、以人才集聚引领高新技术产业集聚，为全省科学发展、和谐发展、跨越发展提供了强有力的科技和智力支撑。这是自 2008 年中共中央开始实施“千人计划”人才工程以来，云南省围绕“千人计划”的实施，为吸引工业人才而出台的一些人才政策（表 6-2）。认真落实以上政策，将会对工业人才引进、工业发展水平以及产业聚集产生积极的作用。

表 6-2 云南工业人才引进政策一览表

年份	相关政策
2012	《关于引导和鼓励各类人才到云南省园区创新创业的意见》
2012	《云南工业人才队伍建设项目和专项资金管理办法》
2011	《青年海外高层次人才引进工作细则》
2010	《云南工业人才队伍开发行动计划（2010～2020 年）》
2010	《中共云南省委 云南省人民政府关于进一步加强工业人才队伍建设的决定》
2010	《关于引进海外高层次人才来昆工作及创新创业优惠扶持暂行办法》
2009	《关于做好海外高层次人才引进工作的实施意见》

数据来源：云南工业信息网和云南工业人才网。

6.1.2 云南工业行业人才引进存在的问题

从对云南工业人才引进的现状分析中可以发现，云南工业人才队伍在不断壮大，但就目前的情况来看，云南工业人才引进过程中仍存在以下主要问题。

第一，在人才引进数量方面，云南工业人才的引进虽每年呈现递增趋势，但人才引进的数量并不乐观，仍需加大人才引进的力度。

第二，在学历结构方面，高素质的人才占引进工业人才的比重较低，直接影响工业产业发展的创新和开发能力，使工业发展缺乏动力和活力。

第三，在人才引进的政策保障方面，政府出台的相关法律和文件还不是很健全，不能很好地为人才引进服务，保障文件的出台滞后于人才引进的需求，缺乏及时性。此外，相关政府方案大而空洞，缺乏可行性，需制定出更具体可行的具有法律性质的保障文件。

第四，在人才引进的观念方面，缺乏动力。目前一些工业企业还存在地方保护的陈旧观念，尤其对规模较小的工业企业来说，这种现象就更为严重。

第五，在人才引进的质量方面，企业为信息不对称中的弱者，在这种情况下，企业只能通过相关的证明文件来衡量人才的质量，这会导致企业处于被动的局面，同时，一味地信任证明文件也会使企业很有可能错失良才。

第六，在人才引进的范围方面，应尽可能地扩大人才引进的范围，与国际接轨，不能仅限于国内的人才引进，在这方面，仍需大力改善。

对于上述问题，引进高素质人才，改善工业人才整体水平是人才引进的难点，由于信息的不对称，我们往往会过多地注重一些形式而忽略本质的东西，使得高素质人才与我们失之交臂。

6.2 云南工业行业人才引进的影响评价

人才引进对云南工业发展具有重要影响。由于难以获取相关的官方数据，本节将选取有代表性的云南铜业股份有限公司和云天化集团进行案例分析，通过对两个企业的人力资源结构和人力资源战略目标的分析来深入了解云南工业人才引进存在的问题。

6.2.1 案例1：云南铜业股份有限公司

6.2.1.1 公司简介

云南铜业股份有限公司凭借“有色金属王国”的天时地利，及悠久的历史、先进的技术、科学的管理、优质的产品、热忱的服务和不懈的追求，使之在中国铜工业中占有重要地位，成为中国最著名、最具影响力、最具竞争力的铜冶炼企业之一。云南铜业始终视员工为企业生存和发展最宝贵的资源，始终坚持“德才兼备、岗位成才、用人所长”的人才理念，通过多种途径和渠道提高员工社会生存综合能力，不断改善员工的工作环境、工作条件，为员工创造、提供广阔的发展平台和施展个人才华的机会。主要做法包括：

(1) 坚持合法用工。公司严格遵守新《劳动法》并按照有关法律法规的规定，建立以市场机制为导向、符合企业发展要求的劳动用工制度，与所有员工签订劳动合同，根据国家规定为员工办理医疗、养老、失业、工伤、生育等社会保险，为员工提供健康、安全的生产和生活环境，切实维护员工的切身合法利益。

(2) 坚持同工同酬、按劳分配、多劳多得的原则。公司建立了科学合理的薪酬福利体系和科学完善的绩效考核体系，做到公开、公平、公正。同时，结合公司实际情况，根据法律法规及其规章的要求，制定出台了《云南铜业股份有限公司员工奖惩办法》，进一步完善现行岗位绩效工资制，着力培育和打造企业员工职业生涯良好的发展通道，建立与现代企业制度相适应的新型收入分配制度，有效激发全体员工的积极性和创造性。在营销系统试行了全员竞聘上岗，为搭建公平的管理平台开了一个好头。

(3) 注重员工安全生产和劳动保护。公司始终坚持贯彻“安全第一”的方针，认真落实安全生产责任制，为员工健康与生命安全构筑一张严密的防护网。注重对员工进行安全教育与培训，根据不同岗位的实际情况制定了切合实际的劳动保护用品发放标准，为员工配备了必要的劳动防护用品及保护设施，不定期对公司安全生产进行全面排查。为有效提高员工的安全生产意识和自我保护能力，公司多次组织员工参加开展安全生产知识竞赛和消防安全应急处理和逃生演练，取得了较好的效果。

(4) 关心员工身体健康。公司不定期组织医护人员来公司为全体员工进行常规体检，发现问题及时复检、就诊，以确保员工的身心健康；为女员工特别是处于“三期”女员工实行特别保护，在作息时间、考勤管理上严格按照国家规定执行；针对员工的身体状况给予调整合适的工作岗位；夏天做好防暑降温措施，免费发放防暑药品和提供冰水、绿豆汤，体现公司对员工的关心和人性化管理。

(5) 重视与员工的沟通和交流。通过不定期召开员工座谈会、大学生座谈会，设立流动建议箱，组织员工满意度调查，部门经理与员工进行一对一访谈等多种方式，倾听员工心声。创办内部刊物《云铜股份》，搭建公司和员工沟通的桥梁，使之成为公司内部交流经验、通报信息、展示成就、表彰先进、鼓舞士气的重要平台，员工发挥特长、展示自己的一个很好的舞台。组织员工家属来公司参观、座谈、体验、互动，增加员工家属对企业的了解，使员工的工作能够得到更多的家庭支持。

（6）积极开展各项文化娱乐活动。不定期举办书法、绘画、摄影、插花大赛，丰富员工的业余文化生活；举办职工运动会、员工趣味活动（如拔河、跳绳比赛等），增强员工的团队合作意识和集体荣誉感；每年举行不同规模的岁末聚餐活动、新春文艺晚会和员工动员大会，在自娱自乐的同时提升员工的士气，增强员工的凝聚力和向心力。

（7）积极开展职工培训。与国内知名的培训机构中旭、行动成功教育集团合作，开展专场培训；与大专院校合作办学，组织员工参加专业知识和专题封闭集训，积极鼓励和支持职工参加业余进修培训、提升自身素质和综合能力，并为员工发展提供更多的机会和广阔的舞台，全员培训率64%。

（8）公司重视职工权利的保护。依据《公司法》和公司章程等的规定，建立职工监事选任制度，确保职工在公司治理中享有充分的权利；支持工会依法开展工作，成立职工代表大会，对工资、福利、劳动安全卫生、社会保险等涉及职工切身利益的事项，通过职工代表大会等形式听取职工的意见，关心和重视职工的合理需求；设立员工合理化建议箱，听取员工的意见和建议等，通过各种方式和途径，构建和谐稳定的劳资关系。

6.2.1.2 公司的人力资源情况

通过云南铜业股份有限公司2009～2013年的年度报告可以看出该公司的人力资源情况（表6-3和表6-4）。

表6-3 2009～2013年云南铜业股份有限公司员工构成比例

年份	类　别	生产人员	销售人员	财务人员	技术人员	行政人员	合计
2009	人数（人）	8743	122	190	1047	68	10170
	占员工总数的比例（%）	85.97	1.2	1.87	10.29	0.67	100
2010	人数（人）	8278	356	407	1411	1416	11868
	占员工总数的比例（%）	69.75	3	3.43	11.89	11.93	100
2011	人数（人）	8405	261	627	3829	1451	14573
	占员工总数的比例（%）	57.68	1.79	4.3	26.27	9.96	100
2012	人数（人）	8426	215	520	3840	1254	14255
	占员工总数的比例（%）	59.1	1.51	3.65	26.94	8.8	100
2013	人数（人）	7836	221	219	2661	1312	12249
	占员工总数的比例（%）	63.97	1.8	1.79	21.73	10.71	100

数据来源：云南铜业股份有限公司年报（2009～2013）。

如图6-2所示，由技术人员、行政人员和中专以上学历人员的百分比增长情况可以看出云南铜业公司不同种类员工与员工学历的变化趋势。

表 6-4 2009~2013 年云南铜业股份有限公司在职员工教育程度结构

年份	类别	高中（技校）以下	中专	大专	大学及以上	合计
2009	人数（人）	5939	920	1989	1322	10170
	占员工总数的比例（%）	58.4	9.04	19.56	13	100
2010	人数（人）	7138	1057	2416	1454	12065
	占员工总数的比例（%）	59.16	8.76	20.2	12.05	100
2011	人数（人）	7244	1665	2910	2754	14573
	占员工总数的比例（%）	49.71	11.43	19.97	18.9	100
2012	人数（人）	7001	1638	2856	2760	14255
	占员工总数的比例（%）	49.11	11.5	20.03	19.36	100
2013	人数（人）	5886	993	2868	2502	12249
	占员工总数的比例（%）	48.05	8.11	23.41	20.43	100

数据来源：云南铜业股份有限公司年报（2009~2013）。

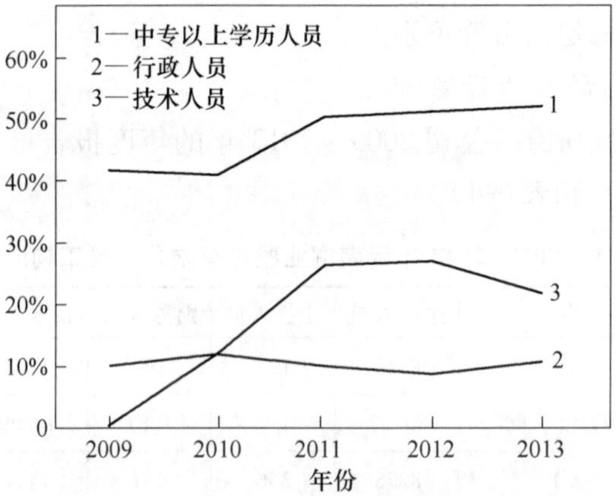

图 6-2 云南铜业股份有限公司员工类别与学历变化趋势

云南铜业股份有限公司的专业技术职称结构和职业技能等级结构在职人员中的比例不断优化（图 6-3）。截止到 2013 年 7 月，专业技术职称结构中高级、中级、初级之比为 1:2.5:5.6。在高、中、初级三类专业技术人才中，国际上认为三者科学之比应为 1:2:2.5，由此可见云南铜业股份有限公司高级人才所占比重偏小，初级专业技术人员所占比重最多，达 62%。

从图 6-4 可以看出，在云南铜业股份有限公司的职业技能等级结构中，高级技师所占份额极少，仅为 3%；高级工及其以下的员工占比较高，达到 81%。

6.2.1.3 公司的人才战略

（1）人才理（观）念。坚定不移地践行“人才强企、人才兴企”战略，树

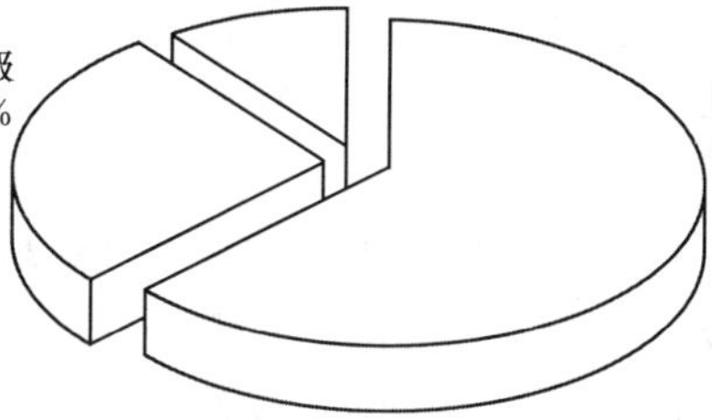

图 6-3 云南铜业股份有限公司员工专业技术职称结构

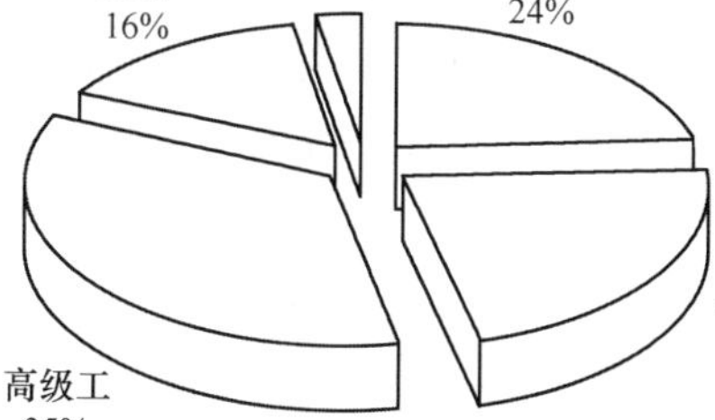

图 6-4 云南铜业股份有限公司员工职业技能等级结构

立“人才是第一资源（本）、第一战略、第一工程、实现第一要务的第一依托”的人才观，盘活存量、引进增量、优化配置、人岗匹配，变相马为赛马，破除“四唯”，选贤任能，做到人尽其才、才尽其用。

（2）人才工作方针。承接战略、服务发展；以用为本、数质并举；创新机制、高端引领；整体开发、形成优势。

（3）整体工作思路。适应云铜集团改革发展需要，创新机制，以素质能力建设为基础，以结构调整为主线，以高层次经营管理人才、高层次专业技术人才、高技能人才队伍建设为重点，培养和造就规模适度、结构合理、素质优良的人才队伍，初步确立云铜集团人才竞争比较优势，为全面实现云铜集团“十二五”发展战略目标提供坚强的人才保证和广泛的智力支持。

（4）人才规划目标。基于战略和管理需要，提出 2013 ~ 2015 年人力资源“2431”规划目标，以目标引导和推进人才工作持续健康发展。

6.2.2 案例 2：云天化集团有限责任公司

6.2.2.1 公司简介

云天化集团有限责任公司的前身云南天然气化工厂，始建于 1974 年，1977 年建成投产，是我国 20 世纪 70 年代初首批引进国外成套设备建成的 13 家大型氮肥企业之一，1990 年被评为云南省第一家国家一级企业，1996 年被国家经贸委确认为全国512户重点企业之一，1997年3月经云南省人民政府批准，整体改制为省政府授权经营的国有独资有限责任公司，2002年被确认为云南省重点培植的10户企业集团之一，集团公司已于2000年8月由水富县搬迁至云南省省会昆明市。

目前，集团已经形成化肥、有机化工、玻璃纤维新材料、盐和盐化工、磷矿采选和磷化工等六大主要产业及系列产品，相继形成了以云南云天化股份有限公司为主体的水富化肥、有机化工生产基地，以云南云天化国际化工股份有限公司为主体的高浓度磷复肥生产基地，以云南磷化集团有限公司为主体的磷矿采选基地，以云南盐化股份有限公司为主体的昆明、一平浪盐业和盐化工生产基地，以重庆国际复合材料有限公司为主体的无碱玻璃纤维生产基地，以云南马龙产业集团股份有限公司主体的磷化工基地，以云南天安化工有限公司为主体的合成氨生产基地，以云南天创科技有限公司为主体的嵩明精细磷化工生产基地。

目前云天化集团已形成了跨地区、跨行业、跨所有制经营的大型综合性企业集团，是中国企业500强成员之一。

6.2.2.2 公司的人力资源情况

通过云天化集团有限责任公司2009～2013年的年度报告可以看出企业的人力资源情况（表6-5和表6-6）。

表6-5 2009～2013年云天化集团有限责任公司在职员工专业结构情况

年份	类 别	生产人员	销售人员	财务人员	技术人员	行政人员	合计
2009	人数（人）	7729	398	112	534	378	9151
	占员工总数的比例（%）	84.46	4.35	1.22	5.84	4.13	100
2010	人数（人）	8208	388	141	821	748	10306
	占员工总数的比例（%）	79.64	3.76	1.37	7.97	7.26	100
2011	人数（人）	7835	225	147	688	1245	10140
	占员工总数的比例（%）	77.27	2.22	1.45	6.78	12.28	100
2012	人数（人）	7805	337	151	678	1281	10252
	占员工总数的比例（%）	76.13	3.29	1.47	6.61	12.5	100
2013	人数（人）	13519	777	416	2376	2854	19942
	占员工总数的比例（%）	67.79	3.9	2.09	11.91	14.31	100

数据来源：云天化集团有限责任公司年报。

表6-6 2009～2013年云天化集团股份有限公司在职员工教育程度结构

年份	类 别	硕士学位	大学学历	大专学历	中专以下学历	合计
2009	人数（人）	57	970	2044	5883	8954
	占员工总数的比例（%）	0.64	10.83	22.83	65.7	100

续表 6-6

年份	类　别	硕士学位	大学学历	大专学历	中专以下学历	合计
2010	人数（人）	52	1224	2125	7098	10499
	占员工总数的比例（%）	0.5	11.66	20.24	67.6	100
2011	人数（人）	85	2390	3434	5602	9511
	占员工总数的比例（%）	0.81	13.22	23.16	62.81	100
2012	人数（人）	86	2386	3524	5583	9579
	占员工总数的比例（%）	0.81	13.1	23.86	62.23	100
2013	人数（人）	261	3011	5473	11197	19942
	占员工总数的比例（%）	1.31	15.1	27.44	56.15	100

数据来源：云天化集团有限责任公司年报。

图 6-5 对云天化集团技术人员、行政人员和中专以上学历人员的百分比增长情况进行了对比分析。

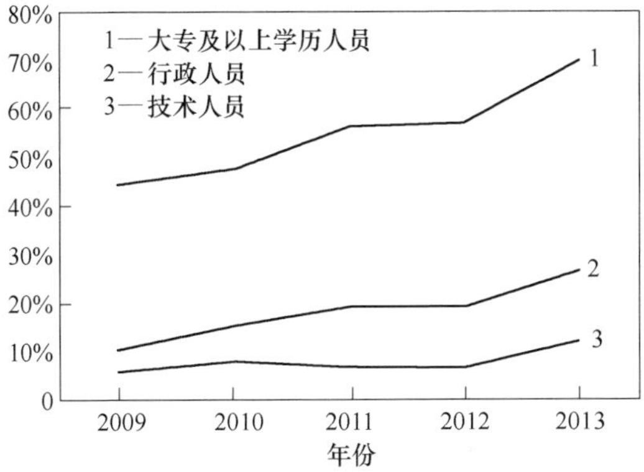

图 6-5　云天化集团员工类别与学历变化趋势

6.2.3　案例分析结论

根据对云天化集团有限公司和云南铜业股份有限公司人力资源结构对比发现（表 6-7），两家企业的人才结构与资产结构具有一致性。

表 6-7　云铜和云天化人员学历与总资产比较

年　份		2009	2010	2011	2012	2013
专科以上学历人员（人）	云铜	3311	3870	5664	5616	5370
	云天化	3071	3401	5909	5996	8745
总资产（亿元）	云铜	278	295	305	317	265
	云天化	550	670.66	710	709	656

数据来源：云铜、云天化公司年报。

由图6-6可以看出，工业人才引进和工业结构的走势大体一致，这说明云南省工业人才对工业发展具有重要影响。

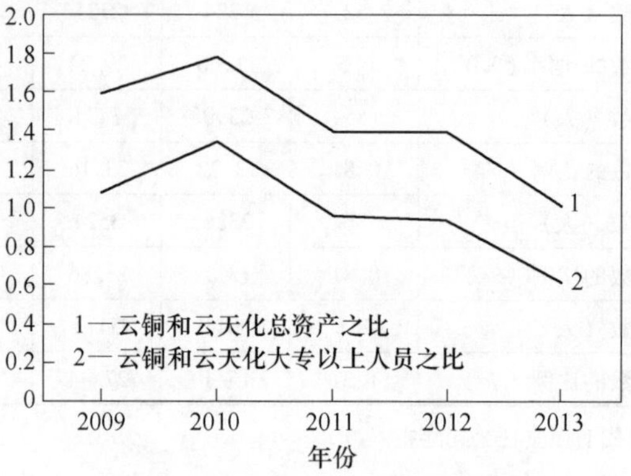

图6-6 云铜和云天化大专以上人员比例和总资产比例

由图6-7拟合的云南省规模以上工业企业R&D人员和工业总产值的走势图可以看出，云南工业产值变化与云南工业企业R&D人员变化趋势之间的缺口越来越大，说明云南企业R&D人员的创新能力不足，对工业增长的带动作用有限。

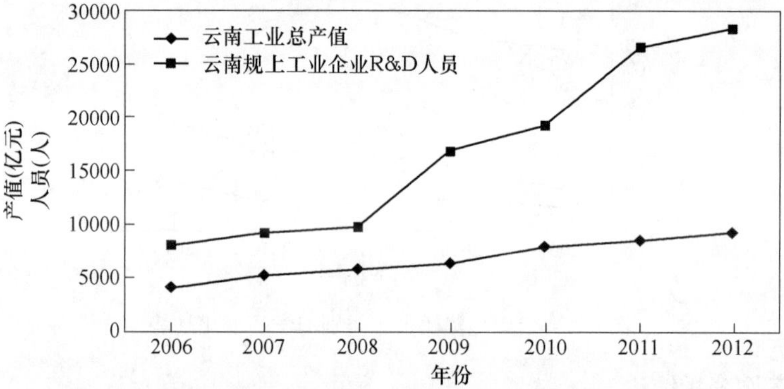

图6-7 云南工业企业R&D人员与工业产值的变化趋势

数据来源：云南工业统计年鉴和中国科技统计年鉴。

6.3 云南工业行业人才引进的提升路径

6.3.1 云南工业行业人才引进的重点

目前云南工业人才无论是从量的角度还是从质的角度都存在很大的问题，在以后的人才引进过程中，这将会成为人才引进最亟待解决的重点问题。

在量的方面，要大力引进云南工业人才，使其满足工业发展的需要。在对云铜和云天化两个个案分析中，可以看出工业人才的存量与企业对工业人才的需求量还有一定的差距，不能满足企业的战略目标，这将会阻碍云南工业企业的发展。

在质的方面，要重点引进高素质人才，提高工业行业的整体人才质量。从云铜集团和云天化股份有限公司人才结构可以看出：教育程度方面，专科以下学历较多；技术职称方面，中高级职称人员较少，初级职称居多。这种情况的存在，使得云南工业行业很难有所突破，实现快速发展。

6.3.2 成功经验和对策建议

6.3.2.1 成功经验

从云南工业人才现状及对工业的影响可以看出，轻工业人才引进高于重工业人才引进，云南工业发展方向也正偏向于轻工业，结合轻工业人才引进的措施和国外人才引进的先进做法，我们总结出人才引进的几点成功经验。这对云南整体的工业发展都有很好的借鉴作用。

政府方面：

（1）政策创新要找准人才关注的需求点、兴趣点，在此基础上为人才提供更多的用武平台。

（2）加大工业发展力度和经费投入，改善引进人才的工作生活等方面的条件，吸引和留住人才。

企业方面：

（1）企业应每五年制定一次人才资源规划，与国家发展规划同步，使得人才引进在制度上保持与时俱进，及时更新人才观念，使企业对于人才的认识和理解更为清晰深刻。

（2）围绕公司的战略目标，大力实施人才兴企战略，在全面加强人力资源管理的基础上，深化人才引进管理机制和进行机制创新，引进优秀人才，改善人才队伍结构，激活公司人力资源潜力，培养具有较强市场竞争力的人才队伍。

（3）坚持以人为本，改革创新，以吸引人才、培育人才和使用好人才为中心，建立分层分类、有利于各类人才脱颖而出、人尽其才、建功立业的人才管理体系。

（4）加强企业文化和学习型企业建设，营造有利于人才成长、进步的舆论氛围、文化环境及公平合理的人才竞争机制。

6.3.2.2 对策建议

在人才日益重要的现代化社会中，要解决以上工业人才引进方面的问题、加快人才引进就要做到以下几点：

（1）加强企业引才的主导作用。明确方向，合理规划。目前云南企业同类竞争激烈，是选择现有产业升级还是产业转型直接关系到不同类型人才引进。因此企业只有明确发展方向，才能合理规划人才引进和应用。企业要加强现状调研，针对转型升级人才需求，在企业发展不同阶段，制定合理的人才应用方案，细化人才引进需求和时间表，确保转型升级人才的强力支撑。

营造氛围，留住人才。人才不同于一般的从业人员，在现阶段，对云南企业而言还是稀缺资源，把企业发展和尊重人才等同起来，要从制度上建立一套适合人才发展的氛围，形成尊才爱才的企业文化，把人才和从业人员的学习、培训、技术交流和生活圈子营造好，以感情留人、文化聚人，实现人才和从业人员人尽其才。

技术合作、收益共享。企业在完善感情留人、文化聚人企业文化的同时，还要在激励机制方面有所突破，对企业核心技术或关键项目采用一定分成的激励机制，以团队或个人技术合作，风险、收益共享的方式推进技术创新和改造，确保做到才为我所用。

（2）积极发挥政府引导作用。加强基础建设，改善人居环境。加强硬件设施的建设，完善工业区及厂区周边的生活配套设施建设，加快生活排污系统建设，改善居住环境，加快园区交通与市域交通连接的建设，拓宽人才生活圈。加强人文环境建设，大力宣传和落实人才优惠政策，形成尊重知识、尊重人才氛围，做到“不为所有，但为所用”的用人意识，和“才尽其用”的人文环境。改善居住条件，制定合理的房价和住房政策，加快廉租、公租房和人才公寓建设，解决人才的居住问题，逐步改善居住条件，使人才落地生根。

搭建服务平台，解决共性问题。建立高级人才库，解决企业共性问题。高级人才是企业核心，但留住这些人才需要经济实力，也需要企业的人文环境和团体，更需要做到“才尽其用”和前沿知识交流、更新机会，云南绝大多数企业做不到这些，但又必须解决企业发展中的一些技术、管理、营销等共性问题，因此政府可以在这方面做一些探讨，建立共性问题的高级人才库，形成高级人才发展的环境，为企业解决发展过程中急需解决的问题。

完善招聘平台，挑选合适人才。目前云南组织部门、人力资源部门和经信部门都有人才引进渠道。基本上是以见面会为主的招聘会，虽然可以大致了解人才的基本情况，但较难全面反映人才的真实水平。建议在现有招聘方式基础上，对一些高级人才和负责企业核心技术开发的人才，建立聘用适应期，在聘用适应期期间通过项目或技术应用对人才的能力、水平及和企业适应度进行全面考察。

搭建人才培训平台，提升从业人员技能。技能人才是企业生产效率提高和生产创新的主力，现阶段云南技能人才短缺，政府和企业要加大这方面人才引进，但技能人才具有行业和生产的特殊性，大批引进有一定难度。不同企业和不同产品需要的技能也不一样，建议政府或行业协会搭建技能人才培训平台，归类按需培训从业人员，提升技能。

(3) 整合现有资源，加大政府投入。整合现有资源，制定吸引人才政策。云南一直重视人才引进，各部门制订了一系列政策，涉及方方面面，但随着产业升级的加快和城市框架的拉开，一些特定时期的人才政策已不适应现在的发展，建议有关部门对现有人才政策进行一次梳理，针对目前人才引进中诸如人才生活配套、子女教育、知识更新及住房等问题，吸引一批适合云南产业提升的特、专、尖人才。

加强人才投入，提高公共服务能力。云南这几年在人才经费投入和公共服务能力提供方面有所欠缺，对人才落户云南的吸引力有所减弱。因此要加大这方面投入，包括人才知识更新、培训、技术交流，人际圈拓宽及一些特殊津贴、重大公共技术公关奖励和生活需求等方面，构建人才综合服务平台，确保人才本地化。

(4) 拓展人才引进路径。目前，云南工业行业已经形成了一定的人才引进路径，但就人才引进的效果来看，还不太理想，人才引进路径比较狭隘，这也是导致工业人才引进总量不足的重要原因，因此拓展和提升人才引进路径，对目前解决人才引进问题是很有必要的。

由于经济发展水平、社会发展程度的制约，人才供不应求，云南省跟其他发达地区还有一定的差距，所以更要积极转变人才引进观念，由占有人才向灵活多样地使用人才转变，对此，可以采用“季节型”、“假日型”、“候鸟型”、“契约型”等柔性方式引进人才；或在发达地区开办公司，就地聘用智力资源，提升企业的技术创新能力，增强企业创新力，实行“人才本土化战略”。

6.4 本章小结

人才是工业发展的重要影响因素，更是开放型工业的核心要素。人才集人力资本和知识资本于一身，无论在生产环节、研发环节还是销售环节，都离不开人才的创新性劳动。发达地区通过大力引进人才实现了工业的跨越，而欠发达地区则是大量的人才外流导致工业发展的滞后。人才引进是工业开放的重要内容。

云南省作为工业发展相对滞后的地区，始终高度重视人才工作，制定了一系列加强人才工作的政策措施，培养造就了各个领域的大批人才，也着力引进各类人才，从云南铜业和云天化两个企业集团案例可以看出，人才对云南工业发展产生了良好的促进作用。但人才作为可流动要素，在东部沿海地区具有高工资报酬和更好的生活水平的影响下，云南省的人才流向东部沿海地区问题突出。

今后在人才引进过程中，不但要在量上壮大规模，而且要在质的方面重点引进高素质人才，提高工业行业的整体人才质量。

具体建议包括：

(1) 加强企业引才的主导作用。要明确方向，合理规划。营造氛围，留住人才。技术合作，收益共享。

(2) 积极发挥政府的引导作用。加强基础建设，改善人居环境。搭建服务平台，解决共性问题。完善招聘平台，挑选合适人才。搭建人才培训平台，提升从业人员技能。

(3) 整合现有资源，加大政府投入。整合现有资源，制定吸引人才政策。加强人才投入，提高公共服务能力。

(4) 拓展人才引进路径。

7 云南工业技术引进

云南省是一个多民族边疆省份，面对全球经济区域化的发展要与全国同步实现全面建设小康社会的目标，云南面临着人口、资源、生态等诸多方面的压力，必须着力解决好“三农”、新型工业化、生态环境保护、社会进步等方面的重点问题。这些问题的应对和解决，对云南省科技发展提出了更多的要求，必须发挥科学技术第一生产力的作用，通过大力引进技术，充分运用科学技术和依靠科技进步和创新。

7.1 云南工业行业的技术水平现状

2000 年在对全国 31 个省（自治区、直辖市）的科技进步基础、科技活动投入、科技活动产出和科技促进经济社会发展等四个方面，利用加权综合和系统聚类方法进行了综合评价。评价结果显示云南仍然处于落后位置。

1990～2009 年全国平均全要素生产率为 1.041，达到效率前沿面，其平均增长率为 4.1 %。其中天津 1.063、上海 1.058、福建 1.058、湖北 1.056、海南 1.056，增长率分别为 6.3%、5.8%、5.8%、5.6%、5.6%。广西、贵州、云南的全要素生产率较低，广西 1.007、贵州 1.017、云南 0.991，增长率分别为 0.7%、1.7%、0.9%。

2006 年根据综合科技进步水平指数，可将全国 31 个省（市、区）划分为五类：第一类为综合科技进步水平指数高于 60% 的地区，包括上海、北京和天津。第二类为综合科技进步水平指数低于 60%，其中高于全国平均水平（47.11%）的地区有广东、江苏、辽宁和浙江。第三类为综合科技进步水平指数低于全国平均水平，其中高于 40% 的地区有陕西、山东、湖北、福建和重庆。第四类为综合科技进步水平指数在 40% 以下，其中高于 30% 的地区有 15 个省区。第五类为综合科技进步水平指数低于 30% 的地区，有 4 个省区，云南属于第五类。从科技进步环境、科技活动的投入和产出等方面看，仍然维持着东部强中西部弱的格局。

2013 年在科技进步环境指数的排序中，上海、北京、天津、江苏、广东、浙江、山东排在前 7 位，均高于全国平均水平（全国科技进步环境指数为 58.59%）。参照 2012 科技进步环境指数的排序，位次上升最快的地区是安徽，由上年的第23位上升至第14位；广西由上年的第26位下降至第29位；云南由上年第25位下降至第28位。参照2012科技活动产出指数的排序，位次上升最快的地区是内蒙古，由上年的第28位上升至第17位；云南和江西分别由上年第24位和第27位上升至第21位和第24位。在高新技术产业化指数的排序中，天津、上海、北京、江苏、重庆、四川、广东、湖北、山东、福建排在前10位，高于全国平均水平（全国高新技术产业化指数为50.00%）。参照2012高新技术产业化指数的排序，位次上升最快的地区是广西和云南，分别由上年的第21位和第26位上升至第14位和第19位。

从总体情况来看，云南省的技术水平仍然处于很落后的水平，这在很大程度上制约了经济的发展，无先进技术就无强劲的发展动力，未来几年是云南科技发展的重大战略机遇期。云南经济要实现跨越式发展，要做强支柱产业、发展新型产业、创新传统产业，寻求新的经济增长点，提高就业水平，加快经济效益的提高，加快国际合作，谋求与周边国家的双赢，构建并实现和谐社会的蓝图，必须充分发挥科技这个“第一生产力”的作用，全面推进创新体制的建设，迅速增强科技创新能力，靠科技创新来有效支撑与全国同步实现小康目标，为实现第三步战略目标奠定基础。而科技创新的源泉来自创新的体制引导，政府的保障政策，以及有创新能力的、高素质的科技人才队伍。

结合云南省的自身情况，其科研能力有限，如果完全依靠自身力量提高技术水平需要较长的时间。当前，经济发展已经融为一体，各国各地区彼此之间的经济联系日益紧密，云南省完全可以通过各条国际渠道来引进吸收外国的先进技术，通过与国内各地区展开技术合作交流，以及通过自身的政策鼓励、企业研发、科研合作等各个方面的途径，较为快速地提高自身的技术水平。

本节以云南省的技术引进为切入点，重点分析了自1999年云南省提出科技入滇政策以来全面提升自身科技水平的背景下，全省部分领域各大型企业的技术引进以及自主研发状况，通过对这些企业技术行为以及政府的科技引导的归纳和总结来阐述云南省的技术基本情况。

7.2 云南省技术引进现状及其影响评价

7.2.1 云南省技术引进现状

1987年云南省技术市场成交额仅为0.2亿元，直到1996年的成交额才达到5.34亿元，1997年的成交额为5.45亿元，整个技术市场的成交额没有大幅的增长变化；1998年云南省技术市场交易总额为12.71亿元，2012年的交易总额为45.48亿元，这15年是云南省技术市场最为活跃、交易量大、技术活动较为广泛的时期（图7-1）。

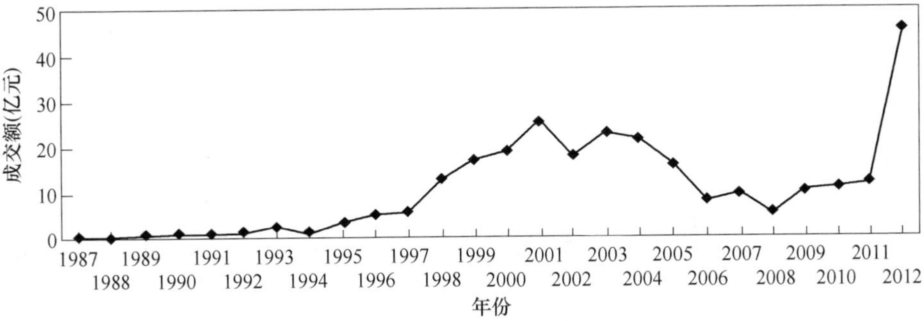

图 7-1 1987~2012 年云南省技术市场成交额

2000 年云南省全省登记的重大科技成果为 531 项，2013 年为 1121 项（图 7-2）；其中，波动较明显的是 2001 年和 2008 年，分别登记 290 项和 211 项。从整体情况来看，全省重大科技成果呈明显的总体上升趋势，而且发展较快；其中应用技术成果占总科技成果的 90% 以上，这也反映出企业作为科技研发和利用的主体性。科学技术就是生产力，而技术只有与企业相结合，用于实际的生产过程中，才能转化为生产力，进而创造出新的需求、新的产品来带动经济的发展。

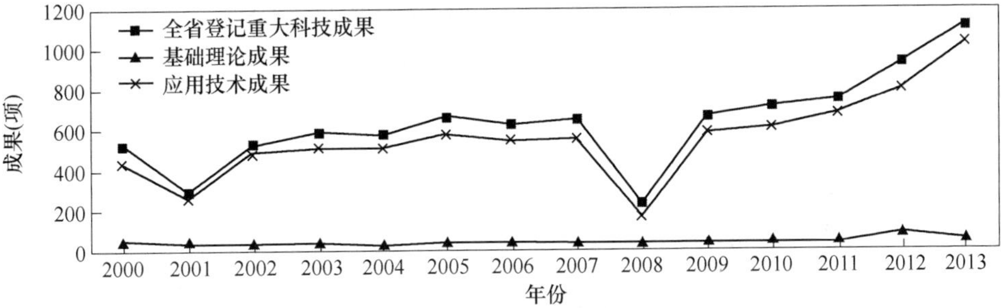

图 7-2 2000~2013 年科学技术成果情况

资料来源：云南统计年鉴。

专利授权量基本上反映了某个地区或是单位个人科技行为的产出能力，也是反映整体科技进步水平的一个重要度量。2000 年云南省的整个专利授权量为 1216 项，2013 年总授权量为 6804 项（图 7-3）；波动比较明显的年份是 2008 年，专利授权量为 19930 项；从整体来看，云南省的专利授权量呈现平稳的增长态势，其对整个科技水平的进步起着积极的促进作用。

技术合同的签订，既包括国内的经济技术合作，也包括与国外的技术交流。如图 7-4 和图 7-5 所示，2000 年的技术成交量为 2054 项，合同成交额为 18.77 亿元；2012 年技术成交量为 2254 项，合同成交额为 45.78 亿元；而 2013 年技术成交量为 3093 项，合同金额为 43.67 亿元。从整体情况来看，全省的技术市场

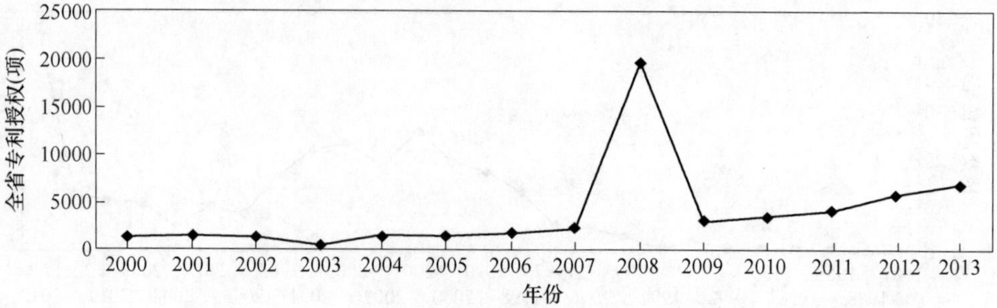

图 7-3 2000~2013 年云南省全省专利授权情况

资料来源：云南统计年鉴。

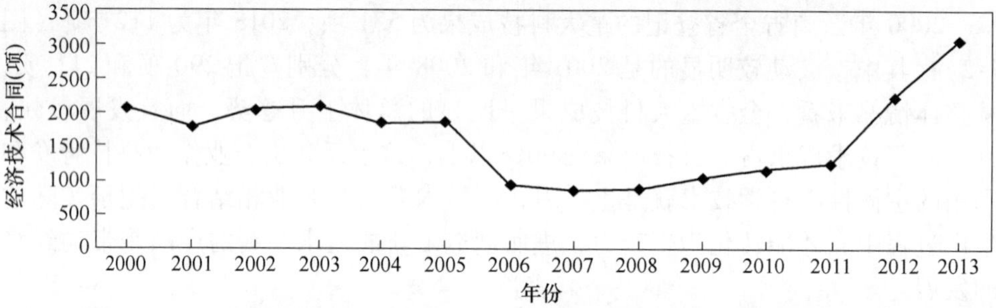

图 7-4 2000~2013 年云南省签订经济技术合同情况

资料来源：云南统计年鉴。

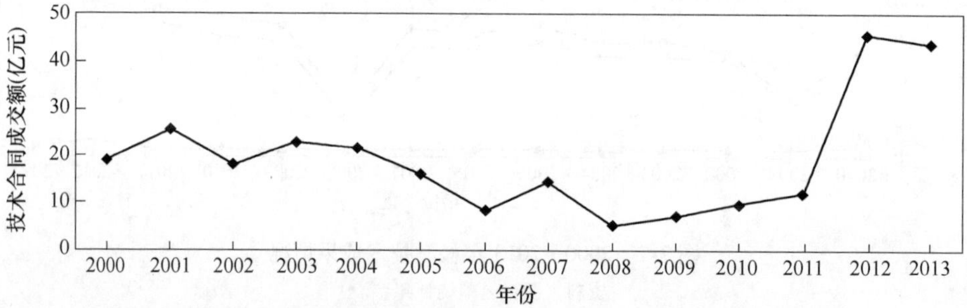

图 7-5 2000~2013 年云南省签订技术合同成交额情况

资料来源：云南统计年鉴。

买卖处于不规则的波动状态，且从 2000 年开始到 2010 年，技术成交量和成交额总体上一直处于下滑趋势；但 2011~2013 年，技术市场呈现突飞猛进的增长。

研究认为，造成上述现象的主要原因在于技术市场主体的行为。在“十五”和“十一五”期间，云南省的经济结构和发展思路得到了进一步的完善。首先，三次产业结构调整更趋合理，烟草产业继续发挥支柱作用，能源、原材料、有色金属深加工、化工等非烟产业持续增长，成为推动工业增长的主要力量，而作为技术主体的企业，同时期在这些领域取得了很多的技术创新成果，可以说这些产业无不是依赖企业的技术创新才得到新的增长。其次，在整个社会重视创新的背景下，云南省政府也采取了一系列的技术激励政策，例如给予政策和资金支持，提供技术合作途径，建立技术创新研究中心等，来激发企业的主体能动性，而企业自身也越来越投入更多的资金和人力来促进技术的研发与利用。所以，与2000年以前相比，这一时期的变化主要是企业研发的技术成果增多，而不像以前那样主要依赖技术引进，所以整体来看技术成交活动有所减弱（表7-1）。

表7-1　近20届昆交会技术合作情况

届　次	1	2	3	4	5	6	7	8	9	10
进出口总额（亿美元）	8.3	7.78	7.22	6.37	7.8	9.51	4.2	5.32	5.89	6.67
协议利用外资总额（亿美元）	9.21	6.42	6.83	5.6	3.78	7.88	12.02	13.51	13.82	9.99
技术合作（项）							159	209		160
总金额（亿美元）							44.06	84.06		60.1
届　次	11	12	13	14	15	16	17	18	19	20
进出口总额（亿美元）	8.31	9.39	9.32	9.68	10.39	18.67	10.8	13.36	2.64	18.08
协议利用外资总额（亿美元）	11.8	10.72	6.65	7.4	7.52	8.1	9.2	10.6	6.61	59.5
技术合作（项）		180	250	6	14	17	5	9	1	18
合作金额（亿美元）		300.7	303	2.95	1.54	2.02	0.71	0.85	0.47	3.1

数据来源：《云南省科技统计公报》。

7.2.2　云南省技术引进的行业分析及其影响

由于缺乏相关官方数据，以下将主要以案例分析的形式对云南省技术引进的分行业情况进行说明。

7.2.2.1　行业一：传统行业

（1）从2013年起，农村中心联合云南霖成花卉有限公司与马来西亚胡姬兰花园公司围绕引进马来西亚优势兰花品种和繁育技术、在云南建立兰花种质资源圃等内容达成合作意向。2013年11月首批引进马来西亚9个兰花新品种（石斛兰）、1200株种苗在玉溪、西双版纳及昆明等地进行试种试验，并取得成功。下一步将扩大试验规模并筛选适宜云南规模化发展的品种进行推广种植，推动马来西亚兰花新品种在云南产业化开发。

（2）为构建云南与新西兰现代农业科技合作的平台，2013年省情报院与新西兰皇家植物食品研究所集团共建了联合研究中心。该研究中心的建设将利用新西兰皇家植物食品研究所的农业先进技术、专家团队和丰富的管理经验，发挥省情报院的国际合作平台资源和开展国际技术转移的经验优势，加强云南与新西兰在农业新品种及种植技术的引进、农业生产和保鲜技术、农业生产过程中水资源的保护、食品安全、人才培养等方面的深入合作。

（3）2013 沪-滇科技成果对接洽谈会在云南保山腾冲举行，沪滇两地企业、科研机构、风险投资机构和技术中介服务机构参加了对接洽谈会。借助此次洽谈会，上海市 112 项技术先进成熟、市场前景广阔，已在全国推广应用的重大科技成果与云南 327 项企业重大技术需求实现了有效对接，对接项目主要涉及高原特色农业、生物医药、光电子、有色金属新材料等领域。洽谈会上，共签署了 30 个项目合作协议，签约金额达 4.29 亿元。

（4）“300 千安大型预焙铝电解槽曲面阴极技术的开发与产业化”项目取得重大技术突破。由云南冶金集团股份有限公司通过与中南大学合作研究开发出新型曲面阴极结构铝电解槽及相关配套技术，进行产业化应用。此项目成功对铝电解工业节能增效与可持续发展，以及实现低碳经济发展的目标具有重大意义。

（5）2012 年云南铝业股份有限公司承担“4 万吨/年高强度铝合金圆杆生产技术开发”项目，在对国外引进的先进连铸连轧机组进行消化吸收再创新的基础上，开发出小角度倾斜浇注等 6 项新技术，申请发明专利 2 件，授权 1 件，实用新型专利授权 4 件，制定了企业标准，建成了国内第一条具有自主知识产权的 4 万吨/年高强度铝合金圆杆生产线，实现了 YL185、YL297、6201 等高强度铝合金圆杆产业化生产，产品性能处于国内领先水平。

7.2.2.2 行业二：资源型重工业

（1）2005 年云锡集团成功引进澳大利亚高新技术建成了澳斯麦特强化熔炼炉，并在消化、吸收的基础上进行二次自主创新，大胆创新了 4 项自主知识产权，形成了云锡特色的“澳斯麦特炉还原熔炼—烟化炉挥发”两段熔炼工艺。从根本上改变了我国锡精矿还原熔炼过程的落后面貌，使云锡的锡冶炼整体水平保持世界领先地位，继续引领和代表了当今世界锡冶炼的最高技术和装备水平。

（2）为开发文山州丰富的低品位铝土矿资源，通过与美国犹他大学、昆明冶金研究院、中南大学等开展“文山中低品位铝土矿选矿新工艺研究”、“铝工业烟气脱硫及资源化利用”等一批科技项目的对外合作开发，攻克了文山中低品位铝土矿生产氧化铝及综合利用和烟气脱硫及资源化利用技术难题，建成了最先进的生产氧化铝的技术和装备。2013 年，云南文山铝业公司实现销售收入 12.73 亿元，其中高新技术产品销售收入 12.68 亿元，利税 1.25 亿元，申请专利 16 件，公司被认定为高新技术企业。

（3）“云南柯公河 10MW 水电 CDM 项目”（项目编号：3015）首笔核证减排量成功获得联合国 CDM（清洁发展机制）执行理事会（EB）签发。该项目是云南省技术服务机构首个独立开发，获得联合国注册和签发的 CDM 项目，项目的成功签发标志着云南省在清洁发展机制技术领域的技术服务水平进入了国际先进行列，对进一步推动云南省清洁发展机制项目的开发具有重要的经济价值和环境效益。

（4）红河砷业公司和云锡研究设计院共同完成高纯铟制备综合工艺技术及低温制备无水三氯化铟工艺技术，所制备的高纯铟（5N、6N）产品质量达到 GB 8003—87 标准。完成了 ITO 粉、三氯化铟等铟化合物制备工艺技术研究，该项目取得了一批自主创新重要成果，申请国家发明专利 2 项，培养了一批科技人才。

（5）云南驰宏锌锗股份有限公司通过关键技术“深井开采全尾砂—水淬渣膏体物料泵送充填技术研究”的实施，建成充填能力 60 立方米/时的矿山膏体充填工艺技术系统，解决了深井复杂矿床安全高效开采和低贫损回采难题。依托资源、技术优势和激励创新机制，公司新申请专利 22 项，获得发明专利授权 7 项、实用新型专利 2 项。

（6）2006 年度，云南省获得了 4 项国家级科学技术奖励，其中云南铜业股份有限公司（以下简称云铜股份）主持完成的“富氧顶吹铜熔池熔炼技术”获国家科学技术奖科技进步类二等奖。这是云铜股份科技进步征途上的一个重要里程碑，是引进消化吸收再创新的典范，说明了云南省不仅在有色金属资源上有优势，而且在冶金技术上也走在了全国的前头，云南作为有色金属“王国”当之无愧。

（7）2006 年云南冶金集团总公司（CYMG）引进国外先进的艾萨（ISA）炉顶吹沉没氧化熔炼技术与企业自主开发的富铅渣云南冶金集团总公司（CYMG）炉还原技术进行技术集成、再创新，形成由艾萨炉氧化熔炼-富铅渣炉还原熔炼直接进行粗铅冶炼的新技术。本研究成果以我国丰富的硫化铅矿为目标，形成了自主知识产权，为产业化提供了经济效益好、能源消耗低的全套生产工艺技术，首次在世界上实现 ISA-SYMG 粗铅冶炼新技术的工业化应用。

（8）一种用于铜火法精炼固定式、回转式阳极炉的新型、高效、清洁还原剂产品在云南省开发成功并在冶金行业得到应用。该还原剂是昆明理工精诚科技有限责任公司科技人员通过 2 年多的努力，在已开发的第Ⅰ代煤基还原剂的基础上，通过增加新的制备工艺，优化生产流程而获得的性能更优的换代产品，被称为第Ⅱ代煤基 $\alpha 2\beta 3\gamma 3$。产品在云铜股份公司、富春江冶炼厂、广州铜材厂等省内外数家炼铜企业得到工业应用并取得理想效果。两年来，企业通过项目实施，实现销售收入 1450 余万元，利税 204 万元。

7.2.2.3 行业三：高新技术行业

（1）云内动力股份有限公司是云南省首批认定的国家级高新技术企业，自 2008 年后，公司不断加大研发投入，引进国外先进技术及设备，与浙江大学、北京理工大学建立长期合作关系，构建了国内外合作的技术创新体系，通过持续创新研发出 D 系列柴油机和 YN 系列柴油机 10 余项高新技术新产品。目前公司拥有自主知识产权74项，其中发明专利2项，实用新型56项，外观专利7项。

（2）云南寰宇生物医学研究所、上海大学、云南省情报院、云南省肿瘤医院、云南省创新生物产业孵化器管理有限公司共同成立云南省生物医学产业技术创新战略联盟，标志着云南省生物医学产业产学研合作迈向新的阶段。

（3）云南南天电子信息产业股份有限公司在成功开发了近千个金融计算机应用系统后，自主研发、具有自主知识产权、面向现代商业银行核心业务处理的新一代商业银行综合业务系统。为完善与发展商业银行综合业务系统，进行产品的行业化推广应用，为国内银行业的核心业务系统的建设提供了多样化的选择。

（4）奥雷德光电科技股份公司从美国意麦金公司引进了国家首批“千人计划”入选者季华夏博士作为公司技术总监，利用其掌握的“主动式OLED微型显示器”产业化技术，公司顺利攻克了微型显示器总体结构设计、光刻工艺、密封技术、高效率OLED发光结构设计及制造工艺等关键技术，成功研制出达到国际先进水平、具有独立自主知识产权的0.5英寸800×600主动式OLED微型显示器，填补了国内空白。先后获得授权发明专利5项，国防专利1项，实用新型专利3项，外观专利2项。

（5）2012年，昆明贵金属研究所的“抗胃癌化学药1类新药LLC-0601临床前预研究”项目取得重要进展，项目突破了铂类抗癌药水溶性差的关键技术难题，建立了成熟的合成方法，形成了满足临床要求的制剂工艺路线，研究结果表明LLC-0601抗癌活性高于目前抗癌药品庚铂和卡铂，毒副作用明显小于庚铂和卡铂，成药性好，具有重要的应用开发前景，已获得3项发明专利授权。

（6）2011年，贵研铂业股份有限公司研究开发出贵金属封装材料制备新技术16项，申请国内发明专利18件，主持起草制定国家军用标准2项，修订国家标准2项、制定企业标准7项、修订企业标准2项，建成了4个系列产品专业化生产线，形成了年产38吨封装材料系列产品产能，获国家重点新产品认定2项。该项目产品在相关军工配套及民用电子行业数十家企业获得应用，形成了多项具有自主知识产权的核心技术，对我国该领域高新技术的发展发挥了重要支撑作用。

（7）2010年云南天创科技有限公司依靠自主创新，成功开发出一种高品质磷酸三钙生产技术，并建成了2000吨/年高品质食品级磷酸三钙生产装置，实现了产业化生产。该产品的成功开发，将为云天化集团拟建设的1万吨/年产业化装置提供技术支撑，对提升云南精细磷化工产业深加工技术水平，推动磷化工产业化创新基地建设具有重要意义。

（8）自主创新是一个企业持续发展的动力之源。云南白药集团已经拥有29项完全自主知识产权，累计申请发明专利36件、申请外观设计专利40件、申请国外发明专利6件。公司拥有国外商标注册证34件，国内商标注册证100多件，版权1件，国家级技术秘密9件，国家中药品种保护证书13件。通过多年努力，公司牢牢控制了云南白药的全球经销权，实现了品牌跨越，提高了公司的市场竞争力。

7.2.2.4 行业四：装备制造业

（1）“恒速负载追踪与变频调速二合一节能新技术”是国际领先的节能技术，云南省科技厅高度重视该项科技成果在云南的落地。美国 Arex Energy Inc. 与昆明阳光基业股份有限公司经过洽谈、实地考察，决定由双方共同出资100万美元正式成立“阳光爱瑞斯能源科技公司”，对“恒速负载追踪与变频调速二合一节能新技术”进行成果转化和产业化。

（2）2003年，“金利马项目”由云南东方红节能设备工程有限公司投资，并组建了昆明金利马热力设备有限公司。当时，金利马不仅引进了国际先进水平的美国热泵技术，还自主开发了多项热泵生产技术，拥有了供热水系统多项发明专利及实用新型专利。

（3）2011年10月，省科技厅、省能源局、中国运载火箭技术研究院和国电科技环保集团股份有限公司在昆明共同签署了“建设风电整机制造基地战略合作协议”。作为科技入滇的重要成果之一，制造基地设计产能不低于30万千瓦/年。风电设备整机制造基地项目落户云南，将在云南省风能深度开发、提升装备制造水平方面发挥积极作用。

（4）2012年云南昆钢钢结构有限公司、中冶建筑研究总院有限公司、云南省设计院及中国京冶工程技术有限公司等9家单位组成产学研联合舰队，经过十年磨砺，攻克钢结构房屋体系关键技术，实现产业化应用。研究成果已在云南、北京等地的17个建筑工程中应用，总建筑面积达100余万平方米，经济、社会效益和环保效益显著，并在云南、四川地震灾后重建中发挥了重要作用。

（5）2008年昆明机床突破了8项关键核心技术，实现了7项技术创新，制定了FMS柔性制造系统企业标准，成功开发出FMS1000型和FMS1600型两种规格的柔性制造系统。该系统已成为国内规格最大、精度最高、结构最复杂的FMS柔性制造系统，技术处于国内领先、国际先进水平，使我国在大、重型精密柔性制造系统的关键技术实现了重大突破，缩短了与国外产品的差距，可替代同类产品的进口。

（6）2011年昆明船舶设备集团有限公司突破“虚拟视窗”控制等多项关键技术，开发出环形轨道堆垛机互备高架立库存储系统、自动补货穿梭车等关键子系统和单机设备，形成了具有自主知识产权的多功能、可适用于多个领域的物流配送系统解决方案，整体技术达到国内领先水平。获得实用新型专利授权8项、登记软件著作权1项。

（7）2011年武钢集团昆明钢铁股份有限公司开发出具有自主知识产权的500

兆帕高强度钢筋产品并实现了产业化，在国内首次开发出低成本富氮微合金化控冷工艺产业化成套技术，申请了国家专利14项，其中发明专利8项。总体技术达到国内领先、国际先进水平。产品已在昆明新机场、昆明“和谐世纪”、玉溪“磊山大厦”等一批重点工程和大型建筑中成功得到应用，经济效益和社会效益显著，推广应用前景广阔。

（8）云南省化工研究院具有自主知识产权的国际领先技术“高效利用反应热副产工业蒸汽的热法磷酸生产技术”荣获2008年度国家科学技术奖技术发明二等奖，从第一套副产工业蒸汽的热法磷酸生产装置投入运行到2008年年底，已经向行业内20个企业35套生产装置实施了技术转让，覆盖了国内生产能力的40%，取得了显著的经济效益和社会、环境效益。是落实科学发展观，用高新技术改造传统产业，促进节约能源、保护环境的国际领先技术。

7.2.3 云南省技术引进主要特点及存在的问题

7.2.3.1 第一阶段（1986～1995年）：云南省技术水平初步发展时期

首先从现有数据上看，整个技术市场的成交额都没有大幅的增长变化，其次这个时期的云南省整个经济发展都集中在了农业、制烟与资源型工业上，技术水平还没有在这些行业的发展中明显突出作用。下面着重从云南省的整体情况阐述其中的原因。

这一阶段，云南省面临的总体情况是：

（1）生产力水平低，是全国少数几个保留了“刀耕火种”原始生产方式的省区之一，农业科学技术的覆盖率非常低。

（2）发展不平衡，内地与边疆、坝区与山区的生产水平差距很大。

（3）交通闭塞是云南经济发展的最大制约因素。许多地方仍然处于封闭、半封闭状态，信息不灵，交流有限，极不适应商品经济发展的需要。

（4）教育科技落后，文盲人数仍占全省总人口的40%以上。

（5）资源利用率不高，虽然全省具有相当丰富的生物、矿产、水力、旅游等资源，但开发利用系数却很低。

在上述基础上，形成了以农业发展为基础、以两烟发展为主导，并优先发展云南省具有相对比较优势的产业，如制糖工业、茶叶、有色金属等的产业政策和思路。与此同时，技术引进的主要牵引力——投资主要应用于农业基础设施建设、能源工业基建和基础交通通讯设施的建设上。例如“七五”时期全省安排了44项大中型水利工程建设，大大改善了灌溉条件；田坝煤矿；利用西班牙贷款建设昆明至玉溪程控电话；澜沧江梯级电站；还有烟厂技术改造，10年投入2.5亿美元，配套人民币15亿元，引进9条制丝线，222台嘴烟卷接设备，151台嘴烟包装设备，使云南卷烟生产的技术装备优势在全国迅速占据领先地位，提高了产品质量，名优烟品种达28种，名优烟产量占全国的70%。

由于整个经济基础薄弱，再加之走的是资源型发展的道路，使得高科技的研发与引进难以在这种土壤中萌芽和发展，可以说这是云南省在此十年间技术市场不活跃的主要因素。

7.2.3.2 第二阶段（1996～2000年）：云南省技术水平发展阶段

（1）这一时期在继续发挥烟草产业优势的同时，着力培植以食品为重点的生物资源开发产业，以磷化工、有色金属为重点的矿产资源开发产业、旅游产业和信息产业，力争形成一批新的支柱产业和新兴产业。

（2）全面实施“科教兴滇”战略，促进科技教育与经济的紧密结合。

（3）20世纪90年代后期云南省对东南亚、南亚开放，为云南省的技术发展提供了重要的通道和机遇。

7.2.3.3 第三阶段（2001～2012年）：云南省的技术快速发展时期

（1）这一阶段云南省的产业布局情况。烟草产业继续发挥支柱作用，竞争力提高，新产品开发、市场营销等迈上新的台阶；能源、原材料、有色金属深加工、化工等非烟产业持续增长，成为推动工业增长的主要力量；天然药物、生物化工、绿色保健食品等新兴生物资源产业增长速度明显加快，成为新的经济增长点。

（2）这一阶段的技术情况。从现有数据来看，云南省的技术引进主要集中在传统行业、装备行业和资源型工业。重要行业工业装备和技术水平大幅提高，电解铝、铜和铅锌冶炼、磷化工、锡基新材料等装备和技术达到国际先进水平。企业的自主研发新技术的主体性越来越突出，而且其新技术成果能达到行业或国际水平。伴随着新兴产业和高科技产业的快速发展，高新技术的研发成果与引进无论从数量上还是技术含量上都呈现上升态势，这对云南省整个技术水平的提高无疑是新的更有潜力的促进力。

（3）这一阶段全方位对外开放蓬勃展开，为云南省的经济技术合作提供了更广泛市场和途径。同时，政府采取了大量的科技激励政策，并且与前15年相比，提供了更多的技术交流场所、技术合作保障、技术交易信息等，这两方面的有利因素都极大地促进了企业或科研组织的技术研发或技术引进的积极性。

7.3 云南工业行业技术引进的重点

近几年云南省的技术创新水平虽然逐步提高，但与全国其他地区相比仍然处于落后水平。例如，2012，云南省R&D经费投入为687548万元，较2011年增加126751万元，增长22.60%。R&D经费投入强度（与地区生产总值之比）为0.67%，提高0.04个百分点，低于全国1.98%的R&D经费投入强度，在全国排第26位，排位较2011年上升1位。2013年，云南省全社会研究与试验发展（R&D）经费支出79.8亿元，R&D经费投入强度为0.68%，较2012年提高0.01

个百分点，在全国排名第26位。结合本章的研究，主要从以下两方面提出对云南省的技术引进现状的改进意见。

（1）需要继续完善“以市场换技术”战略和“以资源换技术”战略。云南拥有丰富的资源优势，在引进技术时要充分发挥资源优势，以资源为优势和资本，来吸引外来的资金特别是先进技术，使资源与技术得到良好配置，形成现实生产力。其次，技术引进应重点考虑在云南省特色、优势和重点产业中具有市场潜力且在未来竞争中取得优势的相关技术；鼓励和引导本省企业与大公司或发达国家技术先进企业建立战略联盟关系，参与大公司主导的技术研发活动；鼓励国内企业与外资企业开展技术配套，加速高新技术研发领域的国际化进程。

（2）强化企业的主体地位，发挥市场机制的基础性作用。首先，要强化企业的技术引进主体地位，增强企业在技术引进中的市场意识和效益意识；其次，建立适当的中介机构，促进技术引进的实现，这些中介机构主要负责信息收集、发布，相关技术和政策咨询，以及提供交易条件和服务等，例如技术成果交流中心、产权交易中心等。

7.4 本章小结

先进技术是支撑工业发展的重要力量，技术引进和溢出是工业开放的重要内容之一。从全国科技进步水平检测报告和科技进步评价可以看出，云南省的技术水平仍然处于相对滞后状态，这在很大程度上制约了云南工业的发展。无先进技术就无强劲的发展动力。云南经济要实现跨越式发展、要做强支柱产业、发展新型产业、创新传统产业，寻求新的经济增长点，必须充分发挥科技这一“第一生产力”的作用。

云南省在“十五”和“十一五”期间的烟草产业和能源、原材料、有色金属深加工、化工等非烟产业领域取得了很多技术创新成果，对推动这些产业持续增长，成为推动工业增长的主要力量发挥了积极作用。与2000年以前相比，这一时期的突出特点是企业研发的技术成果增多，而不像以前那样主要依赖技术引进。近年来，无论是传统行业、资源型工业，还是高新技术产业和装备制造业，都大力从省外乃至国外引进先进技术，但与发达地区相比，云南工业引进技术的能力仍然相对较弱。

近几年，云南省的技术创新水平虽然逐步提高，但与全国其他地区相比仍然处于落后水平。因此，需要从以下方面加大技术引进力度：一是需要继续完善“以市场换技术”战略和“以资源换技术”战略。着力引进先进技术，使资源与技术得到良好配置，形成现实生产力。突出云南特色、优势和重点产业来引进技术，加速高新技术研发领域的国际化进程。二是强化企业的主体地位，发挥市场机制的基础性作用。大力发展技术中介机构，完善技术交易市场。

第四篇 推进云南工业开放的思路与对策

理论探索部分指出：工业开放具有“四性”，即平衡性、协调性、可持续性、金融性。平衡性是指工业产业内部、产业之间的平衡，经济类型之间的平衡；协调性是指工业产业内协调、产业间协调、城乡协调；可持续性是指工业发展不断升级，安全性不断提高，并与自然环境和谐相处；金融性是指工业发展与金融发展相辅相成，金融发展支持工业发展，工业发展向金融发展提出更高的要求。面对复杂变化的国际国内经济形势，既要突出区位，扩大对南亚东南亚的西向开放，又要扩大对珠三角、长江经济带、成渝经济区的东向开放，更要扩大对欧美发达国家的开放。在主动融入和服务“一带一路”战略进程中，将开放型工业全面植入面向南亚东南亚辐射中心建设过程，积极推动“孟中印缅经济走廊”建设，积极加入中南半岛经济走廊，在瑞丽重点开发开放试验区、勐腊（磨憨）重点开发开放试验区、沿边金融综合改革试验区、滇中新区、昆（明）保（山）瑞（丽）经济带、临沧边境经济合作区、瑞丽边境经济合作区、畹町边境经济合作区、河口边境经济合作区建设中大力发展开放型工业，以工业创新、工业开放积极推进河口－老街跨境经济合作区、磨憨－磨丁跨境经济合作区、姐告－木姐跨境经济合作区建设。使云南从对外开放的滞后地区跨越成为新时期对外开放的主导者之一。

8 云南开放型工业发展的思路与重点

基于第2章~第7章的研究结果，本章针对云南开放型工业发展中存在的问题、困难和障碍展开研究，首先明确云南开放型工业发展的战略取向，进而分析云南工业发展内外部优势与机遇，最后梳理云南开放型工业发展的基本思路和发展重点。

8.1 云南开放型工业发展的战略取向

对照本文第1章中所论述的工业开放相关内容，从目前的实际情况来看，要实现云南开放型工业的全面发展，不论是在对外贸易、外资利用，还是在人才和技术的引进方面，都仍有很多工作要做。为了提出具有针对性且符合现实条件的发展思路，以下将首先对云南开放型工业发展的战略取向进行论述。需要说明的是，此处所论及的战略取向仅指为了实现云南开放型工业而努力的基本方向和战略构想，而这种构想的实现并非一朝一夕之事，它的实现需要“善用优势，抓好机遇”。

8.1.1 实现国外国内全面开放

应改变那种开放就是面对海外开放的传统思维定式，牢牢把握“一带一路”带来的机遇，充分利用区位、资源等自身优势，统筹国内国外“两个市场”、“两种资源”，促进国际国内要素有序自由流动，推进开放型经济从片面强调对国外开放向对国外省外全面开放转变，构筑以昆明为中心的滇中地区、以曲靖为中心的滇东北地区、以玉溪为中心的滇南地区、以大理为中心的滇西地区以及保山、普洱、临沧、红河、文山、西双版纳、德宏、怒江等沿边州市对国外省外全方位开放格局，加强国际、省际经济技术合作，扩展对外开放的广度和深度。

8.1.2 实现货物、人才、技术贸易全面合作

在稳步发展货物贸易的基础上，进一步加强与周边国家和省区的基础设施互联互通和产业对接建设，推进技术、人才等贸易的逐步开放。重点支持省内优势企业到缅甸、越南、老挝、柬埔寨等周边国家参与基础设施建设、资源开发和工程承包、劳务合作，并以此为突破口，促进国外省外劳动、资本、技术、人才等生产要素自由流动，推动云南与东南亚和南亚国家在能源、交通、电力、电信、

农业等基础行业和加工制造业的广泛合作，拓宽合作领域，推动以工业品贸易合作为主向综合性合作转变。

8.1.3 实现传统优势产业与新兴产业共同开放

一要坚持科学发展，走新型工业化道路，主动承接国外国内产业转移，发挥产业转移的资本、技术、人才等优势，大力促进加工制造业从价值链中低端加工向价值链高端深加工转变，从根本上改变工业产品内需外需均为低层次的贸易格局。在承接产业转移过程中，必须坚持科学发展，严防高投入、高污染、高能耗、低效益产业流入省内，避免盲目吸收。

二要充分发挥独特的自然资源优势，推进传统产业向现代产业转变，发展具有高排他性的地方特色产品，生产加工绿色生态产品，提高产品对内对外市场竞争力，深化对内对外合作。

8.1.4 实现滇中与沿边地区协同驱动

要统筹规划各地区发展，改善各州市贸易、投资环境，完善省内互联互通统一市场，促进要素自由流动，实现以昆明为轴心，辐射全省各地的空间分布格局。应重点加快沿边地区建设步伐，合理定位沿边开放功能，集中精力建设重点开发开放试验区、沿边跨境经济合作区和沿边开放型出口加工基地。依托沿边区位、自然资源等优势，进一步建设完善布局合理、功能健全的出口加工产业园区，重点发展优势特色产业，推动云南工业对外开放主要靠滇中驱动向滇中、沿边协同驱动转变，最终实现云南各地开放型工业协调发展。

8.2 云南开放型工业发展的优势与机遇

基于上述云南开放型工业发展战略取向的分析，以下将从区位、资源、市场和产业结构四个方面分析云南开放型工业发展的优势与机遇，进而为提出符合云南省情和发展前景的基本思路奠定基础。

8.2.1 云南开放型工业发展的区位优势与机遇

结合目前多项国家战略中关于云南省发展的定位趋势，以下将主要从“一带一路”战略、“长江经济带”两方面对云南开放型工业发展的区位优势与机遇进行分析。

8.2.1.1 “一带一路”战略中的云南

云南处于古代南方丝绸之路要道，拥有面向“三亚”、肩挑“两洋”的独特区位优势，是“一带一路”建设中的重要省份。从区位看，云南北上连接丝绸之路经济带，南下连接海上丝绸之路，可以同时从陆上沟通东南亚、南亚的国家，并通过中东连接欧洲、非洲。云南是亚洲的地理中心，省会昆明是亚洲5小时航空圈的中心，是南北方向贯通亚洲南北泛亚铁路等国际大通道与东西方向联系亚非欧三大洲，贯通三大洋的新亚欧大陆桥的交汇枢纽。独特的区位优势，凸显了云南在“一带一路”建设中的地位，“推进与周边国家的国际运输通道建设，打造大湄公河次区域经济合作新高地，建设成为面向南亚、东南亚的辐射中心”已经成为“一带一路”这一国家战略对云南的定位。而相比“一带一路”中另一重要省份新疆，虽然同属连接周边国家的重要门户，云南省目前重在加强与东盟十国和南亚诸国的合作，并且通过进行基础设施建设逐步实现互联互通，这也为工业发展奠定了基础和指明了国外市场拓展的基本方向。

因此，从国际区位优势与机遇来看，云南开放型工业发展应把握“一带一路”国家大战略带来的机会，积极结合“中孟印缅经济走廊”、“大湄公河次区域”、“东盟自贸区”等区域战略的实施内容，充分利用相关扶持政策和基础设施互联互通带来的运输便利性，找准市场，积极拓展周边国家市场并开展相关产业合作，不但实现工业品贸易的增加，同时也提高各领域的合作程度，真正实现区域合作，将区位优势变成工业发展的动力。

8.2.1.2 “长江经济带”中的云南

长江经济带东起上海，西至云南，涉及沿江11个省的43个地市，面积约205万平方千米，人口和生产总值均超过全国的40%。党中央、国务院作出了依托黄金水道推动长江经济带发展的重大战略决策，2014年，国务院颁发了《关于依托黄金水道推动长江经济带发展的指导意见》（国发〔2014〕39号），主要任务是提升长江黄金水道功能，建设综合立体交通走廊，培育全方位对外开放新优势，建设绿色生态廊道，创新区域协调发展体制机制。国家开发长江流域，意味着整个中国区域战略格局已经开始发生变化。云南省由于水富港而被纳入长江经济带规划之后应当切实有效地出台区域规划，在经济带上找准自己的位置，真正融入到经济带当中，最终成为经济带抱团取暖团队中不可或缺的一分子。

虽然云南较大程度是因为水富港的存在而入围，但长江流域的开发会使得港口的周边地区有较大收益，例如说曲靖等省内工业重镇，将因为水富港的开发再度振兴。因此，从省际区位优势与机遇来看，云南开放型工业发展应把握“长江经济带”建设带来的机会，积极寻找本省与长江流域内各省工业联动的动力，充分利用这一黄金水道开发带来的各种有利条件，调整工业布局，最大程度地使全省工业融入其中。

与此同时，还要将国际和国内的区位优势相结合，突破以往的省际规划思维，根据国际、国内大通道的规划调整工业布局，找到工业布局的最佳状态，使全省工业在区位上实现国际国内的“互联互通”。

8.2.2 云南开放型工业发展的资源优势与机遇

云南素有“有色金属王国”、“动物王国”和“植物王国”的美誉，丰富的自然资源给予工业发展以良好的基础。特别是随着“一带一路”等国家战略的推进，与省外和国外具有互补性的资源，将成为云南省开放型工业发展的一大契机。

8.2.2.1 *矿产资源*

截至2010年，云南已发现各类矿产150多种，探明储量的矿产达92种，其中25种矿产储量位居全国前三名，54种矿产储量居前十位，居全国首位的矿种有锌、石墨、锡、镉、铟、铊和青石棉。云南矿产资源共有9大类：黑色金属矿产、能源矿产、有色金属及贵金属矿产、化工非金属矿产、稀有及稀土矿产、特种非金属矿产、冶金辅助原料矿产、建材非金属矿产及彩石矿产等。

随着我国有色金属行业逐步向西部资源能源丰富地区转移，我国有色金属产能在地区分布上将向西部新疆、青海、内蒙古、甘肃、云南、贵州等地富集。从长期来看，随着云南省及周边地区、国家有色金属资源的逐步开发，云南省发展有色金属产业的资源保障率将进一步提高，资源保障优势将进一步突出，完全能为云南省承接好中东部有色金属产能转移提供充足的资源保障。

8.2.2.2 *生物资源*

云南省生物种类繁多，并有许多特有珍稀物种，不论是在国内还是国际都有重要地位。目前，除了烟、糖、茶、橡胶等传统优势生物产业外，蔬菜、花卉、药材、绿色食品、香料和螺旋藻等成为新兴的生物产业。

近年来，云南省不断加大对生物产业发展的扶持力度，做强做大生物农业、生物林业、生物医药、生物能源等优势产业，积极培育生物制造、生物环保等新兴产业，努力实现重点领域的跨越式发展，生物产业呈现增长速度快、发展势头好的良好局面。“十一五”期间，全省生物产业总产值达到3730亿元，增加值2240亿元，占全省GDP的34%左右。

云南省把培育壮大生物产业摆在实现云南科学发展的重大战略地位，经过多年培育，生物产业已发展成为云南省的支柱产业，产业门类涉及12个工业行业，约占38个行业的1/3。“十一五”期间，云南省加大了对生物产业发展的资金扶持力度和工作力度，着力推进基地建设、精深加工、市场开拓、品牌培育、科技创新、招商引资等建设发展。生物产业在全省经济发展中的重要地位、工业体系中的基础地位、特色经济中的支撑地位、生态建设中的关键地位更加凸显。呈现出六大特点：

一是基地规模全国领先。烟叶、茶叶、花卉、咖啡、核桃、膏桐等品种的种植面积和烟草、鲜切花、咖啡、核桃、野生食用菌、橡胶等产量位居全国第一；

甘蔗、蔬菜、丝麻、中药材等品种的面积和产量名列全国前茅。

二是龙头企业竞相崛起。全省规模以上生物企业的数量和从业人数分别达1676户、34万人。

三是产业结构不断优化。烟、糖、茶、胶等传统产业稳步发展，现代医药、花卉园艺、木本油料等优势产业逐渐兴起，非烟生物产业创造的增加值比重显著提高。

四是品牌培育成效明显。目前云南省已注册的18个地理标志证明商标，全部属于生物产业领域，21个“中国驰名商标”有15个出自生物产业领域；400个“云南著名商标”中，生物产业领域有227个，占56.75%。

五是研发能力日益增强。在生物科技创新领域，拥有一批植物、动物、医学、微生物等国家级、省级科研机构和重点实验室。

六是开放合作步伐加快。近年来，每年云南省生物产业领域实际利用省外国外资金超百亿元，现已有344户国外企业和400多户省外企业进入云南省参与生物资源开发。

8.2.2.3　能源资源

云南能源资源富集，主要是水能和煤炭资源。水能资源理论蕴藏量1.04亿千瓦，经济可开发容量9795万千瓦，主要集中在金沙江、澜沧江和怒江三大干流。全省煤炭保有储量246.5亿吨。其中，褐煤153亿吨，居全国第二位，无烟煤52亿吨，烟煤41亿吨，烟煤中炼焦煤储量24亿吨。

8.2.3　产业结构优势与机遇

在加入长江经济带之后，从更大的布局角度出发调整产业结构，这成了云南不得不思考的新命题。相比之下，云南的产业呈现出较强的互补性。相比近邻川渝两地，云南的产业特色较为显著，而丰富的矿产、生物等资源为未来大区域产业合作共赢奠定了较好的基础。例如，成都目前已成为我国较为知名的家具家居产业大基地，而云南有着较丰富的森林和生物资源，加入长江经济带之后将有效促进产业和资源的有机结合。通俗地说，未来将有不少家具生产企业在云南建立生产的区域基地和总部，以抢占相应的森林资源，更早地布局海外市场。长江经济带上、中、下游之间存在显著的产业梯度和要素禀赋差异，产业能级沿长江流域呈现递增趋势，要素丰裕度则沿长江流向递减。在要素价格普遍上涨的当前，上、中、下游地区之间应该立足于自身的比较优势展开更高层次的分工合作，对符合比较优势的区域特色产业应加以优化升级，对比较优势错位的产业则可以利用天然的长江航道和发达的沿江综合运输体系实施产业转移，从而在全流域范围内形成一种立足于比较优势的差异化分工格局。

8.3 云南开放型工业发展的基本思路

基于上述对云南开放型工业发展战略取向、优势与资源的分析，不难看出，充分抓住国家战略带来的区位优势，发挥自身资源优势，巩固特色产业优势是实现云南开放型工业发展的重要途径。如果说优势与机遇是对于实现条件的肯定，那么以下关于云南开放型工业发展基本思路的讨论则是关于“如何实现”的研究。

基于第1章中关于工业开放理论的探讨结果，以及上述关于发展战略取向和优势的阐述，认为云南开放型工业发展的基本思路可以概括为“三条道路，两个支撑”，其中“三条道路”是指“产业扩展聚合之路”、“产业信息化之路”和“市场拓展之路”，两个支撑则是“资源”与“创新”。其具体内容如图8-1所示。

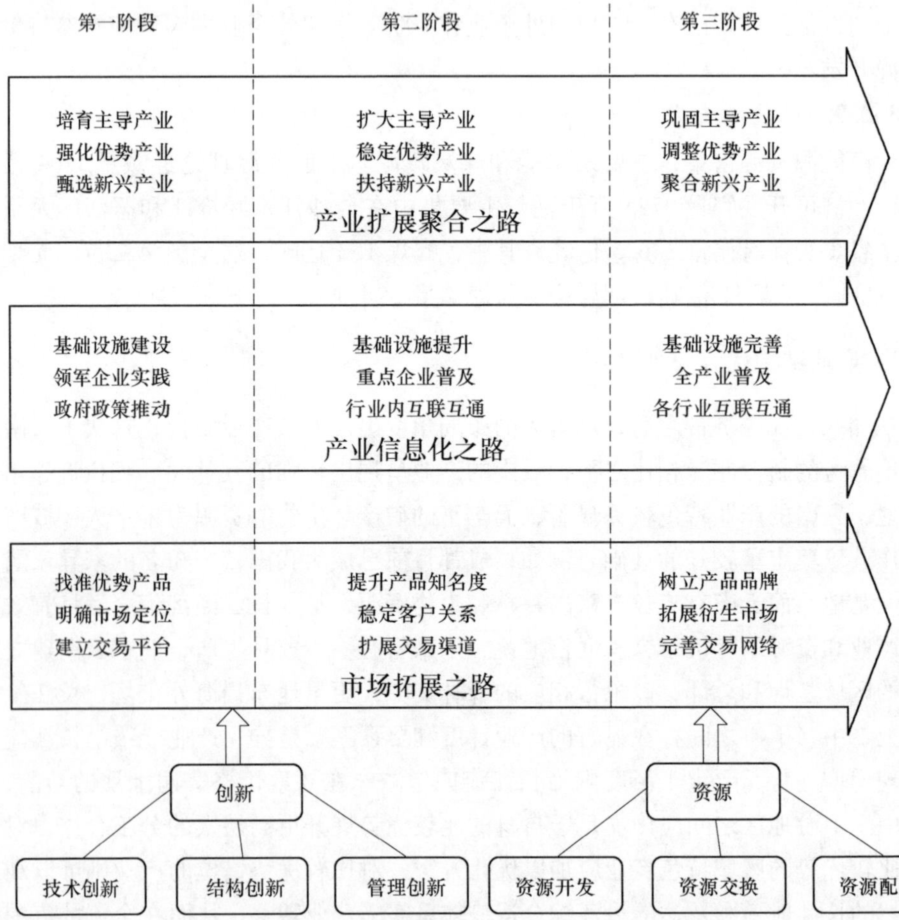

图8-1 云南开放型工业发展基本路径示意图

如图 8-1 所示，“产业扩展聚合之路”、“产业信息化之路”和“市场拓展之路”为三条并行之路，且每条路都分为三个阶段进行，其中的每条道路并非是孤立存在的，而是相互影响、相互促进的。其中，“产业扩展聚合之路”的目的在于根据云南资源、区位和产业基础优势，对现有产业结构进行调整和优化，形成具有持续发展能力和竞争力的产业组合，从生产环节确保开放型工业的发展。从管理环节来说，“产业信息化之路”可以实现企业和产业生产和管理效率的提高，并且最大程度地提升获取信息的能力，加深对外合作和联络的广度和深度。“市场拓展之路”则是对销售环节的开发与开放，在产业信息化的支撑下，不但可以提高产品销售的数量，还可以通过市场的不断开拓促进产品的生产和产业结构的优化。以下就对“三条路径”和“两个基础”的具体内容进行阐述。

8.3.1 产业扩展聚合之路

基于第 1 章中所述及的工业开放理论，产业扩展聚合是实现区域开放型工业发展的重要一环，它不仅是对现有产业结构的调整和优化，同时也是对区域产业发展潜力的挖掘和自我发展能力的提升。因此，产业扩展聚合之路是云南开放型工业发展的第一条必由之路。结合上述关于云南工业开放所具备的优势、机遇，以及现有政策环境的分析，产业扩展聚合之路应分为三个阶段来实现。

第一阶段：培育主导产业，强化优势产业，甄选新兴产业。作为实现产业扩展聚合的起步阶段，这一阶段的主要任务是根据既有的产业发展基础、资源优势和区位优势对主导产业进行扶持与培育，对优势产业进行强化，与此同时选择一批与主导产业和优势产业有关联且具有发展潜力的新兴产业。需要说明的是，这三项任务并非是相互孤立的，它们互相影响且均服务于产业扩展聚合这一目标。主导产业着眼于未来的长期发展，强调创新、未来的发展优势和带动效应；而优势产业则立足于现实经济的效率和规模，更注重可靠性和效益。主导产业未必是当前经济中有较大影响的产业，其当前资源利用效率也可能较低，投入产出比率也难如人意；而优势产业则一定是在现实经济中占有较大份额、对 GDP 的贡献率较高、投入产出比较好的产业；新兴产业则随着科技进步且在一定经济基础之上有可能成为新的增长点的行业。在第一阶段，作为国民经济和产业发展的基础，首先要使优势产业尽可能地发挥作用，在现有条件下做强做大；对主导产业则需要在资源和政策上进行扶持，以便得到成长的机会，这样才能确保其今后发挥应有的产业带动和经济支撑效应；对于新兴产业来说，它的甄选一方面是服务于主导产业的成长和优势产业的强化，另一方面也是对新增长点的寻找。从前面几章的研究结果来看，云南工业发展事实上已经进入第一阶段。但由于受到世界经济和国内经济变化的影响，优势产业的强化并没有完全实现，新兴产业的甄选和主导产业的培育正在实现。

第二阶段：扩大主导产业，稳定优势产业，扶持新兴产业。根据产业寿命周期理论，一般情况下，主导产业处于幼稚期到发展期之间；优势产业处于成熟期，有些则已经步入衰退期。在整个经济发展过程中，主导产业将发挥越来越大的作用，优势产业开始走下坡路了。根据发展经济学理论，对于即将走上衰退之路的产业，虽然它仍然很强大，但是也没有必要通过各种方式维持其作为优势产业的地位，因为这种维持的机会成本极高，既有可能导致新的优势产业的形成，也有可能影响整个产业结构升级。因此，在完成第一阶段的三项任务之后，优势产业的重点在于稳定，即在资源和经济环境允许的情况下，让其按照之前的规模和模式继续运行，而不加以过多的干涉和扶持。对于主导产业，则需要根据其成熟度情况，进行相应的扩大，令其进一步发挥经济拉动的作用。而此时的新兴产业，一方面作为主导产业扩大的补充延伸，另一方面也是进一步调整优势产业的后备力量，因此这一阶段应根据新兴产业优胜劣汰的结果，对具备发展潜力的企业和行业进行扶持。

第三阶段：巩固主导产业，调整优势产业，聚合新兴产业。在产业寿命周期曲线中，优势产业一般处于发展的中后期到成熟的中期这一区间，它对整个经济的拉动作用处于或即将处于鼎盛时期，同时也处于后劲不足的衰退前夕，对经济的带动作用将逐渐消失。为了不让优势产业的衰退影响工业经济的整体发展，此时应积极根据资源配置和主导产业发展情况调整优势产业，并且促成新兴产业的聚合，寻找新的优势产业。由于主导产业通过前两阶段的发展已经形成了较为稳定的根基和规模，因此第三阶段主要是巩固主导产业，使其顺利发挥经济支柱作用。而对于新兴产业来说，第三阶段应该根据巩固主导产业和调整优势产业的需要进行行业整合，填补衰落产业带来的空缺，并且与主导产业形成良性互动，从而保障工业的持续发展。

8.3.2 产业信息化之路

整个工业的开放并非是单个企业或行业的开放所能实现的，它必须依赖所有企业和行业的齐心协力方能完成。然而，面对纷繁复杂的海量数据，如何实现企业和行业间高效的信息传递、信息集成和信息共享就成了实现开放型工业必须面对的问题。因此，产业信息化之路可以说是云南开放型工业发展的第二条必由之路。

第一阶段：基础设施建设，领军企业实践，政府政策推动。产业信息化基础设施是实现整体工业信息化的物质基础，因此在打基础阶段，首先应该积极进行信息化基础设施的建设，而这种建设不但意味着增加相关设施，同时也包括对现有设施的优化和提升，其建设目标在于对今后的工业信息化要有充足的物质承载力。在开展物质条件建设的同时，领军企业和政府也充当着重要角色，政府一方面应鼓励和选择一批具有经济实力和信息化基础的领军企业进行包括管理信息系统、物流系统等在内的信息化建设和提升，同时应总结其在实践中存在的问题；另一方面，政府应同相关产业和企业，制定促进产业信息化的政策。根据目前的实施现状来看，云南省目前正处于产业信息化的第一阶段，一些重点企业正积极实施企业内的信息化建设，并且省市政府也出台了相关的扶持和优惠政策。

第二阶段：基础设施提升，重点企业普及，行业内互联互通。在完成了信息化基础设施建设之后，第二阶段应根据全省信息化的需求和实施情况，对基础设施进行进一步提升，这种提升一方面是对不足之处进行补充，另一方面则是根据主导产业、优势产业和新兴产业的发展情况和区域布局进行进一步的调整，使其能与产业发展需要相匹配。与此同时，根据产业结构的调整情况，应通过政府推动，实现各行业中重点企业的信息化普及，进而促成行业内部企业之间信息流、物流的互联互通，提高行业的集成性。

第三阶段：基础设施完善，全产业普及，各行业互联互通。为了实现全省工业的信息化建设，第三阶段应根据第二阶段的建设成果和不足，对基础设施进行进一步完善，其中不但包括对基础设施薄弱点的进一步提升，同时也对基础设施管理工作进行进一步完善，以确保基础设施能够满足全产业信息化的要求。在重点企业实现信息化的基础上，这一阶段的重点是根据产业结构优化的结果，实现全省工业企业的信息化普及，将所有企业整合到“一张网”中，同时实现各个工业行业的互联互通，不但实现行业内的信息共享，同时也实现与关联行业的信息共享。

8.3.3 市场拓展之路

如果说产业扩展聚合之路是一条增强工业自身发展能力的道路，那么市场拓展就是促进其实现的动力。这是因为只有靠市场拓展，产品销量增加，获取经济效益，才能使产业发展有动力有支撑，并且市场给予产品的反馈，也进一步促进产业的优化。因此，要想实现云南开放型工业的发展，除了上述的产业信息化建设和产业扩展聚合而外，市场拓展也是一条必经之路。

第一阶段：找准优势产品，明确市场定位，建立交易平台。从现实情况来看，云南并不缺乏具有特色的工业产品，然而却未能将这种独特性转化为优势而占领市场。因此，作为市场拓展的基础阶段，首先应该结合主导产业、优势产业和新兴产业的发展情况，找准真正具备市场竞争力的优势产品，这种优势产品不但要有很强的独特性、稀缺性，同时要能够有较好的资源承载力和生产承载力，以此促进产业的调整。与此同时，结合优势产品的特性和云南省区位优势，应在这一阶段明确市场定位，找准目标市场，例如具有较强发展潜力的周边国家市场和省外市场。为了便于交易和提高交易效率，结合产业信息化建设的情况，建设综合性高效交易平台。从目前云南省实施的情况来看，交易平台的建设已初见成效。

第二阶段：提升产品知名度，稳定客户关系，扩展交易渠道。在完成第一阶段的三项内容之后，第二阶段首先应该对受到市场认可的产品进一步提升其知名度，并且根据市场反馈的信息改进产品、适度开发和增加相关产品，由此更好地抓住既有的客户群。其次，作为维护既有市场的基础，特别是对于同质化商品竞争激烈的市场，应与国内外客户保持稳定的合作关系，进而使产品销路保持稳定，使企业维持正常运营。最后，在实现企业和产业信息化的基础上，利用建立的各类交易平台，应积极扩展交易渠道，降低交易成本，提高供应质量和效率。

第三阶段：树立产品品牌，拓展衍生市场，完善交易网络。依托主导产业发展带来的经济基础和产品知名度的提升，第三阶段应该根据各个产业的发展情况，特别是对于极具竞争力和排他性的企业和产品，积极树立产品品牌，提高顾客对于产品的忠诚度，并且依托既有的市场，从区域和产品两方面逐步拓展衍生市场。与此同时，为了确保产品供应的效率和质量，以及为进一步扩大市场份额提供支撑，基于行业信息化建设和行业间互联互通的实现，不断完善交易网络，提高信息交流和物流的效率。

8.3.4 “两个支撑”——“创新”和“资源”

作为实现三条道路的基础，“创新”和“资源”以不同方式支撑各个阶段的各项任务。其中，创新涉及技术创新、管理创新、结构创新三个维度；资源则涉及资源开发、资源交换、资源配置。

对于创新来说，技术创新是动力，管理创新是保障，结构创新是支撑。从目前云南工业发展程度来说，很多行业虽然有较强的资源优势，但由于处于粗放式的资源依赖阶段，其行业的发展受制于资源价格波动，甚至随着资源的枯竭或短缺，其优势会很快丧失。相反，技术创新可以很好地推动行业进行改革，能够实现高效利用资源的技术将会大大提高企业的生命力，并且技术创新所产生的具有较高排他性和独占性的产品，能够促进市场更快地拓展，从而促进行业的发展。管理创新包括了企业管理的创新、行业管理的创新及政府相关管理的创新，既包括管理思路的创新，又包括管理机制和管理措施的创新。只有不同层次的管理创新，才能与行业发展的需要相适应，对开放型工业发展予以保障。而就结构创新而言，主要是指全省工业内部结构、各个工业行业的分工与协作结构、工业企业内部结构三个层次的结构需要根据产业发展和政策导向进行适时的调整与创新。

同样作为云南开放型工业发展的基础，此处所提及的资源，不但指自然资源，同时也涉及人力资源、文化资源等。资源开发是指根据云南省资源禀赋、产业发展需求和市场供给情况，对资源进行科学的开发，其中包括对既有资源进行更高效的应用和开采，对尚未开发的资源进行有计划且可持续的开发和利用。资源交换是根据工业发展需要，针对稀缺资源，通过设置资源交换机制，进行互补性资源的交换，以优化资源的供给，避免资源供给过剩，产生“谷贱伤农”的现象。资源配置是根据产业结构优化和调整的结果，在区域上、行业上进行资源的优化配置，做到“好钢用到刀刃上”。

8.4 云南开放型工业发展的重点

通过对世界各国工业发展、演化过程的对比和分析，重点行业的选择将对整个工业的发展质量和发展方向有重要影响，特别是对于诸如云南省这样主导产业仍在成长过程中的区域来说，重点行业的选择将决定整个工业产业的结构及发展前景。因此，基于上述关于云南开放型工业发展区位、资源、产业发展基础的说明，以及发展基本思路的讨论，以下将对云南开放型工业发展的重点行业进行分析。

8.4.1 新材料工业

新材料工业是国际高技术产业中的新兴战略产业，也是我国高技术产业重点发展的产业之一。在政府重点支持和市场需求的推动下，我国新材料工业迅速发展，展现出广阔前景。云南省发展新材料产业具有资源优势、产业基础等有利条件。发挥优势，集成资源，创造条件，精深加工延伸产业链，重点突破形成新的增长点，新材料工业将有可能成为云南省未来工业中新的支柱产业，并建设成为国内重要的特色新材料工业基地。开发和发展新材料工业要以资源和技术为基础，而云南省是我国传统材料资源富集的省份，并且是有色金属的资源大省和生产大省。2003 年云南 10 种有色金属产量达 96.96 万吨（居全国第三），具有通过对有色金属材料深加工发展新材料工业的基础条件和优势。例如，云锡公司通过锡的深加工发展锡基新材料取得成功，成为国内重要的锡基新材料生产企业。同时，云南省也有直接用于新材料提取、生产的各类资源。另外，云南省在贵金属、锡基、半导体、无机非金属、有机及复合材料等方面已经形成一批新产业，产值达 10 亿元以上；半导体材料、电子元器件、能源新材料等产业也得到发展。其中，以铂族金属为主的贵金属材料产业化居于国内领先水平，并成为重要的生产基地；锗提取形成从原料到高端产品的开发生产体系。从产业配套条件看，新材料的生产和提炼需要消耗大量电力，云南省电力相对充裕，电价较为便宜，有利于新材料工业的规模化发展，降低成本，提高产品竞争力。

8.4.2 机械装备工业

经过多年的发展，云南省已经在机械工业形成了一批骨干企业，包括一汽红塔云南汽车制造有限公司、昆明云内动力股份有限公司、昆明中铁大型养路机械集团有限公司、昆明船舶设备集团、昆明电缆股份、云南变压器电气股份公司、云南开关厂、云南通变电器（集团）股份公司、交大昆机、云南南天电子信息产业股份公司等。这些企业分布在通用设备制造业、汽车、专用设备制造业、电气机械及器材制造业等行业。云南省在部分机械领域拥有较强的技术研究力量，为云南省的机械工业发展提供了技术支持。

2014 年，云南省装备制造业规模以上企业 310 家，实现增加值 138.8 亿元，增长 15.5%，高于全省规模以上工业 8.2 个百分点，高于全国规模以上机械工业 5.5 个百分点。从行业内部结构看，通用设备制造业、汽车制造业、专用设备制造业、仪器仪表制造业、电气机械和器材制造业、金属制品业等 6 个行业生产保持增长态势，工业增加值同比分别增长 29.3%、17.7%、13.7%、13.7%、12.6%、7.6%。在主要产品中，发电设备、变压器、起重机、汽车 4 种产品产量同比分别增长 27.1%、18.8%、15.0%、3.7%。云南力帆骏马、昆明中铁、昆明云内动力、昆明台正等一批主营业务收入 10 亿元以上的重点骨干企业，其主营业务收入继续保持 10% 以上的增长，表现出较好的发展态势。在市场面临诸多不确定性因素的困难情况下，云南省的机械企业加强自主创新，积极开拓市场，探索产业转型、产品升级之路取得显著成效，由昆明机床自主研发制造的 TK6920B 数控落地铣镗床和 KHC63 卧式加工中心荣获第 61 届德国 IF 产品设计奖；云内动力技术中心被认定为国家级企业技术中心，是云南省装备制造行业继昆船集团、昆明机床之后第三个国家级企业技术中心，将进一步提升公司多缸中小缸径高效柴油机技术研发水平，加快我国乘用车柴油化进程；昆明台正以其特有的集生产、销售及服务为一体的联盟体模式，荣获 2014 年“装备中国创新先锋榜”商业模式创新奖，全国仅 4 家装备制造企业获此奖项。昆明中铁积极组团参展第十届德国柏林国际轨道交通技术展览会，扩大了公司产品在国际市场的影响力；CY 集团研发生产的国内首条刹车盘专机生产线通过用户验收。在加快推进转型升级的过程中，以市场为导向，积极推进产业和产品结构调整，云南力帆骏马在不断完善轻、中、重型载货汽车的基础上，积极研发新能源汽车，成功研制了格奥雷 DME-LNG 数控混燃重卡；云南航天工业公司新建“七线三库”，建成后形成年产 2000 辆新能源电动车及 500 辆专用车辆的生产能力；云南五龙汽车公司积极筹建新能源电动汽车产业化生产基地。

目前，应按照“发挥优势，做出特色，强化出口，集群发展”的原则，充分发挥云南省现有产业优势；针对不同产业特点，进行“国外、国内、省内”三个层次的正确市场定位；通过并购重组和构建战略联盟等方式整合现有机械企业；加快专业化生产，围绕骨干龙头机械企业，鼓励发展引进配套企业，形成产业集聚效应；加大对外开放力度，积极引进国内外大型机械企业，大力发展云南机械工业。

8.4.3 电子信息产业

在全球电子信息产业飞速发展的背景下，加快中国现代化建设，提升中国电子信息产业的竞争力成为当前经济发展的重要任务。优先发展信息产业，加快信息技术的应用，以信息化带动工业化，以工业化促进信息化，走新型工业化的路子，也是区域经济发展的优先选择。截至 2007 年 6 月底，云南省电子信息产业共实现销售收入 23.7 亿元，与 2006 年同期相比增长 2.9%；完成工业增加值 5.1 亿元（其中软件业增加值 1.4 亿元），利润总额 0.64 亿元，上缴税金 0.5 亿元。早在 2005 年 7 月，云南省就出台了《云南省电子信息产业 10 户重点扶持企业认定办法（试行）》，被确定为 10 户重点扶持的企业将享有 14 项优惠政策，这说明云南省政府认识到了电子信息产业的重要性。目前，上市公司南天电子信息产业股份有限公司是这方面的领军企业，在软件领域具有一定的优势，曾 14 次进入中国电子百强企业，连续 4 年进入中国软件百强企业。对这类企业加强培植，可以使其朝着产业集群的方向发展。

8.4.4 生物制药工业

医药工业是 21 世纪具有广阔市场前景和巨大增长潜力的朝阳产业，已经成为国内许多地区竞相重点扶持发展的重要产业。云南省拥有得天独厚的药用生物资源和深厚的民族医药底蕴，具有较为坚实的发展基础和品牌影响力，发展医药产业优势突出、前景广阔。以天然药为主的现代医药工业，作为云南工业近期和未来重点发展的产业，具有突出的战略地位。从培植优势产业必须具备的整体市场环境、产业自身持续扩张能力分析，云南省培植以天然药物为主的现代医药产业，具有丰富的资源和深厚的民族传统医药积淀，拥有较好的品牌基础和一定的研发能力，市场潜力巨大，发展前景广阔。最新调查，全省拥有中药资源 6559 种，其中药用植物 6157 种，动物药材 372 种，药用矿物 30 种。这些药用资源中，云南省独有的达到 1260 种。云南省中药资源总数和药用植物种数分别为全国的 51.4% 和 55.4%，动植物药材数量和品种均居全国首位。云南省拥有民族药 1300 余种，民族民间验方 1 万余个，审评民族药 400 余个。其中，制剂 100 多种，如彝族药、云南白药、苗族药、灯盏花系列药已成为云南省医药产业的主导产品。全省上报升为国家标准的民族药有 135 个。云南省药品生产企业拥有的药品批准文号共 3600 个，大多数为中药制剂；常年生产的品种 1000 多个，获国家中药保护的品种有 87 个。上述宝贵的药物资源为研究开发新药、形成拥有自主知识产权的新药品种、增强“云药”的核心竞争力，奠定了坚实的种质基础。

云南省已经形成化学药及制剂、生化制剂、植物药及制剂、中成药、动物药、抗生素药品等多门类的医药生产体系。近年来涌现出一批新的医药骨干企业，如产值突破亿元的昆明制药股份有限公司、云南白药股份公司、盘龙云海、昆明贝克诺顿公司、滇虹药业等医药企业；开发生产了一批科技含量高、附加值大、市场覆盖面广的云南药名牌产品，如“昆明牌”篙甲醚注射液、血塞通注射液、络泰冻干粉针、大麻素片，“云丰牌”云南白药胶囊、宫血宁胶囊等；新药研究能力、新产品开发能力、医药企业技术创新能力和市场开拓能力有所提高，形成以天然药为主、具有云南特色的现代医药产业体系。云南省要充分发挥比较优势，抓住国内外医药市场继续扩大、天然药物正在成为潮流的机遇，借助国家产业政策的支持，加大重点扶持力度，尽快做强做大医药工业，使之成长为全省极具爆发力的新经济增长点和支柱产业。

8.4.5 特色食品加工业

良好的生物资源和生物环境为云南省发展特色和绿色食品工业提供了宝贵的资源优势。一方面云南省由于工业发展落后，对生态环境破坏小，生物资源受污染程度低，为云南省发展绿色食品提供了条件。另一方面，云南地区气候好，而且山区多，蕴藏着大量的珍稀果品和食用菌，可以发展特色食品。食品制造业、饮料制造业在云南省食品工业的比重呈上升态势，而食品加工业呈下降态势，这符合当前国内外食品工业发展规律，但云南省食品加工业占云南省食品工业主体地位没有根本性改变。其中，制糖业在食用加工业中占绝对地位。饮料行业中，云南省的制茶业地位不断提高。随着我国经济的发展和居民消费的多样化，虽然人均食物消费支出占总支出比重将逐步下降，但食品消费的总量仍将不断增加，食品消费的档次、结构也将发生较大变化；同时，食品消费将呈现多层次，一些营养、方便、休闲、无公害食品有较大的需求增长潜力。其中制糖业、制茶业、酒类及软饮料制造业有较大的发展前景。随着日益进入追求生活质量阶段，由于市场开拓空间还比较大，竞争格局还没有定型，大中小企业并存的局面还将在一段时期存在。从行业产品结构上看，目前最大的问题是食物资源粗加工多，深加工和精加工少，高附加值精品缺乏。

因此，在当前和今后一段时期内，云南工业发展的重点是巩固与升级能源、原材料工业，争取彻底解决能耗与环境污染方面的问题。同时，更要坚决抑制一般水平的工业盲目重建，把重点转移到加工程度深、附加值大的产业，特别是高新技术产业上来，力争使云南工业的技术水平和产品质量在整体上迈上新的台阶。

9　加快云南开放型工业发展的对策建议

经过多年的工业化发展，云南已经形成了一定的制造业体系，生产技术水平不断提高、工业化取得的巨大成就，云南所拥有的得天独厚的地理位置、丰富的自然资源成为云南工业品大规模进入国际市场的比较优势。然而，虽然近些年来云南工业品出口规模、结构和竞争力都有了相当的提高和改善，但总体来看，云南工业品在对外贸易中所占的份额还很小，出口效益较低，出口产业的整体素质并不高。随着经济全球化进程的加快，国际竞争日趋激烈，云南工业经济的发展不仅受到国内制造业发展水平和外贸体制的制约，而且还必将遭遇更多的外部压力和障碍。本章就将针对云南工业开放经济的发展现状、存在的主要问题和主要影响因素，提出体制改革、机制创新和环境改造等方面的建议，供省委省政府和相关部门决策参考。

9.1　政府职能转变

开放型工业的发展给政府提出了更高的要求，不同区域之间的政府合作将成为政府职能转变的重要内容，关键问题在于理顺政府与市场的关系，实现政府职能与市场作用之间的协调、相互补充与促进。针对政府在经济发展中还存在的“越位”、“错位”和“缺位”现象，继续坚持深化改革，更加注重体制机制创新，促进政府职能向法治化、有限化等方向转化，提高法规和政策透明度，营造公平竞争、进出自由的市场环境，为开放型工业提供更多更好的公共服务。在中国不成熟、不完善市场经济条件下，政府职能范围与当代西方发达国家的政府职能范围肯定会有所区别和不同。政府要在推进社会主义市场经济体制完善的进程中发挥更大的作用，包括逐步取消妨碍商品和要素自由流动、妨碍区域市场一体化的制度与政策规定，促进市场的发育与完善。

9.1.1　强化政府的公共服务职能

政府是公共利益的代表。公共服务作为政府最基本的服务职能，在开放型经济发展的条件下必须予以强化。从云南省的实际情况特别是各州市、地区的实际情况来看，传统的行政理念和“管”的意识还比较浓厚，加快政府职能由管理控制向公共服务转变的任务还比较繁重。

开放型经济条件下，要求加快转变政府职能，弱化经济功能，强化经济社会公共服务功能，尽可能减少政府对经济发展的干预，政府尽量不要以市场主体去从事微观经济活动，而应发挥政策和法律的引导、规范作用对企业行为进行宏观调控，为市场的平稳和有效运行创造有利的环境，包括提供稳定的、透明的政策环境，建设良好的基础设施、提供各种信息，如政策信息、经济信息等的服务平台。任何与市场机制相冲突的政府行为都应该避免。

这就要求按照精简、效能的原则深化行政管理体制改革，积极推动建立有限型政府，科学规范部门职能，改进管理方式，并从法律层面明确各级政府和各职能部门的职责范围，避免职能交叉，明确公务人员的责权，力争做到人人各行其权、各司其职，事事有人负责，为开放型工业发展创造良好的平台和条件。

9.1.2 积极推进与国际惯例接轨

随着东盟自贸区、孟中印缅（BCIM）经济走廊等国家战略的推进，云南省各地区的经济开放程度不断提高。要积极推动与国际惯例的接轨，进一步完善相应的经济贸易管理规定，形成对市场经济主体行为的有效规范和约束，逐步改变过去主要依靠土地、税收等特殊优惠政策为主导的发展模式，为开放型工业发展提供可靠的政策和制度预期。与此同时，更好地掌握国际经济的运行规则，根据不同国家的差别化政策，为企业提供相应的信息等方面的服务和支持，努力扶持和培育行业协会等市场中介和服务类组织，帮助企业更好地规避反倾销、技术壁垒等非关税壁垒带来的风险，使企业更加积极有效地参与区域和全球经济竞争与合作。坚持“请进来”和“走出去”统筹推进的发展原则，充分利用国际国内两个市场、两种资源，提高企业的国际竞争力，加快区域经济发展的国际化进程。

9.1.3 推进决策过程的开放化

决策科学化是政府职能转变的重要目标和内容，也是开放型工业发展的重要保障。开放型工业的发展，对政府决策提出了新的要求。一些比较烦琐的审批、准入等政策要根据经济发展的实际需要逐步简化甚至取消，努力避免“政出多门”，以免形成对市场主体发展的不利约束，使企业更好地面对来自区域内外同类企业的竞争。

这就需要从传统的计划经济决策模式中跳出来，根据开放型经济发展条件下信息化、知识化、智能化等发展特点和趋势，积极推进决策模式、程序和方法的创新。要继续优化对重大事项集体决策、专家咨询、社会公示和听证的办法，确保决策机制科学、公开、透明，并建立相应的决策责任追究制度，为制定科学高效的解决方案提供条件。在确保政府信息安全的基础上加快推进电子政务的普及，努力构建规范高效的行政管理模式，提高管理水平。

9.1.4 营造健康的市场环境

在开放型工业发展的过程中，经济主体间联系日趋广泛化、多元化。在本省市场经济体制还不够健全的条件下，政府作为区域发展环境的重要主导力量，应在营造良好的市场环境方面发挥积极作用。

一方面需要政府按照国际通行的规则和方法，按照市场经济的规律制定相应的政策法规，努力做到政策的透明化和稳定化，以给经济主体良好的预期，调动经济主体的活力，提高经济发展的效率；另一方面则需要考虑，如何在开放的经济环境中构建和增强辖区企业的竞争力，特别是加强政策、规则的执行力度，引导要素和资源投向发展的优势领域和关键环节，并通过政策的制定和实施妥善应对来自国际市场的各种风险的冲击。

9.1.5 推进内外区域经济合作

成熟的市场经济环境是企业地位和作用确立的前提，是实现企业在区域经济竞争和合作中发展壮大的环境和制度保障。我国正处于社会主义市场经济体制逐步建立的转型时期，由于市场发育区域不平衡所造成的制度性障碍较为突出。在这种形势下，云南省已设立了各种高层会议来推动跨区域的经济合作，已成为区域合作协调组织的主要力量，但其机制发育还不完善，大多流于形式，难以有效推进区域合作的规范化发展。

开放型工业发展要求从根本上转变政府职能，尽可能减少政府干预，减少并逐步消除基于部门、区域利益的对商品和要素流通的限制以及其他各种形式的区域区际壁垒，尽快建立符合市场经济规律的区域经济合作机制，推进区域市场一体化。应注重跨行政区域合作相关法律法规的建立健全，从根本上打破地区分割，对于促进开放型经济发展的重大基础项目、平台建设项目、产业项目等给予税收减免、补贴等政策的倾斜，将各种形式的区域合作协议和文件落到实处，努力形成开放型工业全面发展、协调发展的局面。

9.2 推进科技创新

创新是区域经济发展的动力源泉，是决定区域竞争优势的关键要素，也是区域开放型经济条件下产业发展和产业竞争力得以形成和提升的重要条件。尤其是科学技术的创新对于经济发展非常重要。邓小平同志曾经指出“科学技术是第一生产力”。创新能力不足，会对区域开放型经济发展中地区竞争优势的建立和发展形成一定的制约。在开放型经济条件下，发达国家或地区凭借其在技术方面的领先优势，正在人为制造一些非关税方面的壁垒。增强区域创新能力也成为克服贸易壁垒、发展开放型经济的重要战略手段和依托。开放型工业发展的过程中要高度重视科技创新，通过完善相应的政策措施，实现开放型经济更好更快的发展。

9.2.1 构建开放型工业发展的区域创新体系

一个国家或地区技术的进步主要来源于两个方面，即区域内的 R&D 和区域外的技术扩散。区域开放型经济发展中，商品和服务的流入贸易不仅可以获得区域外的高质量的最终产品，还可以通过引入先进的中间产品提高本区域生产活动的技术含量，从而分享到贸易商品和服务流出区域 R&D 投入的成果。经济合作与发展组织（OECD）成员国经济增长中来自国外研发活动的贡献已经超过了国内研发活动，在法国，国外研发对生产率增长的贡献甚至达到87%。

区域创新体系通常由创新主体、创新环境之间的联系与运行机制构成，其目的是推动区域内新知识、新技术的产生、更新、流动和转化。区域创新体系的主体要素包括企业、高校和科研机构、各类中介组织和地方政府。开放型工业发展区域创新系统的建设，要从区域发展基础和社会经济文化条件出发，加快区域创新主体的培育，注重区域内外技术进步路径的协调，整合各种与创新相关联的主体要素（实施创新的科研机构和组织、企业等）和非主体要素（创新所需要的物质条件），构建由各要素、制度和政策所构成的网络。通过加快区域创新体系的构建，提升科技创新对开放型工业发展的支撑作用，形成经济发展的重要推动力。

9.2.2 强化企业在科技创新中的主体地位

从开放型经济和市场经济发展的趋势和要求来看，创新能力是企业生存和发展的重要基础条件，企业是区域创新体系的中坚力量。企业的创新动力来自区域内外市场的需求，是企业 R&D 投资的直接结果。在世界市场的竞争中，任何一个企业要想在激烈的竞争中站稳脚跟、生存并持续发展，就必须不断革新技术，提高企业的自主创新能力，提升企业的核心竞争力。

开放型工业的发展要强化企业在科技创新中的主体地位，引导企业转型发展。进一步完善知识产权保护政策，强化知识产权保护，降低各创新主体自主研发的风险，提高科技创新带来的综合收益。通过制定相应的政策措施引导企业将更多的资源投入到创新、研发活动中，提高企业的自主创新能力。加快制度创新，不断丰富和完善技术入股、科技人员持股经营、技术开发奖励等激励技术创新的形式，调动企业科技创新的积极性和主动性，发挥企业的区域创新主体的作用，为开放型工业的发展提供有效的科技支撑。

9.2.3 注重发挥其他相关主体在区域创新中的作用

政府既是区域创新体系的设计者、规划者，又是直接参与者。多重角色与地位决定了政府在推动区域创新中的特殊地位和作用。科学界定政府在区域创新体系建设中的职能，是充分发挥政府作用的前提和基础。适应开放型工业发展的需要，政府要在完善区域创新体系的各项硬件设施的基础上，构建有利于企业开展创新活动的财税和融资等政策，促进区域创新体系功能要素的集聚，优化区域创新主体之间在技术创新、管理创新、制度创新等方面的联系与运行体系，营造通畅的沟通渠道和交流平台，推进研究部门和企业之间信息的互通，为企业之间相互学习新理念、新技术、新成果提供更好的环境。

高校和科研机构是科技创新的源头，是区域创新体系的重要组成部分。高校和科研机构通过科学研究进行知识创新，为企业技术创新提供基础支撑；通过科技人才的培育和输出，为企业技术创新提供智力支撑。同时，高校和科研机构在区域创新体系中的职能正在逐渐发生转变，在原来的单纯地生产和传播知识、研究开发新技术的基础上，逐步拓展了在技术成果转让、科技成果孵化、提供企业咨询和培训等方面的职能，通过将科研成果产业化，孵化了大批的科技型企业，促进了科技型企业的发展，从而提升了高校和科研机构在区域经济发展中对企业发展、产业结构调整等方面的影响。产学研合作模式正在成为推进区域科技创新的重要载体和形式。

中介机构是指行业协会、商会、咨询公司、律师事务所、会计事务所等各种形式的中介组织。这类组织兼具公共服务性和市场灵活性两方面的特点，是联结区域创新网络各相关主体的桥梁和纽带。在区域创新体系中，中介机构通过提供金融、咨询、技术交易、人力资源、财务和法律等方面的服务，为区域创新体系中各行为主体相互作用搭建平台，对区域创新体系中各主体的创新活动起着重要的辅助和促进作用，可促进企业创新效率和区域创新活力的提高。

9.3 强化金融支持

要充分发挥金融的支撑保障作用，促进云南省工业深化开放，助推云南工业经济跨越发展。

9.3.1 充分认识金融业在推进工业开放、实施工业强省战略中的重要作用

工业是强省之基，实施工业强省战略是全面建设小康社会的必由之路，而金融是现代经济的核心，工业强省战略的实施离不开金融的强力支持。各金融机构要充分认识加快工业经济发展的重要性、必要性和紧迫性，解放思想，开拓创新，以支持产业结构调整和经济增长方式转变为着力点，以扶持做大做强工业经济为抓手，发挥各自优势，大力支持云南各工业行业“走出去”、“引进来”，努力推动全省科学发展跨越发展。

9.3.2 明确金融支持工业强省战略的具体措施

要强化信贷支持。继续实施稳健的货币政策，保持工业贷款总量合理增长。银行业金融机构要贯彻落实国家宏观调控政策，加大差别化信贷政策执行力度，服务云南省的工业强省战略，重点加强对工业经济各行业的融资支持。要坚持科学发展、科技引领、市场竞争、择优支持的原则，积极增加信贷投入，发挥好信贷资金在工业化项目建设和技术改造中的资金主渠道作用。强化政策引导，增强金融支持工业经济发展实力。争取信贷规模，扩大再贴现规模，引导金融机构为工业企业办理票据贴现，对商业银行持有的小微企业票据，给予再贴现政策倾斜。

明确金融支持重点，促进工业企业提质增效。满足重点项目、新兴支柱产业、重点企业的资金需求，满足工业技改项目和科技型企业的资金需求，促进骨干企业转型发展、做强做大做优。满足生物医药、农产品深加工等特色新兴产业的资金需求，形成产业集群效应，带动生态产业、扶贫产业绿色发展。大力支持电子信息、高端装备制造等新兴产业加快发展，形成良性产业结构支撑。

要创新开展政银企合作。通过组织各级政银企推介、组织工业经济专项推介、开展各级银企对接、搭建网络对接平台等措施实现银企对接全天候、常态化与特色化，增强金融机构对工业项目及企业的关注度、支持度。

要落实重点工业企业量身定做融资服务。各金融机构对每条重点产业链龙头企业和重点工业要大力实施“金融助推千家中小企业发展计划”。深入推进“金融助推千家中小企业发展计划”增量扩容，综合运用多元化融资手段，切实提高企业融资满足率。

要推动企业股权融资。出台新的政策措施，支持企业规范改制、挂牌及上市，开展股权融资、收购兼并等资本运作活动。加大企业上市引导、培育力度。推行“企业上市零成本”制度，最大限度降低企业改制上市成本。鼓励中小企业在新三板挂牌融资。加强与券商的深度合作。打造一批实力较强的产业投资、股权投资、创业投资基金，支持企业发展。

推动非信贷融资快速发展，拓宽企业融资渠道。要开拓债券市场。引导符合条件的企业发行短期融资券、中期票据、中小企业集合票据，推动“区域集优债务融资”试点，扩大省内企业在银行间债券市场的融资规模。推进中小企业私募债券发行试点工作，协调做好企业债券、公司债、中小企业集合债券等发行工作。筛选一批优质中小型工业企业纳入债务融资工具发行后备企业资源库，推动短期融资券、中期票据、中小企业集合票据、中小企业集合债等创新型金融产品的运用。

完善外汇服务，支持工业企业“走出去”。实行并购贷款模式，支持重点工业企业“走出去”。

强化金融机构社会责任，降低工业企业融资成本。充分考虑企业的可承受能力和生产经营状况，合理确定工业企业贷款利率浮动幅度。

9.3.3 提升金融支持工业强省的服务质量

要提高支持重点工业项目的资金审批效率。各银行业金融机构要积极与上级行沟通，在完善风险评价体系的前提下，简化信贷审批程序，逐步探索建立健全与工业企业和项目实际相适应的信贷评估、审批和贷款制度，为工业发展开辟信贷审批“绿色通道”。

要创新金融产品和服务，满足工业企业的资金需求。各金融机构要从云南经济发展的实际出发，针对云南工业特色大力开展金融产品和服务模式创新，丰富产业链融资类金融产品，积极推广知识产权、股权、动产等抵（质）押贷款业务，有效扩大融资范围。推行信用贷款、循环贷款，支持企业发展。继续实施中小信贷客户培植，对暂不符合银行授信条件的中小微工业企业，实行预授信政策。提升金融服务功能，发展知识产权、土地经营权等质押贷款业务。

要健全金融服务体系。大力开展金融招商，加强与金融机构总部的沟通联系，做好异地股份制商业银行的引进工作。加快组建村镇银行步伐。支持村镇银行扩大经营，跨区域发展。加快农村信用合作社改革步伐。稳妥推进小额贷款公司发展，不断增强小额贷款公司实力，鼓励运作规范的小额贷款公司增资扩股，提升服务能力。发挥政策性担保公司示范带动作用，组建协会，加强自律，深化银担合作。引导银行、保险、小额贷款公司、融资性担保公司等为工业企业融资搭建桥梁。

要加强同业合作集聚金融资源。建立各金融机构间的合作机制，充分利用好辖内各金融机构的资金优势，实现优势互补。针对企业项目，特别是重点项目建设周期长、资金需求多的特点，尝试实施银团贷款，相互配合多方联动解决资金缺口。

要提升科技金融服务水平。深入推进科技和金融融合，引导鼓励社会资本向科技创新集聚。扩大科技金融合作范围，引进更多的银行、担保机构支持科技型企业发展。加快组建科技小额贷款公司、科技融资性担保公司。支持天使基金、创投基金发展，鼓励其与科技小贷、科技担保、科技支行、多层次资本市场等新型金融要素开展高效互动。

9.3.4 优化金融支持工业的外部环境

要深化信用环境建设。完善社会信用体系建设工作机制，重点推进中小企业信用体系建设。发挥人民银行在信用体系建设中的核心作用，尽快完善企业和个人信用信息库，协同相关职能部门充实信息库的内容，开展企业资信评级，为工业发展提供良好的信用平台。

完善企业信用增强机制，提高专项资金服务工业经济综合效益。用好用足产业发展基金等，推动助保贷等业务发展。加快建立中小企业信用体系，加强部门协助和监测评估机制建设。

要切实防范风险。加强工业企业融资风险监测预警工作，坚决守住不发生系统性、区域性风险的底线。要加大对恶意逃废债行为的联合制裁力度，确定对不守信企业进行制裁的，要严格落实相关制裁措施。各银行机构要认真做好授信评估、贷前审批和贷后检查，对盲目上马的项目要执行严格的准入条件。要牢固树立风险防范意识，切实防范风险，确保区域金融稳定。

要强化激励引导。将“财政性资金存放与存贷比挂钩”机制与考核有机结合，研究制定金融机构支持工业经济发展奖励和风险补偿政策，激励金融机构强化金融服务，提升对工业经济发展的贡献度。

发挥保险保障和融资功能，推进小额贷款保证保险试点。研究出台小额贷款保证保险试点工作方案，建立风险补偿专项资金，完善管理办法。

9.4 主动服务和融入国家“廊带”建设

推进区域经济一体化发展，已经成为世界上多数国家或地区的经济发展战略选择。区域经济一体化的推进往往有所依托，要么依托重大基础设施沿线进行经济布局，要么依托跨界（国界或行政区划界限）进行经济布局，从而形成经济带（或带状经济）。经济带的形成是区域经济发展的重要特征，也是实现区域经济进一步发展的基础。开放型工业的发展要顺应这种趋势和规律，注重经济带的建设，一方面注重交通等重要基础设施沿线区域经济带的培育和建设；另一方面要加强跨边境地带区域经济一体化发展。

9.4.1 加强综合基础设施建设

运输和物流成本具有“贸易保护”的功能。云南省现有的交通、通信等基础设施建设相对滞后，对该地区发展开放型经济形成了一定的制约，加强基础设施建设的必要性非常突出。基础设施建设规模大、资金要求高，公共产品的属性非常突出，在市场机制发展还比较滞后的条件下，要充分发挥政府在地区基础设施建设中的主导地位和作用，致力于构建适度超前、安全高效的现代化基础设施体系。

强化综合交通运输体系建设，注重铁路、水路、公路、航空等不同运输方式联合运输的协调衔接能力，提升云南省物流网络整体运行效率，进一步降低物流成本，弱化交通物流给开放型工业发展带来的制约，提高交通运输的保障能力；

根据开放型工业发展的实际，有序推进重点城市群城际轨道交通建设，强化现有路线扩能改造，提升口岸公路通行能力及服务水平，完善机场布局和机场网络体系建设。加强中心城市基础设施建设，特别是重点推进涉及全国性综合交通枢纽的建设，建设功能完备、设施发达、相互配套的基础设施体系，提高区域可进入性，改善区域投资环境。

加强信息基础设施建设，积极推进物联网、智慧城市等信息平台的建设，进一步强化电子商务和电子政务的平台监管。加强物流等各种共用信息平台的建设，优化云南省与外界信息、技术交流的平台条件，提高配置信息、技术等高端要素的能力，为战略性新兴产业的发展创造条件。

9.4.2 推进重要基础设施沿线经济带建设

基础设施建设是将农村和城市、经济落后地区与发达地区联系起来的纽带，是加强区域间市场联系和经济联合、推动区域经济发展的保障和基石。由交通线路、通信干线和能源通道等基础设施连接起来的轴线会对附近区域产生较强的经济吸引力和凝聚力，在一些重要节点形成经济发展的聚集区，成为经济发展的重要增长极。交通等基础设施的差异已经成为不同区域竞争优势差别的重要原因，成为区域开放型经济发展不得不优先考虑的重要因素。

开放型工业发展要以铁路干线、高速公路干线等综合运输基础设施建设为依托，以现代高科技手段为支撑，进一步优化公路、铁路、航空、水运、管道等各种运输方式的衔接，特别要注重与我国中部、东部重要节点的对接，加快与缅甸等周边国家之间国际油气管道、石油储备基地等跨越国界重大基础设施的建设，在沿线主要城市、工业集中区、农业地带等重要节点加快布局产业发展，形成“点—轴系统”布局模式，推动交通等基础设施沿线地区间产业分工和协作的深化，增强对资本、技术、人才等要素的集聚能力，加快沿线经济发展，构建特色产业发展和经济带，不断增强基础设施沿线经济带对周边城镇的发展带动作用，加快区域经济一体化进程的推进。

9.4.3 推进边境地带区域经济一体化发展

区域经济一体化是指地理位置相邻近的两个或两个以上的国家或地区之间通过某些协定、共同政策，降低或者消除区域之间的贸易障碍，实现区域内各成员之间的市场开放、资源优化配置、协调发展和互惠互利，以拓展经济的发展空间，获取经济发展的集聚效应和互补效应。边境地区的对外开放是我国开放型工业发展的重要形式，也是我国对外开放总体战略的重要组成部分。

区位条件和地域文化优势是边境地区社会发展最重要的出发点。依托云南省与东南亚和南亚国家相通，与多个国家接壤的区位优势，支持发展面向周边国家的特色外向型产业群和产业基地，积极推进沿陆路边境地带与毗邻国家之间的双、多边经贸合作，重点推进泛北部湾区域经济合作、大湄公河次区域经济合作、中孟印缅经济合作，逐步降低并致力于消除各种壁垒，推进区域内贸易、投资便利化，推进跨边境的区域经济一体化向纵深发展。

立足于与周边国家毗邻的区位优势，加快重点口岸、边境城市、边民互市贸易区、边境贸易区、边境（跨境）经济合作区和重点开发开放试验区等载体建设，加强基础设施与周边国家的互联互通，丰富和拓展边民互市、边境小额贸易等形式，建设商品生产和加工基地，构建多领域、多层次、多类型的合作框架，努力消除贸易投资障碍，创造透明、便利的发展环境，努力实现区域一体化由政府推动向市场主导转变，加快推进边境地区经济一体化向纵深发展。

9.5 空间合作网络建设

构建合理的空间网络体系对于开放型工业的发展至关重要。以中心城市（省会城市、副省级城市等）、开发区（经济技术开发区、高新技术产业开发区等）等区域增长极的培育为基础，以交通沿线重要的经济带为轴线，推进开放型工业向纵深发展、向更广泛的区域和领域发展，统筹推进区域经济一体化、地区城乡一体化，率先推进区域经济一体化，以区域经济一体化的推进逐步打破不同行政区之间的制度壁垒，推进云南省向市场经济的深化转型，并积极推进边境地区的区域经济一体化向境外延伸，积极融入全球化进程，形成由城市群、区域经济互动多个维度共同组成的开放型经济空间网络体系。

9.5.1 发展城市群经济

城市群是一种高能级的空间经济发展形式，在区域经济发展中发挥的作用巨大。城市群既是由核心区和边缘区共同组成的完整空间体系，又是微观区域经济一体化发展的典型形式之一。当前，城市群已成为区域经济融入经济全球化和区域经济一体化的重要地域单元。跨省（自治区、直辖市）城市群的发展日益成为中国区域经济协调发展的战略重点。如何处理行政区划的差异与区域经济一体化之间的内在关系、实现更大空间的资源整合和经济一体化发展，是开放型工业发展中要高度重视的问题。

开放型工业发展的推进应在培育重要城市增长极的基础上，推进高速公路、高速铁路等轨道交通为主的高密度基础设施建设，推进高速公路、铁路、港口等重大基础设施的区域合作规划和建设，更好地发挥城市增长极辐射带动作用，加快以重要城市增长极为核心的都市圈的培育和发展，形成与周边中小城市共同组成的城市群。加快推进成渝、关中-天水等重要都市圈的培育，积极推动各个都市圈之间的互动发展，形成若干关联发展、协调有序的城市群。

9.5.2 加强与其他经济区域的联动

我国已经形成由东部地区、中部地区、西部地区和东北地区共同构成的区域经济发展格局。云南开放型工业发展过程中，要加强与其他经济板块特别是东部沿海发达地区的经济合作和贸易往来，依托近年来西部大开发给西部经济社会发展带来的良好基础条件，把握东部地区加快产业结构调整和优化升级，部分产业向区域外转移的机遇，积极做好对国内外特别是东部地区产业转移的承接，加强与其他地区之间产业发展的关联互动，注重利用其他地区企业的市场网络体系，为产业发展更好地融入国内外市场创造条件，加快地区产业的发展壮大，促进产业结构的优化升级。

建立并深化跨省（自治区、直辖市）合作中行政主要领导的定期沟通和协商机制，在产业协调发展、基础设施对接、生态环境治理等重大问题上集体协商、共同决策。加快行业协会、企业联合会等非政府组织的培育和发展，辅助跨行政区域重大事项的协调。在与国内外其他地区合作的过程中，要坚持走新型工业化和新型城市化的道路，始终把握经济发展的主动权，坚决拒绝国内外落后产能向云南的转移，确保开放的努力实现经济的科学发展和可持续发展。

9.5.3 积极参与经济全球化

经济全球化是一个不断变化的经济发展态势。今天，全球大多数国家已经成为世界贸易组织的成员，经济全球化表现为全球经济的市场化，并逐步趋于制度化、规范化和秩序化。通过贸易往来、产业扩张、金融渗透等途径，经济全球化扩大了各个国家和地区市场发展的空间，也为区域经济发展提供了更广阔范围的要素获取来源。在全球科学技术进步日新月异，知识创造能力不断增强的今天，经济全球化已经成为当前世界经济发展最重要的特征和趋势之一，跨国公司正在成为经济全球化的重要推动力量。

在这种不可逆转的经济发展潮流中，瞄准国际国内市场、积极融入经济全球化的进程成为开放型工业发展的必然要求，也是云南省实现经济快速发展的一条基本路径。开放型工业发展要依托传统的资源、劳动密集型产业发展，积极利用国际资源、国际市场，以转变经济增长方式、提高产业竞争力为目标，积极融入全球产业链；深化经济体制改革，积极培育具有国际竞争力的大企业，大力引进跨国公司，扩大工业贸易领域开放，拓展外商投资领域，鼓励外商将资金投向水利、生态、交通、能源等基础设施建设和资源开发；在“引进来”的同时，更加注重“走出去”，引导优势企业向海外投资，在更大范围、更广阔领域、更高层次上参与国内和国际分工、经济技术合作与竞争，分享经济全球化的利益。

参考文献

[1] 李凡. 中国对外直接投资产业选择研究［D］. 大连：东北财经大学，2007.
[2] 李佳璐. 我国企业对外投资现状、问题以及对策分析［J］. 国际商贸，2013（3）：186～188.
[3] 李优树. 我国对外直接投资制度性障碍与制度创新［J］. 金融教学与研究，2002.
[4] 岳晓东. 甘肃工业结构调整与工业增长研究［D］. 兰州：西北师范大学，2012.
[5] 付红，徐田柏. 河北省对外投资存在的问题与对策［J］. 河北学刊，2011，31（6）：222～224.
[6] 游俊波. 云南省外贸与外向型工业发展研究［D］. 昆明：云南民族大学，2009.
[7] 赵云峰. 中国铜矿企业对外直接投资研究——以江西铜业为例［D］. 武汉：中国地质大学，2012.
[8] 张兵. 中国制造业对外直接投资的动因、区位选择及绩效［D］. 天津：南开大学，2013.
[9] 刘家顺. 资源型城市工业结构高度化的目标模式［J］. 中国工业经济研究，1992（6）：64～68.
[10] 黄宏军，韦海鸣. 南宁市工业投资效益分析［J］. 商品与质量，2012（1）：189.
[11] 杨曦，杨力. 就跨国并购失败的启示——中铝并购力拓案例分析［J］. 商贸纵横，2010：109～110.
[12] 鲁诗鸣. 中国纺织工业对外投资策略分析［J］. 环球市场信息导报，2012（30）：1～3.
[13] 张邠. 云南对外贸易发展与前景分析［J］. 云南民族大学学报（哲学社会科学版），2007，24（5）：120～123.
[14] 施本植，王云昌. 我国西部地区外贸出口发展的差距、成因及对策思考——以云南为例［J］. 思想战线，2004，30（3）：9～13.
[15] 张荐华，张建红. 论云南外贸出口商品结构和地区结构的调整及优化［J］. 云南社会科学，1998（6）：45～50.
[16] 马智利. 西南地区产业结构特征及调控升级［J］. 国土与自然资源研究，1999（1）：23～26.
[17] 袁雪梅. 云南外贸多元化发展分析［J］. 云南民族学院学报（哲学社会科学版），1999（4）：33～36.
[18] 安树民，张世秋. 中国西部地区的环境——贫困与产业结构退化［J］. 预测，2005，24（1）：14～18.
[19] 龙运书. 中国西部民族经济［M］. 成都：四川辞书出版社，2000.
[20] 李善同. 西部大开发与地区协调发展［M］. 北京：商务印书馆，2003.
[21] 张银银，闵晓莹，李立民. 中国西南地区与东盟国家产业结构相似性分析——以制造业为例［J］. 东南亚纵横，2007（7）：16～20.
[22] 赵颖新. 云南对外贸易发展问题及对策［J］. 中共云南省委党校学报，2007，8（4）：82～85.
[23] 刘伟. 经济发展和改革的历史性变化与增长方式的根本转变［J］. 经济研究，2006（1）.

[24] 王崇举. 中国西部传统产业的高技术改造 [M]. 重庆：重庆出版社，2001.
[25] 张孝锋，蒋寒迪. 产业转移与区域协调发展研究 [M]. 北京：华龄出版社，2006.
[26] 马松尧. 区域产业结构决策的定量分析——以甘肃省为例 [J]. 开发研究，2004 (5)：16 ~ 19.
[27] 魏后凯. 21 世纪中西部工业发展战略 [M]. 郑州：河南人民出版社，2000.
[28] 李晓西，等. 新世纪中国经济报告 [M]. 北京：人民出版社，2006.
[29] 张丽君，等. 西部开发与特色经济规划 [M]. 大连：东北财经大学出版社，2002.
[30] 刘伟，蔡志洲. 走下神坛的 GDP [M]. 北京：中信出版社，2006.
[31] 王亭. 苏州新加坡工业园区紧缺人才引进策略研究 [D]. 苏州：苏州大学，2010.
[32] 李小华. 西部地区产业结构的优化博弈 [J]. 重庆工商大学学报，2003 (3)：10 ~ 13.
[33] 李继云，刘锋，孙良涛. 云南区域经济差异与产业结构 [J]. 统计与决策，2005 (11)：91 ~ 93.
[34] 李宗植. 西北地区在大开发中调整产业结构的思考 [J]. 中央民族大学学报（哲学社会科学版），2000 (6)：41 ~ 46.
[35] 陈铁军. 少数民族地区经济运行与转换 [M]. 昆明：云南大学出版社，1996.
[36] 张友，庄万禄. 西部民族地区经济发展研究 [M]. 北京：民族出版社，2007.
[37] 李罗力. 转型：产业调整与经济社会发展的双谐变奏 [M]. 北京：中国经济出版社，2006.
[38] 伍海华，金志国，胡燕京. 产业发展论 [M]. 北京：经济科学出版社，2004.
[39] 李一鸣，刘军主. 产业发展中相关理论与实践问题研究 [M]. 成都：西南财经大学出版社，2006.
[40] 规划研究课题组. 云南省高新技术产业发展规划研究 [R]. 2001.
[41] 游俊波. 云南对外贸易中的出口工业 [J]. 时代金融，2009 (7)：180 ~ 182.
[42] 云南省进出口贸易海关统计年鉴 2005 ~ 2010.
[43] 云南商务之窗网. http：//yunnan. mofcom. gov. cn/.
[44] HINLOOPEN J, VAN MARREWIJK C. Dynamics of Chinese comparative advantage. Tinbergen Institute Discussion Paper, 2004.
[45] Neary J P. Competitive versus comparative advantage [J]. World Economy, 2003, 26 (4): 457 ~ 470.
[46] Sipos Gabriela Lucia. Innovation-source to obtain the competitive advantage in the global economy [J]. Mpra Paper, 2008 (2): 757 ~ 761.
[47] 付冶. 云南省工业产业布局研究 [D]. 昆明：云南财经大学，2010.
[48] 陈美玉. 桥头堡战略下云南工业结构优化及对策的研究 [D]. 昆明：云南师范大学，2013.
[49] 胡秀玉. 云南新型工业化发展水平及空间态势评价研究 [D]. 昆明：云南师范大学，2009.
[50] 王慧丽. 技术创新与欠发达地区经济发展——以云南省为例 [D]. 昆明：云南师范大学，2004.
[51] 游俊波. 云南省外贸与外向型工业发展研究 [D]. 武汉：中南民族大学，2009.

[52] 魏锴．中国农业技术引进研究——基于过程环节视角［D］．北京：中国农业大学，2013.
[53] 国胜铁．中国技术引进的产业结构优化效应研究［D］．长春：东北师范大学，2015
[54] 李励耕．自主研发、技术引进对我国经济增长影响的实证研究［D］．重庆：重庆大学，2014.
[55] 张永红．技术引进、自主创新对出口商品结构的优化——基于中国省际面板数据的实证研究［D］．杭州：浙江工商大学，2013.
[56] 戴文科．云南省工业化与城市互动发展研究［D］．昆明：云南财经大学，2013.
[57] 黄宜．工业化进程中能源消费碳排放演变规律研究——以云南省为例［D］．昆明：昆明理工大学，2014.
[58] 刘宇．长沙市人才引进的问题和对策研究［D］．长沙：湖南师范大学，2012.
[59] 段文瀚．云南云天化股份有限公司集团化人力资源管控模式探讨［D］．成都：西南财经大学，2008.
[60] 季正伟．云南资源型工业核心竞争力研究［D］．昆明：云南财经大学，2012.
[61] 尹德才．十堰市：工业企业人才队伍现状［J］．人才开发，2009，10：41～42.
[62] 李媛媛．大连市高层次人才引进问题和对策研究［D］．大连：大连理工大学，2012.
[63] 云南省工业人才队伍开发行动计划（2010～2020 年）．
[64] 云南省中长期人才发展规划（2010～2020）．
[65] 中国科技统计年鉴 2007～2014.
[66] 陶其辉．云天化集团公司发展战略研究［D］．成都：西南财经大学，2001.
[67] 云南铜业股份有限公司 2007 年度报告摘要［N］．中国证券报，2008-04-26（C95）．
[68] 陈瑛，梁双陆．就业结构产业结构与经济发展方式转变途径研究——云南案例［M］．昆明：云南大学出版社，2013.
[69] 和段琪，蒋兴明，梁双陆．云南工业经济机构研究［M］．北京：冶金工业出版社，2015.
[70] 和段琪，蒋兴明，梁双陆．云南生物产业创新驱动发展研究［M］．北京：冶金工业出版社，2015.
[71] 和段琪，蒋兴明，梁双陆．云南金属材料产业发展研究［M］．北京：冶金工业出版社，2015.
[72] 和段琪，蒋兴明，刘春学．云南资源型工业安全发展研究［M］．北京：冶金工业出版社，2015.
[73] 和段琪，蒋兴明，刘春学．云南资源型工业核心竞争力研究［M］．北京：冶金工业出版社，2015.
[74] 和段琪，蒋兴明，姚天祥，等．环保使命［M］．北京：人民出版社，2015.
[75] 和段琪，叶燎原，蒋兴明，等．小金属大产业［M］．北京：中国社会科学出版社，2014.